초심 상담사들이 궁금해하는

집단상담

| **김영경** 저 |

Group Counseling

for Novice Counselors

학지사

머리말

상담을 공부한 지 올해로 20년째다. 대가들에 비하면 짧은 시간이지만 저자에게는 꽤 의미 있는 시간이 흘러갔다. 사람을 공부하고 싶은 마음에, 특히 나 자신에 대해 좀 더 알고 싶은 마음에 시작한 상담공부였지만, 직접 학문을 접하고 보니 처음 생각했던 것과는 너무나 달랐다. 하지만 중도에 하차하려는 그때 접하게 된 집단상담이 저자를 20년 동안 이 일을 하게끔 붙잡았다. 첫 집단상담 수업 시간에 "나랑 사람 공부하자."라고 하셨던 고(故) 이형득 교수님의 한마디가 저자의 심장을 뛰게 했고, 집단상담을 통해 울고 웃으면서 저자 역시 변화하고 성장했다. 다양한 사람을 만나고, 그들과 함께 수많은 이야기를 나누면서 새로운 삶의 이야기를 만들어 가는 과정을 함께하며 보낸 20년. 언젠가 책을 쓴다면 그 첫 책이 집단상담에 관련된 책이길 소망했었는데 이 책을 통해 그 바람이 이루어졌다.

상담현장에서 호기심을 가지고 수많은 실험을 하면서 저자가 가졌던 질문을 하나씩 풀어 간 경험을 대학원생들과 상담수련생들에게 가르치고 나누면서 함께했었는데, 몇 년 전부터 이러한 경험을 상담현장에서 공부하고 익히기 위해 책으로 출판해 주길 원하는 목소리가 계속 있었다. 아직도 여전히 실험 중이어서 미루어 왔던 일이었지만, 이번 기회에 용기를 내어 시도하게 되었다.

집단상담 관련 책들은 이미 다양하게 출판되어 있으나, 이 책은 기존의 책들과 다른 형태로 집필하였다. 상담현장에서, 그리고 초심 상담사들이 궁금해하는 다양한 질문에 하나씩 답하면서 이론을 현장에서 어떻게 적용하고 실험해야 하는지를 중점적으로 다루었다. 그러다 보니 이론과 관련한 부분은 가장 기본적인 내용을 중심으로 저자의 경험과 연결 지어 간략하게 다루었고, 다양한 질문에 답하는 형식으로 집필하였다. 이론에 대해 보다 자세하게 공부하길 원하는 분은 기존의 집단상담 관련 책을 참고하기 바라고, 현장에서 발생하는 다양한 상황과 해결해야 할 과제를 어떻게 대처하고 적용해야 하는지에 대한 궁금증을 가진 분이라면 이 책을 접함으로써 그동안 궁금했던 것들에 대한 작은 숨구멍을 갖게 될 것이라 생각한다. 상담현장에서 구조화 집단 중 집단상담과 집단교육의 차이를 구분하지 못하는 경우가 많아 프로그램을 통해 확인해 볼 수 있도록 저자가 개발하여 사용하고 있는 프로그램을 제11장에 소개하였으니 이를 참고하기 바란다. 앞에서도 언급한 것처럼 저자는 더 효과적이고 효율적인 방법을 찾고자 지금도 실험 중이기 때문에 앞으로도 많은 변화가 있을 것이다. 다만, 이 책은 초심 상담사들을 위해 지금까지의 경험과 실험을 통해 터득한 방안들을 정리한 책이기 때문에 이러한 점을 감안해서 적용하기 바란다.

이 책이 나오기까지 저자를 믿고 자신의 아픔과 힘겨운 삶의 이야기를 나누어 준 집단원들께 제일 먼저 감사를 드린다. 그들의 진솔한 삶의 이야기가 없었다면 아마 이 책은 출판되지 못하였을 것이다. 또한 집단상담에 호기심을 가지고 다양한 질문을 해 주었던 라온심리상담센터의 집단상담지도자과정 수련생들, 연세대학교 연합신학대학원/일반대학원과 백석대학교 상담대학원에서 개설된 집단상담 과목을 수강한 대학원생들에게 감사의 마음을 전한다. 이들의 적극적인 질문과 요구로 인해 이 책이 출판되었다. 무엇보다 지금의 이 자리까지 올 수 있도록 처음부터 지금까지 그리고 앞으로도 함께해 주실 고 이형득 교수님께 감사의 마음을 전한다.

"어느 누구보다 더 기뻐하시며 환하게 웃으실 교수님은 아직도 제 마음속에 살아 계시고 함께하십니다. 교수님을 만난 것은 저에게 가장 큰 행운이었고, 하나님께서 저에게 주신 가장 소중한 선물입니다."

끝으로 이 책이 출판될 수 있도록 함께해 주신 학지사 김진환 사장님과 출판사 직원분들께 감사의 마음을 전한다.

2018년 8월

저자 김영경

차 례

머리말 / 3

제1장 집단상담이란 ………… 9

1. 집단상담의 개념 / 9
2. 집단 유형 / 10

제2장 집단상담사의 자질과 역할 ………… 15

1. 집단상담사의 자질 / 15
2. 집단상담사의 역할 / 22
3. 집단상담사의 자질과 역할 Q & A / 27

제3장 집단상담의 역동과 치료적 요인 ………… 33

1. 집단 역동 / 33
2. 집단상담의 치료적 요인 / 41
3. 집단상담의 역동과 치료적 요인 Q & A / 49

제4장 집단상담 윤리 57
1. 집단구성원의 권리보호를 위한 윤리 / 57
2. 집단운영 시 고려해야 할 윤리 / 63
3. 집단상담 윤리 Q & A / 66

제5장 집단의 선발과 구성 75
1. 집단 구성을 위한 고려사항 / 75
2. 집단원 선발 / 77
3. 어려운 집단원 / 81
4. 집단의 선발과 구성 Q & A / 86

제6장 집단상담 시작 91
1. 집단 도입단계의 특징 / 92
2. 집단 도입단계에서의 집단상담사의 역할 / 94
3. 집단 과도기단계의 특징 / 102
4. 집단상담 시작 Q & A / 104

제7장 집단상담 작업 109
1. 집단 작업단계의 특징 / 109
2. 집단 작업단계에서 집단상담사의 역할 / 111
3. 집단상담 작업단계에서의 상담 기법 / 115
4. 집단상담 작업 Q & A / 120

제8장 집단상담 마무리 ………… 127

1. 집단 마무리단계의 특징 / 127
2. 집단 마무리단계에서 다루어야 할 과제 / 128
3. 집단상담 및 경험에 대한 평가방법 / 134
4. 집단상담 마무리 Q & A / 136

제9장 사이코드라마와 집단상담 ………… 141

1. 사이코드라마의 주요개념 및 기본 요소 / 141
2. 집단상담에서의 사이코드라마 / 147
3. 집단상담에서 활용할 수 있는 사이코드라마 기본 기법 / 149
4. 사이코드라마와 집단상담 Q & A / 156

제10장 특수집단 ………… 165

1. 아동 · 청소년 집단 / 165
2. 노인 집단 / 172
3. 다문화 집단 / 177
4. 군인 집단 / 180
5. 자조집단 / 184
6. 특수집단 Q & A / 186

제11장 집단상담 프로그램 ………… 195

1. 성인 집단상담 프로그램: 성숙하고 행복한 내 이야기 만들기 / 195
2. 다문화 집단교육 프로그램: 외국인 신입생의 대학생활 준비를 위한 예비대학 집단교육 / 225

참고문헌 / 245

부록: 미국집단상담전문가학회 규정 / 253

찾아보기 / 264

제1장 집단상담이란

1. 집단상담의 개념

집단에 대한 사전적 의미는 "많은 사람이나 동물, 또는 물건이 모여서 무리를 이룬 상태"다(동아국어사전, 2016). 그러나 집단상담에서 집단의 의미는 단순히 '모여 있는 무리'와는 차이가 있다. Goffman(1961)은 어떤 목적하에 다수의 사람들이 함께 모여 지속적인 활동을 기대하면서 지속적으로 모일 경우 이를 집단이라고 하였다. Gladding(1996)에 의하면 집단은 상호작용을 목적으로 모인 두 사람 이상의 모임이다. 이처럼 단순히 '모여 있는 무리'와의 구별을 위해 Knowles와 Knowles(1959)는 집단의 특징으로 집단원의 자격규정, 집단의식, 공동목표의식, 욕구충족에 대한 상호의존성, 집단원 간의 상호작용, 그리고 통일적 방식으로 행동하는 능력 등을 설명하였다. 이형득, 김성희, 설기문, 김창대, 김정희(2007)는 집단이 되기 위한 최소한의 요소 5가지로 공동목표, 집단원들의 의욕과 참여, 역동적 상호작용, 집단의 규준, 자기지도를 위한 능력을 제안하였다. 강진령(2013)도 의미 있는 집단이 되기 위한 조건으로, 첫째, 집단이 서로에게 심리적으로 의미 있게 작용하는 심리적 유의성, 둘째, 직접적 의사소통, 셋째, 의미 있는 상호교류를 뜻하는 유의한 상호작용, 넷째, 서로 영향을 주고받는 상태인 역동적 상호관계, 다섯째, 생산적 성과가 있어야 함을 의미하는 생산적 상호의존을 제시하였다. 이들의 정의에 기초해 볼 때, 예를 들자면 영화관에 모인 관객들은 영화 관람을 통한 휴식이라는 공통의 목표가 있지만, 집단 활성화를 위한 상호작용을 하고 있지 않기 때문에 집단상담에서의 집단이라고 보기 어렵다. 집단상담에서의 집단이 되기 위한 기본전제는 다수의 사람들이 공통의 목표를 가지고, 집단의 활성화와 안전을 위해 서로 동의하에 결정된 규칙을 지키면서 상호작용을 통한 활동을 계속적으로 해야 한다는 것이다. 이러한 집단 개념에 근거해서 집단상담에 대한 정의를 살펴보면 다음과 같다.

이장호와 김정희(1992)에 의하면, 집단상담은 생활 과정상의 문제를 해결하고 성장과 발달을 위하여 전문적으로 훈련받은 상담사의 지도 아래 집단원들의 역동적인 상호작용을 통해 각자의 감정, 생각 및 행동 양식을 탐색하고 이해하여 성숙된 수준으로 향상시키는 과정이라고 하였다. 이형득 등(2007)은 집단상담은 비교적 적은 수의 정상인들이 전문가의 지도하에 상호관계성의 역동을 토대로 신뢰롭고 수용적인 분위기 속에서 개인의 태도와 행동변화 및 발달 · 성장을 촉진하는 역동적인 대인관계 과정이라고 하였다. 강진령(2013)은 집단상담의 중요한 기능으로 집단원들의 대인관계 역량을 갖추도록 돕는 것이라고 하였다.

이상의 정의를 볼 때 집단상담이 되기 위해서는 훈련받은 상담사, 집단원, 역동적인 상호작용, 변화성장 및 발달과 같은 목표가 필요하고, 이러한 변화는 상담과정을 통해 발생하는 것으로 사료된다. 특히 집단상담은 개인상담과 다르게 집단에서의 대인관계 경험과 실험이 가능하기 때문에 역동적인 대인관계 과정이라 할 수 있다.

2. 집단 유형

집단 유형은 학자마다 다양하게 분류한다. 먼저 미국의 집단상담전문가학회(Association for Specialists in Group Work: ASGW)에서는 집단 유형을 4가지로 분류하였다. 첫째, 과제수행집단은 지역사회나 기관, 교육환경에서 주로 실시되고, 내담자의 요구뿐 아니라 조직의 요구와 지역사회의 요구충족을 목표로 한다. 둘째, 심리교육집단은 구조화 집단 형태로 교육적 결핍과 심리적 문제 예방을 목표로 한다. 셋째, 상담집단은 구체적이고 단기적인 문제 해결을 통한 성장을 목적으로 집단의 상호과정을 중시한다. 넷째, 심리치료집단은 심리적 · 행동적 장애를 경험하고 있는 집단원을 대상으로 치료 목적으로 진행되는 집단이다. Gladding(2003)은 생활지도집단, 집단상담, 집단심리치료의 3가지 집단으로 분류하였다. Jacobs, Masson, 그리고 Harvill(2006)은 집단목적에 따라 집단을 7가지 집단으로 범주화하였다. 첫째, 정보제공을 목적으로 하는 교육집단, 둘째, 개인적인 문제보다 쟁점 주제에 초점을 두는 토론집단, 셋째, 특정 과제 수행을 목적으로 하는 과제집단, 넷째, 성장경험 집단, 다섯째, 삶의 특정 문제 해결을 위한 상담과 치료집단, 여섯째, 지지집단, 일곱째, 자조집단이다.

Corey(2015)도 집단목적에 따라 집단상담과 집단치료, 집단교육, 과제촉진 집단을 구별하여 설명하고 있다. 집단치료는 현재와 과거에 대한 의식적 · 무의식적인 인식을 포함한 정서행동 장애를 수정하거나 심층적인 심리 문제를 다루면서 치유, 치료, 성격의 재구성과 같은 주제에 초점을 두는 반면, 집단상담은 성장, 발달, 예방에 초점을 둔다. 특히 집단상담은 지금-여기에서 발생하는 지 · 정 · 의의 상호소통을 강조하고, 대인관계나 전 생애에 걸친 발달과제와 관련된 주제를 중심으로 접근하여 강점과 자원을 찾는다는 점에서 성장지향적인 특성을 나타낸다(Corey, 2015).

집단상담은 예방과 교육적 목적 모두에 효과적이다(Barlow, 2008; Corey, 2015). 집단교육은 정보전달, 토론, 기술습득 훈련 등으로 구조화되어 있다는 점에서 교육적이라 할 수 있다. 과제촉진 집단은 특정 기관이나 조직체들이 각각의 기능을 조정하고 발전시키도록 고안된 집단으로 특정한 업무 목표를 달성하기 위해 집단과정이나 역동을 활용한다.

강진령(2013)은 정신건강과 인간적 성장을 도모하는 집단 유형에 초점을 맞추어 상담집단, 치료집단, 교육집단, 성장집단, 과업집단, 자조집단, 지지집단으로 구분하였다. 또한 집단형태를 정형화된 프로그램 사용 유무에 따라 구조화 집단, 비구조화 집단, 반구조화 집단으로 구분하였고, 집단과정 중에 새로운 구성원 참여 유무에 따라 개방집단과 폐쇄집단으로, 집단구성원의 인구통계학적 배경에 따라 동질집단과 이질집단으로 구분하였다.

정성란 등(2015)은 집단구조와 형태, 집단 기능, 집단상담 영역에 따라 집단 유형을 구분하였다. 먼저 집단구조와 형태에 따라 구조화 집단과 비구조화 집단, 개방집단과 폐쇄집단, 집중집단과 분산집단, 동질집단과 이질집단, 자발적 집단과 비자발적 집단으로 구분하였다. 집단 기능에 따라 교육집단, 과제해결집단, 성장집단, 심리치료집단, 지지집단, 자조집단으로 구분하였다. 집단상담 영역에 따른 구분은 집단지도, 집단상담, 집단치료다.

저자는 집단형태, 집단구성원, 집단목적에 따라 구분하였다. 첫째, 집단형태에 따른 분류는 구조화 집단과 비구조화 집단, 집중집단과 분산집단이다. 구조화 집단과 비구조화 집단은 구조화된 프로그램 사용 유무에 따라 구분된다. 구조화 집단상담은 처음 집단상담에 참여하는 사람이나 진행하는 사람 모두가 경험하기에 적절하다. 구조화 집단상담은 인간관계 증진, 대학생활 적응 등과 같은 목표를 달성하기 위해 구조화된 프로그램대로 진행하기 때문에, 비구조화 집단에 비해 참여자나 집단상담사 모두에게 예상치 못한 상황이나 역동이 적어서 안전감을 느끼게 한다. 다만, 구조화 집단성장 진행 시 상호작용이나 역동을 고려하지 않은 채 각자 활동 후 돌아가면서 소감 나누는 형태로 끝나지 않도록 주의가 필요하다. 집중집단과 분산집단은 집단진행 형태에 따른 분류다. 집중집단은 짧게는 2일 길게는 5일씩 매일 집중적으로 진행되는 집단이고, 분산집단은 1주일에 한두 번씩 짧게는 4주, 길게는 1년씩 진행하는 집단이다. 집중집단은 외부의 영향을 적게 받으면서 단기간에 깊이 있는 성찰의 자리로 나아가는 강한 경험을 할 수 있으나, 그 경험을 유지함에 있어서는 한계가 있을 수 있다. 분산집단은 지속적으로 외부의 영향을 받아 집중하기 어렵고 작업단계로 나아가기까지 오랜 시간이 소요되긴 하나, 전 과정을 지속적으로 참석한다면 일상생활 속에서 실험하고 적용하기 때문에 변화가 조금 더 현실적이라 할 수 있다. 집중집단과 분산집단 중 어느 집단이 더 효율적이라고 언급하기에는 연구가 부족하기 때문에 참여자들의 특성과 상황을 고려하여 계획해야 한다. 다만, 대부분이 현재 삶에서 떠나 온전히 자신에게만 집중할 수 있는 집중집단을 희망하지만, 현실적으로 자리를 비울 수 없는 상황들로 인해 집중집단이라도 숙박을 하지 않은 채 통근 형태로 진행되는 경우도 많다.

둘째, 집단구성원에 따른 분류는 개방집단과 폐쇄집단, 동질집단과 이질집단, 자발적 집단과 비자발적 집단이다. 집단구성원들이 들고 나감에 따라 개방집단과 폐쇄집단으로 구분하는데, 집단상담일 경우에는 폐쇄집단이 집단원이 정해져 있기 때문에 집단원의 변화로 인한 영향을 받지 않아 응집력 구축에 유리하여 더 생산적으로 집단을 진행할 수 있다. 집단구성원의 유사성 유무에 따라 동질집단과 이질집단으로 구분된다. 동질집단은 공감대 형성으로 응집력 구축에 유리하나 서로 안전하게 집단을 진행하려고 할 경우 집단 역동이 비효율적으로 흘러갈 수 있다. 이질집단은 응집력 구축에 시간이 소요되기는 하지만 이러한 과정을 통과하게 되면 다양한 역동을 경험할 수 있어서 생산적이라 할 수 있다. 초심 상담사가 집단상담을 처음 진행할 때는 폐쇄집단의 동질집단으로 진행하여 집단상담에 어느 정도 익숙해진 다음에 이질집단을 구성하여 진행하는 것을 권한다. 또한 집단구성원의 참여도에 따라 자발적 집단과 비자발적 집단으로 분류된다. 특히 비자발적 집단일 경우, 집단상담사가 집단원의 비자발성을 어떻게 자발성으로 변화시키느냐가 관건이다. 상담현장에서는 자격증 취득을 위해 수련생들이 참여하는 목적성을 가진 자발적 집단보다는 비자발적 집단을 진행하는 경우가 훨씬 많기 때문에 비자발적 집단원을 어떻게 대처해야 하는지에 대한 부분은 제5장에서 조금 더 상세하게 다루겠다.

셋째, 집단목적에 따라 분류하면, 집단교육, 집단상담, 집단치료, 자조집단이다. 집단교육은 정보제공을 목적으로 교육적 측면이 강하다. 집단상담은 과제해결집단과 성장집단의 형태로 집단 개개인의 자기이해와 실제적 행동변화, 발달과업 등을 중점적으로 다룬다. 집단치료는 좀 더 심층적인 수준의 성격문제가 무의식적 동기에 초점을 두고 진행된다(Hewer, 1971; Mahler, 1971). 자조집단은 공통된 관심사나 어려움을 경험한 사람들끼리 서로를 돕는 집단으로 집단상담사의 역할이 거의 없는, 집단원들에 의해 진행되는 자기조력 집단이다.

Corey(2015)는 집단상담이 다양한 영역에서 활용되는 이유가 개인적 통찰뿐 아니라 집단 내에서 연습할 수 있고, 집단상담사에게서뿐 아니라 집단원들로부터의 피드백이나 자기개방을 통해 도움을 받을 수 있기 때문이라고 하였다. Jacobs 등(2006)도 한 명의 집단상담사가 여러 명을 상담할 수 있는 효율성, 집단원들의 삶의 이야기들의 보편성으로 공통성의 경험이 가능함이 집단상담을 선택한 주요한 이유로 제시하였다. 또한 집단원들로부터의 다양한 자원과 다양한 관점에서의 정보공유가 가능하고, 대리학습과 관찰학습을 통한 다양한 학습이 가능하며 실험의 장으로써 기술 연습이 가능하다. 이러한 과정을 통해 집단의 일원으로서의 소속감을 갖게 되고, 피드백을 주고받으며 서로에게 영향을 주게 된다.

이처럼 집단은 사회의 축소판으로 집단이라는 안전한 공간에서 여러 시도들을 경험하고 실험하여 실생활로 적용할 수 있기 때문에 여러 영역에서 다양한 목적으로 사용되고 있으며 적절한 동기 유발이 된다면 집단원 각자의 목적을 달성할 가능성이 높다.

제2장 집단상담사의 자질과 역할

1. 집단상담사의 자질

석사 과정 때 집단상담 첫 시간에 교수님께서 하셨던 말씀이 기억난다. “책 다 치우고, 나랑 사람 공부하자. 상담에서 가장 중요한 책은 바로 사람이다. 이론은 책을 통해 배우고, 사람을 어떻게 만나고 경험하는지에 대해서 나랑 공부하자.” 집단상담을 할 때마다 이 말씀을 종종 떠올리면서 혼자 웃는다. 이론과 기법도 필요하지만 사람을 진실되게 만나기 위해서는 상담사인 나 자신이 만남의 중요한 도구가 되어야 한다. 이런 관점에서 볼 때, 집단상담사가 집단에 임하기 전 자기점검은 필수다.

집단상담사가 자기점검 시 다루어야 할 질문들은 크게 다음과 같다. 자신의 가치관과 신념이 무엇인지, 상담에 어떤 자세로 임하고 있는지, 사람을 어떤 관점에서 어떻게 바라보고 이해하고 있는지, 집단상담에 대한 자기경험 등이다. 그러나 이러한 질문들을 답하기에는 쉽지 않고, 오랜 시간이 소요되는 것이 당연하다. 완성된 자신의 답변을 찾으라는 의미가 아니라 이러한 질문을 계속 던지면서 하나씩 다듬어 갈 필요가 있다. 이러한 자기점검은 개인상담사에게도 필요하지만, 집단상담사에게 더욱 강조하는 이유는 집단상담사의 역량이 집단에 미치는 파급 효과가 크기 때문이다. 이러한 맥락에서 집단상담사가 갖추어야 할 인간적 특성이 무엇인지 살펴보고자 한다.

Kottler(2001)는 집단상담사의 8가지 특성으로 신뢰성, 자기수용, 카리스마, 유머, 융통성, 정직성, 열정, 현실감각을 제시하였다. Corey, Corey, 그리고 Corey(2014)는 집단상담사의 특성으로 용기, 모델링, 집단원과 함께함, 온정과 진정성, 집단과정에 대한 믿음, 개방성, 비판에 대한 비방어적 태도, 문화 인식, 감정에 휩쓸리지 않으면서 내담자의 고통에 동일시하는 공감, 집단원을 수용하는 개인적인 힘, 압박을 견딜 수 있는 활력, 자기 돌보기, 자신의 요구, 한계, 강점, 가치관 등에 대한 자기인식, 유머, 창의성, 집단을 신뢰하고 비전을 갖고 함께하려는 마음 등을 제시하였다. 이형득 등(2007)은 집단원에 대한 선의와 관심, 용기와 끈기, 자신감, 융통성과 포용력, 진실성과 개방성, 자각력과 수용력, 지각력과 민감성, 창조성과 독창성, 유머, 지혜의 10가지를 집단상담의 인간적 특성으로 제시하였다. 강진령(2013)은 집단상담사의 자질로 자신의 강점과 약점 등 있는 그대로의 자기수용, 개방적 태도, 타인 복지에 대한 관심, 유머, 자발적 모범, 공감적 이해능력, 일종의 자발성과 같은 심리적 에너지, 새로운 경험 추구, 창의성 등을 제시하였다.

학자들이 언급한 특성들만 있으면 집단상담을 효과적으로 진행할 수 있다는 것은 아니지만 집단상담사에게 꼭 필요한 특성들이기 때문에 저자는 학자들마다 중요하다고 언급한 특성들과 저자의 경험을 중심으로 10가지를 정리하였다.

첫째, 집단과 집단원에 대한 관심과 신뢰하는 마음이다. 이때 집단상담사의 집단상담에 대한 참여 경험이 중요하다. 집단상담 참여 경험이 어떠하냐에 따라 집단상담의 효과성과 효율성에 대한 확신뿐 아니라 집단과 집단원에 대한 신뢰에 차이가 발생한다. 저자가 지금까지 그 어떤 상담보다 집단상담을 의미 있고, 중요하게 여기는 계기가 된 것은 첫 집단에서의 경험과 그 경험을 통한 호기심이다. 즉, 집단상담을 통한 변화 · 성장 경험이 있기에 집단상담에 대한 신뢰하는 마음을 갖게 되었다. 저자가 집단을 통해 변화 · 성장하였기에 그러한 경험을 공유하고 싶고, 그런 관점에서 집단에 참여한 사람들에 대한 관심을 갖게 되었다. 그리고 지금은 더딜지 몰라도 집단상담을 통해 작은 씨앗이 뿌려져 변화가 일어날 수 있다는 믿음을 갖게 되었다. 이러한 믿음이 있을 때 집단상담을 진행함에 있어서 부딪히는 여러 어려움들을 자연스럽게 받아들일 수 있고, 씨앗이 움틀 때를 기다리는 여유를 가질 수 있다.

둘째, 수용력이다. 상담현장에서 집단상담을 진행할 때 참여자들이 비자발적인 경우가 많다. 그렇다보니 자신들의 불편한 감정이나 불만을 집단상담사에게 표현하는 경우가 자주 발생한다. 이러한 불만은 언어적으로 표현하기도 하지만 비언어적으로, 이를테면 침묵이나 흐트러진 자세나 집중하지 않는 행동 등으로 표현되기도 한다. 이러한 비자발적 집단이 아니어도 집단상담을 진행할 때 자기방어적 태도로 인해 본능적으로 안전을 확보하려고 집단상담사를 테스트하는 경우가 종종 있다. 예를 들면, 개인적인 곤란한 질문을 한다거나 자신에 대한 이야기보다 외부 이야기를 하는 경우 등이다. 이 모든 것이 집단상담사에게는 집단의 압력으로 느껴지기 마련인데, 이를 이해하고 수용하여 견디는 힘이 필요하다. 이 수용력은 첫 번째 설명한 집단과 집단원에 대한 신뢰하는 마음과 연결된다. 집단원들의 비자발적 행동이 집단상담사를 괴롭히기 위한 공격이 아니라 자연스러운 현상으로 수용하고 믿고 기다려 주는 힘이 필요하다.

셋째, 공감력이다. 집단상담사의 자기감정의 공간을 지키면서 집단원의 입장에서 그 경험을 공유하고 마음을 느껴서 표현하는 능력이다. 마음과 마음이 만나는 순간이지만 무엇보다 집단상담사 자신의 경계가 허물어지지 않도록 하는 것이 중요하다. 집단원 중에는 집단상담사에게 희로애락의 감정을 다양하게 불러일으키기도 하고 또는 집단상담사 자신이 집단원의 감정에 깊이 빠지기도 한다. 이때, 이러한 감정에 압도되어 집단상담사와 집단원의 역할이 바뀌는 경우도 종종 발생한다. 집단상담사 중에 지나치게 공감이 잘되어서 오히려 힘들다고 하는 경우가 있는데, 이 또한 집단상담사 자신의 주제와 연결되거나 혹은 그러한 주제와 무관하다 하더라도 지켜야 할 경계가 무너짐으로 나타나는 현상이기에 주의가 필요하다. 특히 집단원의 감정을 공감하면서 마음껏 표현할 수 있도록 안전한 공간이 되어 버텨 주는 것이 아니라 오히려 감정에 너무 깊이 빠져 주체하지 못하는 모습은 집단원들에게 불안을 느끼게 할 수 있다. 이를 예방하기 위해서는 집단상담사 자신의 자기점검이 선행되어야 한다.

넷째, 분석력이다. 집단상담에서는 집단원 개개인에 대한 분석뿐 아니라 집단 전체에 대한 분석이 필요하다. 즉, 집단원들의 역동을 파악하고 이들의 상호작용 패턴을 분석해서 개입함이 중요하다. 그러나 이러한 분석과 개입이 말처럼 쉽지 않다. 우선 자기개방하는 집단원에게 집중하면서 다른 집단원들에게도 시선을 주고 관찰하기가 쉽지 않고, 무엇보다 이 모든 것을 기억하는 것은 더욱더 어렵다. 집단상담 진행 중에 분석을 진행하다가도 다른 누군가가 이야기를 시작하면 그 흐름을 따라가기 바쁘다. 그렇다면 어떻게 해야 할까? 이러한 능력을 타고난 사람이 아니고서는 경험과 노력을 통해 터득할 수밖에 없다. 무엇보다 집단상담 참여 경험은 집단에 대한 긴장과 부담을 내려놓게 함으로써 그 속에서의 만남을 편하고 자유롭게 해 준다. 이러한 경험이 여유로운 심적 공간을 마련해 주어서 전체를 보고 분석할 수 있는 연습을 할 수 있다.

다섯째, 민감성이다. 개인상담도 마찬가지이긴 하나 집단상담의 경우에는 오감을 모두 적절하게 사용할 수 있어야 한다. 집단상담은 개인상담과 달리 여러 명을 관찰하고 살펴서 반응해야 하기 때문에 훨씬 많은 집중력과 민감성이 필요하다. 집단원 개개인의 문화와 집단에서 일어나는 역동을 파악하고 이를 알아차려서 전체를 볼 수 있어야 하기에 개인상담과 비교하면 더욱 에너지 소모가 많을 수밖에 없다. 개인상담처럼 한 명에게만 집중하고 있다가는 집단 전체에 대한 흐름과 역동을 놓치기 쉽다. 집단원의 작은 반응에도 민감하게 알아차리고, 그것이 무엇을 의미하고 무엇을 표현하는지 살펴 반응하는 것이 중요하다. 이를 위해서는 집단상담사 자신에 대한 민감성도 필요하다. 자신의 생각과 감정이 무엇의 영향을 받고 있고, 인종, 종교, 성별 등에 대해서도 어떤 생각을 가지고 있는지 알아야만이 집단원들의 다양한 문화에도 민감하게 반응할 수 있기 때문이다.

여섯째, 직관력과 즉시성이다. 석사 과정 때 집단상담 교수님께서 직관력에 대한 설명을 해 주시며 지네를 예로 들었다. "지네는 발이 엄청 많지만 그것 하나 하나 어떤 순서로 움직여야 하는지 생각하지 않는다. 그냥 빠르게 걸어가도 다리가 꼬여서 넘어지지 않는다. 지네가 아니어서 뭐라고 하긴 어렵지만, 순서대로 걸어가려고 한다면 아마 다리가 꼬여서 넘어지지 않을까 싶다." 이처럼 직관력은 어떤 판단이나 추리를 거치지 않아도 망설이거나 주저함 없이 즉각적으로 반응하는 것이다. 이 또한 말처럼 쉽지 않다. 대학원에서 배웠던 다양한 이론과 기법들은 머릿속에 둥둥 떠다닐 뿐, 어떤 개입을 해야 하는지를 놓고 고민하고 있고, 자신의 개입이 적절한지 아닌지, 심지어 집단원에게 유익한지 아닌지 등을 생각하느라 그 즉시 직관적으로 반응하기가 어렵다. 그러한 여러 생각들을 하다 보면 지네 다리가 꼬이듯이 머릿속은 꼬여서 하얗게 되는 경험을 종종하게 된다. 이론과 기법에 대한 공부는 집단상담에 들어가기 전에 정말 열심히 해야 한다. 하지만 그 이후에는 집단원의 변화를 믿고 기다려 주듯이 집단상담사 자신의 준비도와 능력을 믿고 집단상담의 장에 그냥 온전히 자신을 던져 보는 경험도 필요하다. 이론과 기법에 매이면 집단원들의 반응을 놓치게 되고, 그렇게 되면 오히려 더 효과적인 개입을 하기 어렵고, 인간 대 인간의 만남을 하기 어려워진다. 이론과 기법도 사람을 위해 존재하는 것이기 때문에 사람에 대한 우선순위를 잊지 말기 바란다.

일곱째, 용기다. 아무리 전문적 훈련을 받은 집단상담사라 할지라도 낯선 사람들과 집단을 할 때 설렘과 기대도 있지만 긴장과 염려가 있기 마련이다. 집단상담을 진행하다 보면 늘 예기치 않은 상황이 발생하기도 하고, 이러한 상황들을 헤쳐 나감에 있어서 집단원과 함께하지만 집단상담사가 모델링이 되어 주어야 하기 때문에 용기가 필요하다. 무엇보다 실수나 실패를 감수하면서도 새로운 행동을 시도할 용기, 그리고 이러한 시도들을 하다 실수나 실패를 경험할 때 이를 인정하고 받아들이는 용기도 필요하다. 그러나 집단원들에게 본이 되어야 한다는 생각이 앞서고, 비난에 대한 두려움과 인정받고자 하는 욕구가 강할 때 자신의 실수나 실패를 인정하기보다는 은폐하기가 쉽다. 집단원들에게는 진솔성을 강조하면서 정작 집단상담사는 그럴듯하게 자신을 꾸민다. 진솔한 만남의 장이 가면과 가면이 만나는 가면무도회가 될 가능성이 높다. 오히려 집단상담사가 용기 내어 실수나 실패를 인정할 때, 적어도 집단에서는 실수나 부족한 모습을 드러내도 안전함과 수용받을 수 있다는 경험을 하게 된다. 또한 집단을 진행하다 보면 오해도 받고 부정적 피드백을 받기도 하는데, 이때 방어적으로 대응하지 않고 받아들이는 용기가 필요하다. 집단상담사에 대한 불만이나 비난은 집단상담사 자체에 대한 불편함이기보다 전이에 의한 것일 수 있기 때문에 온전히 표현하고 그것을 다룰 수 있도록 할 때 오히려 변화와 성장의 장이 될 수 있다. 집단상담사는 부정적 피드백을 수용할 용기도 필요하지만 집단원들의 성장과 변화를 위해 그들의 행동패턴을 맞닥뜨리기 위한 용기도 필요하다. 사람들은 누구나 타인에게 선한 인상으로 기억되길 바란다. 그래서 좋은 것이 좋은 것이라며 상대가 좋아할 말만 할 경우 화기애애한 분위기가 될 수 있으나 진솔한 만남을 하긴 어렵다. 신뢰할 수 있는 분위기를 더 깊이 있는 만남의 장으로 나아가기 위한 발판으로 삼지 않고, 오히려 그 속에 안주하여 더 이상 갈등을 일으키지 않으려고 한다면 이를 직면시키는 것도 집단상담사가 해야 할 역할이고 이를 위해 용기가 필요하다. 고통 가운데로 몰아넣기 위함이 아니라 회복을 위해서는 보기 싫고 힘든 부분을 마주하는 아픔이 필요하기 마련이기에 이를 위해 집단상담사는 가끔 악역을 해야 하는 순간도 있음을 기억하자.

여덟째, 창의성(실험정신)이다. 집단상담을 진행하다 보면 사람들의 이야기가 참으로 비슷하다는 생각을 자주 하게 된다. 그러나 비슷하다는 것이지 똑같은 이야기는 없다. 구조화된 똑같은 프로그램을 진행하더라도 집단원이 누구이냐에 따라 집단의 역동과 결과는 다르게 나타난다. 비구조화 집단은 더 말할 것도 없이 늘 새롭다. 그래서 집단상담사는 이러한 변화 속에서 빠르게 적응하면서 새로운 시도를 창조해야 한다. 집단원들의 이야기를 좀 더 이해하기 쉽게 이미지화할 수 있어야 하고, 그들의 변화를 위해 적절한 실험들을 할 수 있도록 창의적인 방안들을 제안할 수 있어야 한다. 이를 위해 집단상담사는 다양한 경험과 함께 개방적인 태도가 필요하다. 익숙하고 안전한 것에 안주하기보다 호기심을 가지고 실험하고 도전할 때 창의성이 개발된다. 이처럼 창의성을 위해 새로운 시도를 하기 위해서도 앞에서 언급한 용기가 필요하다.

아홉째, 유머다. 긴 시간 심도 깊은 내면의 이야기를 진행하다 보면 말하는 사람도 듣는 사람도 긴장하기 마련이다. 이러한 시간이 지속될수록 지치게 되고, 에너지가 바닥을 드러내게 되면 자신을 더 마주할 여유가 없게 된다. 이때 분위기를 전환시키고, 여유로운 공간을 마련할 수 있도록 하는 것이 유머다. 우리의 삶의 현장에서도 희로애락이 모두 있듯이, 집단에서도 슬프고 무거운 이야기만 하는 것이 아니라 웃을 수 있고 기뻐할 수 있다. 그러나 유머는 긍정적인 반응뿐 아니라 부정적 반응 역시 갖고 있다(Corey et al., 2014). 유머를 너무 남발하거나 집단 흐름에 맞지 않는 유머를 사용할 경우 오히려 역효과가 날 수 있다. 특히 유머를 잘못 사용할 경우 집단원을 희생양으로 만드는 데 사용될 수 있기에 주의가 필요하다(Gladding, 2003).

열째, 진정성이다. 그 어떤 기법과 인간적 자질보다 더 중요한 것이 진정성이다. 사람을 어떤 마음으로 마주하고 있느냐에 따라 만남의 의미는 달라진다. 이때 중요한 것이 진정성이다. 저자가 석사를 마치고 집단원으로 참석했을 때 어느 집단원이 하염없이 울면서 심각한 이야기를 하였고, 그곳에 참석한 모든 사람들이 함께 한마음으로 울었던 기억이 있다. 그때 집단상담사가 그 사람을 향해 한마디씩 하라고 하는데 내 차례가 되었을 때 마음이 너무 아파서 그 어떤 말도 할 수 없었고, 겨우 용기 내어 했던 말이 "죄송합니다. 그 어떤 말로도 표현할 수가 없습니다."였다. 그 말을 들은 그 집단원이 더 많은 눈물을 흘리면서 나에게 "그 어떤 말보다도 더 맘에 와닿았습니다."라고 말했다. 그때는 정말 어안이 벙벙했었는데 세월이 지나면서 그때를 떠올려 보면 나의 진심이 그에게 닿았기 때문인 것 같다. 내가 아무리 많은 경험을 하였고, 이론과 기법에 능통하다 할지라도 내가 표현할 수 없는 경험치를 가지고 오는 분들이 있다. 그럴 땐 어설픈 공감을 하기보다 차라리 나의 한계를 인정하고 내 마음의 소리를 진정성 있게 표현하는 것이 더 중요하다.

이상에서 살펴보았듯이 집단상담사가 갖추어야 할 인간적 자질을 모두 갖추고 있기는 어렵다. 그러나 적어도 집단상담사로서 내가 가진 특성이 무엇이고, 어느 정도인지에 대해 알고 있다면 무엇을 어떻게 보완하고 개발시켜야 하는지 알 수 있다. 이러한 자기개발과 노력이 모여 한 인간으로서 자기성장뿐 아니라 집단상담사로서 집단상담 진행에 효과적인 영향을 미칠 수 있을 것이다.

강진령(2013)은 집단상담사의 인간적 특성 이외에 전문성을 위해 개인상담 경험, 집단상담 경험, 집단계획 및 조직 능력, 상담 및 심리치료 이론에 관한 지식, 인간에 관한 폭넓은 식견 등을 강조하였다. 한 분야에서 전문가가 된다는 것은 각자 타고난 성향이나 특성만 가지고 사용하는 데는 한계가 있다. 이론에 대한 지식과 인간에 대한 이해와 함께 다양한 경험에 근거한 자기개발이 병행될 때 전문가로서 부끄럽지 않을 수 있다. 기본적으로 학습한 이론과 기법이 인간으로서 가지고 있는 특성과 만나 잘 어우러져서 온전히 내 것으로 체득되어 나타날 때 가장 자연스럽고 효과적인 개입이 될 것으로 사료된다.

2. 집단상담사의 역할

초심 집단상담사들이 집단을 시작할 때 궁금해하는 것은, ① 무슨 말로 시작을 하나? ② 집단원들 한 명 한 명에게 즉각적으로 반응을 모두 해야 하나? ③ 할 말이 생각나지 않으면 어떻게 하나? ④ 집단원들이 모두 침묵하면 어떻게 하나? ⑤ 집단원들이 나를 싫어해서 곤란한 질문을 하면 어떻게 반응해야 하나? ⑥ 집단원들을 어떻게 모두 관찰하나? ⑦ 집단원들이 말한 것들을 어떻게 모두 기억하여 연결 짓게 하나? ⑧ 상호작용은 어떻게 해야 하나? ⑨ 집단의 역동이 무엇인지 알겠는데 이를 언제 어떻게 개입해서 사용하나? ⑩ 집단원들이 웃으면서 많은 이야기를 하고 있는데 정작 자신에 대한 이야기는 하지 않을 경우, 이를 어떻게 개입해야 하나? 집단상담사의 개입이 오히려 좋은 분위기를 망치는 것은 아닐까? ⑪ 집단에서 도대체 집단상담사가 무엇을, 어떻게, 얼마만큼의 역할을 해야 하나? ⑫ 집단 마무리는 어떻게 해야 하나? 등 이보다 훨씬 더 많은 질문들 속에 빠져 있을 것이다. 아마도 집단상담사가 어떤 역할을 해야 하는지 그리고 어떤 업무를 수행해야 하는지에 대한 그림이 그려지지 않기 때문에 나타나는 현상일 듯하다. 이번 장에서는 집단상담사가 어떤 역할을 하고 기본적으로 수행해야 할 과업이 무엇인지 살펴보고자 한다.

정성란 등(2015)은 집단상담사의 역할로 참여적 관찰자, 모범자, 촉진자, 강화자, 보호자 등을 제시하였다. 첫째, 참여적 관찰자는 집단상담사이기 이전에 또 한 명의 집단원이면서 집단상담사로서 집단 전체를 관찰하는 역할의 의미를 내포하고 있다. 집단 전체 과정에 대한 인식훈련은 집단원들이 누가 어디에 앉는지, 누구에게 주로 이야기를 하는지, 이야기를 할 때 시선을 주로 누구에게 머물고 있는지, 집단원의 반응 후 누가 자주 반응을 하는지, 집단원들이 어느 집단원의 이야기 후에 반응을 하지 않는지 등을 관찰함으로써 시작된다. 둘째, 모범자 역할은 집단에서 어떻게 반응하고 행동해야 하는지에 대해 시범을 보이는 본보기다. 셋째, 촉진자 역할은 집단원들의 참여를 권장하고 연결짓기 등을 통해 상호작용을 촉진한다. 넷째, 강화자 역할은 집단과정에 좀 더 효과적인 영향력을 미치기 위해 집단원의 의미 있는 반응을 강화한다. 다섯째, 보호자 역할은 예기치 않은 상황에서 또는 집단에서 신뢰로운 분위기 속에서 집단 경험을 할 수 있도록 집단과 집단원을 보호하는 역할이다.

저자는 이러한 역할에 치료자 역할을 추가하고자 한다. 치료자 역할은 집단에서 좀 더 심층적 내면의 경험을 할 수 있도록 집단상담사의 적극적 개입을 의미한다. 단, 이때 무조건적으로 심층적 개입을 해서는 안 되고 다음 3가지를 고려해야 한다. 첫째, 집단상담사가 그 주제를 시간 내에 다룰 경험이 축척되어 있나? 둘째, 집단원이 그 주제를 심층적으로 다룰 때 감당할 만큼 준비가 되었나? 셋째, 그 주제에 대해 집단원 전체의 공감대가 형성되었는가? 이 모든 것이 가능하다면 이 주제를 시간 내에 다룰 수 있는 만큼만 집단원과 의논해서 진행해야 한다. 집단상담은 개인상담과 다르게 시간이 제한되어 있고, 한 명만을 위한 시간이 아니고, 모두가 가능한 한 균등하게 사용해야 하기 때문에 그 시점에 다룰 수 있는 만큼만 다루고, 나머지는 개인상담으로 연계할 수 있도록 해야 한다.

집단상담사의 효율적인 역할을 위해서는 집단원의 역할에 대한 이해가 필요하다. 정성란 등(2015)은 집단원의 기능적 역할로 집단 중심의 기능적 역할과 개인 중심의 기능적 역할로 구분하여 설명하고 있는데, 먼저 집단 중심의 기능적 역할은 솔선 제안자, 정보 모색자, 상세한 설명자, 냉철한 평가자, 따뜻한 격려자, 참여 촉진자다. 개인 중심의 기능적 역할은 침묵의 방관자, 자기중심적 독점자, 우월한 충고자, 상처 싸매기, 적대적 공격자, 도움 구걸자, 문제 없는 사람 자처하기, 집단과 관계없는 이야기하기 등이다. 개인 중심의 기능적 역할은 개인의 욕구를 충족시키기 위한 역할이기에 집단상담에 방해가 되기도 하지만 이를 효율적으로 다룰 경우 집단 역동을 촉진시키는 요인으로 작용할 수 있기에 방관해서는 안 된다.

집단상담사가 수행해야 할 기본 과제로는 집단 구성과 유지, 집단규범과 집단문화를 형성하고, 지금-여기의 활성화와 상호작용을 촉진시키고, 집단원을 보호하면서 집단활동의 종결을 돕는 것이다(이형득 외, 2007; 정성란 외, 2015; Yalom, 2008). 첫째, 집단상담사는 집단을 구성하고 유지할 책임이 있다. 조기탈락자가 발생할 경우 집단유지에 영향을 미칠 수 있기 때문에 이에 대한 예방이 필요하고, 이를 위해 집단구성원 선발은 중요하다.

둘째, 집단상담사는 집단이 발달단계를 거치면서 성장하고 집단원들 간의 상호작용이 효율적으로 발생하도록 집단규범을 구성하여 집단의 문화를 형성해야 한다. 이 모든 과정에는 집단원의 참여로 진행되어야 하나 집단 경험이 없는 경우에는 이러한 집단규범과 문화가 자리 잡을 수 있도록 집단상담사의 좀 더 적극적인 개입이 필요하다.

셋째, 지금-여기의 활성화와 상호작용 촉진이다. 집단상담사의 기본 과업 중 하나인 지금-여기의 활성화를 위해서는 과거에 초점을 두어서는 안 된다

(Yalom, 2008). 그러나 그러기가 쉽지 않다. 과거의 삶이 현재에 계속해서 영향을 미치고 있기에 과거에서 출발하지 않을 수가 없다. 다만, 과거에만 머물러서 현재를 보지 못하는 것은 방지해야 한다. 현재에 영향을 주고 있는 과거는 의미 있게 다루어져야 하고 필요한 과정이다. 그러나 상담은 과거를 다루어야 한다는 오해에서 과거에 대한 사건 중심의 나열은 별 의미가 없을 수 있기 때문에 집단원들의 이해 정도를 파악해서 대처해야 한다. 특히 집단원의 상호작용을 위해서 집단원의 자기개방에 대한 탐색이 수직적 양상이 아닌 수평적 양상으로 진행되도록 해야 한다(Yalom, 2008). 수직적 양상은 내용 자체에 대한 탐색이라면 수평적 양상은 집단원과의 상호작용적 측면에 대한 개방으로 그러한 자기개방을 하기까지 어떤 고민을 했고, 무엇이 이러한 개방을 하게끔 하였고, 개방 시 집단원들의 반응에 대해 어떤 생각을 했는지 등에 대한 탐색으로 진행되는 개방이다. 이처럼 수평적 자기개방이 진행될 때 집단원들과 더 깊은 관계 경험의 장으로 나아가게 할 수 있다.

넷째, 집단원을 보호한다. 집단상담에 처음 경험하는 집단원일 경우, 낯선 곳에서 자신을 보호하기 위한 방어적 태도로 저항과 갈등을 일으키는 경우가 종종 있다. 이는 집단상담 경험이 있는 사람들에게서도 나타나는 흔한 현상이다. 이때 자기방어적 태도는 타인에 대한 공격으로 나타날 수 있기 때문에 저항과 갈등을 해결해서 집단원을 보호하고, 안전한 경험을 할 수 있도록 해야 한다. 이러한 저항과 갈등은 집단원 사이에서만 나타나는 것이 아니고, 집단상담사와의 관계에서도 나타날 수 있기 때문에 주의가 필요하다. 또한 자기개방을 할 경우에도 자신이 할 수 있는 만큼만 이야기하도록 보호해야 한다. 물론, 자기개방에는 용기와 함께 약간의 모험도 필요하지만 이 또한 본인 스스로 선택해야 하는 것이므로, 집단원이 압력에 의한 부담 때문에 억지로 자기개방을 하지 않도록 집단원을 보호해야 한다.

다섯째, 집단활동의 종결을 돕는다. 집단 종결은 매회기 종결이 있고, 집단상담 전체 종결이 있다. 회기나 전체 종결 시 공통으로 다루어야 할 주제는 집단상담에서 자신에 대해 깨닫게 된 것과 집단에서 진행한 실험 중에서 어떤 것으로 이러한 깨달음을 얻게 되었는지 등을 정리하도록 함께해야 한다. 그것이 어느 정도 정리가 되었으면 그 깨달음을 지속적으로 실험할 수 있도록 격려해야 한다. 전체 종결 시에는 집단을 떠나 홀로 서서 마주하게 될 경험들에 대해 안내해 주어 대비할 수 있도록 한다. 특히 필요시 다른 집단상담이나 개인상담을 연계해서 참여할 수 있도록 안내한다. 이때 모두가 있는 곳에서 특정인 한 명에게만 설명할 경우, 부담이나 불편감을 표현할 수 있으니 전체를 대상으로 안내하고, 자세한 정보가 필요한 경우에는 개별적으로 문의하라고 안내한다. 그 외 종결에 대한 세부적인 사항은 제8장을 참고하기 바란다.

지금까지 집단상담사가 해야 할 기본과제에 대해 언급했는데, 강진령(2013)은 이를 준행함에 있어서 주의해야 할 집단상담사의 문제행동으로 지나친 개입, 과도한 자기개방, 폐쇄적 태도 및 방어적 태도를 언급하였다. 집단상담사가 지나치게 개입을 많이 할 경우, 집단원의 자발성은 떨어지고, 집단상담사의 눈치를 보면서 소극적으로 임하게 되어 집단상담의 강점을 제대로 활용하기 어렵다. 특히 집단 초기에 집단상담사의 조급함을 인지하지 못한 채 집단의 활성화를 돕는다는 명목으로 지나치게 개입할 경우, 표면적으로는 반응을 할 수 있으나 진정한 집단원들의 자발성으로 자신을 드러낸다고 보기에는 한계가 있다. 게다가 집단상담사가 자신에 대한 이야기를 너무 길게 표현할 경우, 집단상담이기보다는 강의로 인식하고 수동적으로 듣는 자세를 취하여 오히려 집단 활성화에 역효과를 줄 수 있다. 하지만 집단상담사가 반응을 최소화하는 폐쇄적 태도 또한 주의가 필요하다. 집단원들의 자발성으로 집단 상호작용이 활성화되지만 집단상담사가 반응을 지나치게 최소화할 경우, 시간과 에너지 소비가 많을 수 있다. 어떤 분이 집단상담에 참석했다가 집단상담사가 아무것도 안 하고 지켜보고만 있어서 자신이 왜 돈을 내고 여기에 앉아 있나 하는 생각이 들어 후회했다는 말을 들은 적이 있다. 정말 아무것도 안 하고 가만히 있은 것은 아니겠지만, 집단원이 이런 오해를 할 정도라면 집단상담사의 태도를 한 번쯤 점검할 필요가 있다. 가장 중요한 것은 주어진 시간과 상황과 에너지 투입 대비 효과적인 상담 결과를 내기 위한 고민이 필요하다. 마지막으로 집단상담사가 주의해야 할 행동은 방어적 태도다. 불안하게 되면 본능적으로 방어적인 태도를 취하게 되는데, 이를 미리 대비하지 않고 무방비 상태로 표출하게 되면 집단 역동에 부정적인 영향을 미칠 수 있기 때문에 주의가 필요하다. 이를 예방하기 위해 교육분석과 집단상담 참여 경험을 통한 자기점검이 선행되어야 한다.

3. 집단상담사의 자질과 역할 Q & A

Q1 개인상담사와 비교해서 집단상담사에게만 강조되어야 할 전문적 특성은 무엇입니까?

A1 상담사로서 갖추어야 할 기본적인 전문적 특성은 개인상담사나 집단상담사 모두 유사하다고 생각합니다. 다만, 집단상담의 경우는 대상이 한 명이 아니고 다수이기 때문에 쉽게 말하면 모든 역량이 배가 되어야 합니다. 예를 들면, 개인상담에서는 한 명만 민감하게 살펴서 반응하면 되지만, 집단상담은 그렇게 해야 할 대상이 여러 명이기 때문에 민감성이나 분석력 등이 훨씬 개발되어 있어야 합니다. 상담사가 갖추어야 할 기본적 특성을 최대한 개발시켜서 그것을 집단원 전체를 대상으로 활용할 수 있어야 하고 이를 위해서는 집단원 전체를 볼 수 있어야 합니다. 무엇보다 집단의 역동과 상호작용을 활성화시킬 수 있는 역량도 키워야 합니다. 이러한 특성은 개인상담 수련만으로 터득되는 것이 아닙니다. 간혹 개인상담만 배우고 바로 집단상담을 진행하는 경우가 있는데, 이는 주의가 필요합니다.

집단상담을 처음 경험한 사람들은 자신이 경험한 집단이 어떠하냐에 따라 집단상담을 교육으로 오해를 하게 되어 집단상담 활성화에 저해되는 요소가 되고 있습니다. 집단상담을 진행하기 위해서는 개인상담은 기본적으로 할 수 있어야 하고, 집단상담에 필요한 역량을 전문적 수련을 통해 진행할 때 참여하는 집단원뿐 아니라 상담사 자신에게도 더 효과적이라 사료됩니다.

Q2 정해진 목표를 해결하기 위해 모인 구조화된 집단에서, 공통된 목표 이외에 집단원들이 가지고 있는 편차가 너무 클 경우(사회적 지위, 경제적 상황 등 삶의 경험 혹은 배경) 어떻게 집단을 이끌어 가야 하는지 궁금합니다.

A2 집단의 공통된 목표가 무엇이냐에 따라 달라질 수 있으나 대체적으로 목표에 따라 유사한 사람들이 모이기 마련입니다. 특히 상담현장에서는 의뢰한 기관에 소속된 사람들일 경우 더욱 동질집단일 가능성이 높고, 모든 유형의 사람들에게 개방하여 집단원을 모집하는 곳은 흔하지 않습니다. 구조화 집단에서 현실적으로 가능성은 낮지만 질문처럼 다를 경우, 소위 말하는 이질집단인데 집단원 간의 신뢰와 응집성 구축에 주력하는 것이 선행되어야 합니다. 그다음으로는 집단 역동을 활용해야 합니다. 20대와 50대가 같은 집단에 참여할 경우, 20대는 집단에서 자신을 이해하지 못해 잔소리를 하지 않을까라고 염려하고, 50대는 저렇게 어린 사람이 50년 이상 살아온 삶의 이야기를 어떻게 이해해서 집단을 함께할 수 있을까를 염려합니다. 그러나 이는 곧 전이에 의한 것으로, 집단의 역동을 활용하면 20대는 50대 집단원을 통해 자신의 부모를 이해하게 되고, 50대는 20대 집단원을 통해 자녀들에 대한 이해가 가능하게 되어 가족재구조화를 경험할 수 있습니다. 집단은 소우주와 같아서 다양한 사람이 모여서 집단을 진행할 경우, 어려움이 있기는 하지만 오히려 역동이 활성화되고 타인에 대한 이해의 경험이 확장되어 집단상담의 효과가 높을 수 있습니다. 다만, 집단상담 경험이 적을 경우에는 동질집단을 구성해서 진행하도록 집단원 모집부터 구조화를 해서 진행하는 것이 효율적이니 이 또한 참고하기 바랍니다.

Q3 일반적으로 학생들의 경우에는 자발적인 경우보다 비자발적인 경우가 많다고 보입니다. 이럴 때 집단상담사는 상담을 효율적으로 이끌기 위해서 어떤 준비도가 필요할까요?

A3 무엇에 대한 비자발성인가에 대한 파악이 우선되어야 합니다. 이를 파악하는 목적은 그들을 진정으로 공감하고 이해하기 위함입니다. 비자발성이라고 하면 단순히 누군가가 시켜서 억지로 참여하였기 때문에 말을 하지 않는 정도로만 파악하고 있는데 그렇지만은 않습니다. 집단원이 어떤 목적으로 집단에 참여했다고 생각하고 있는지, 그리고 그 목적성에 대해 그들은 어떻게 받아들이고 있는지 등에 대한 파악이 필요합니다. 저자의 경험에 의하면 대부분의 비자발적 집단원도 자신의 속마음을 누군가에게 털어놓고 싶어합니다. 다만, 집단상담사가 자신들이 속해 있는 기관의 대변자이거나 자신들을 통제하려는 사람으로 인식하고 있는 경우가 많기 때문에 처음에 구조화가 중요합니다.

첫째, 의뢰한 기관의 목적과 원하는 바가 무엇인지 파악해서 그것의 장단점과 집단상담에 미치는 영향에 대해 알려 주어서 조율해야 합니다. 예를 들면, 기관에서는 학생들과 상담한 내용을 모두 알기를 원하고 그 내용을 보고서로 작성해 주길 바랍니다. 차후에 생기는 문제에 대한 대비책이라고 할 수 있습니다. 그런데 이럴 경우, 집단원들은 침묵하거나 거짓으로 반응할 가능성이 높고, 집단상담의 효과성은 낮아질 수밖에 없음을 알려 주고, 비밀보장의 예외 조항과 집단원들이 동의한 부분에 대해서만 보고가 가능함을 설명해 주어서 기관이 결정하도록 해야 합니다.

둘째, 기관과 조정이 되었으면 이를 집단원들에게 알려 주고, 본인들이 집단에서의 개방 정도를 선택해서 반응할 수 있도록 해야 합니다. 그리고 집단 종결 시에는 보고서 작성할 내용을 간략하게 설명해서 동의하에 진행하도록 한다면 집단원들은 집단상담사를 신뢰하고 자발적 참여로 서서히 변할 가능성이 높습니다.

셋째, 무엇보다 그들의 행동에 대해 일상생활 속에서 접하는 일반적인 반응과 집단상담사의 반응이 다름을 경험하게 함이 중요합니다. 집단상담사는 기관이 원하는 바가 무엇인지 알고 있기 때문에 그 결과를 만들어야 한다는 부담을 가지면 자신도 모르게 비자발적 집단원들에게 참여를 강요하거나 통제하는 행동을 하는 경우도 있는데, 이는 집단원들의 마음을 더욱 닫게 만드는 결과를 초래할 수 있습니다. 「해와 바람」이라는 이솝우화를 기억하시죠? 집단상담사가 만나야 할 대상은 얼굴을 마주하고 있는 집단원임을 기억하고 그들의 입장에서 그들의 마음을 이해하고 공감하려는 자세로 반응해야 함이 중요합니다. 그러나 이 또한 기관의 이해와 동의하에 진행되어야 합니다.

정리하면 집단상담사는 누구의 대변자가 되거나 편이 되어서는 안 되고, 기관과 집단원이 서로 가능한 범위 내에서 반응할 수 있도록 돕는 조율자 역할이 선행되어야 합니다.

Q4 집단상담가의 자질 중 '진정성'에 관한 것입니다. 일대일 상담보다 집단상담은 더욱 진정성의 정도를 조절하는 것이 민감한 사안일 것 같다는 생각이 듭니다. 집단원에 대한 느낌과 생각을 진솔하게 표현하는 것이 때로 어떤 집단원에게는 역효과일 수도 있을 것 같습니다. 얼마만큼의 진정성이 알맞은 것인지 알고 싶습니다. 특히 각기 다른 집단원들이 모여 있기 때문에 집단원들에 따라 진정성의 정도를 조절해야 하는 건가요?

A4 진정성이라고 해서 자신이 느끼고 생각하는 것이면 무엇이든지 솔직하게 표현해도 된다는 의미는 아닙니다. 진정성에서 중요한 것은 어떤 목적으로 사용하느냐입니다. 집단상담사 자신의 자존심을 세우기 위해서, 권력을 보여 주기 위해서 또는 집단원 공격을 가장해서 진정성을 활용한다면 이는 상담윤리에 어긋납니다. 특히 부정적인 감정이나 생각일 경우에는 조금 더 신중해야 합니다. 그것이 집단원을 위한 진정성이라면 집단원이 수용할 준비가 되었는지도 확인

해야 하고, 집단원의 변화와 성장을 위해 필요한 면이 더 많은지 등을 고려해서 신중하게 사용해야 합니다. 긍정적인 부분에서도 집단원을 내 편으로 만들기 위한 의도로 진정성을 가장한 채 표현하는 것도 주의가 필요합니다. 간혹 초심 집단상담사 중에 집단원들의 신뢰를 얻기 위해 자신이 경험하지 않은 것도 한 것처럼 이야기를 해서 집단상담을 무사히 마칠 수 있었다고 무용담처럼 이야기하는 경우를 보았습니다. 집단원과 공유할 수 있는 경험이 있으면 훨씬 쉽게 공감대 형성이 되겠지만, 집단원에게 진솔하게 표현하라고 하면서 집단상담사가 본이 되는 모습을 보이지 않는다면 그 집단상담이 효과적인 집단이라고 할 수 있을지 의문이 듭니다. 조금은 힘겹게 둘러 가더라도 인내를 가지고 진솔하게 반응할 때 집단원에게도 그 마음이 전달됨을 경험으로 깨닫길 바랍니다. 그래서 집단상담사의 진정성에는 인내와 용기도 필요하다는 생각을 합니다.

Q5 '효과적인 집단상담사의 인간적 특성' 중 민감성에서 "국적, 인종, 성별, 직업, 외모, 지위 등에 따라 자신의 자각이 왜곡될 수 있음을 알고 있어야 한다."라고 하는데 어떤 왜곡이 나타날 수 있는지 궁금합니다. 간단한 예시를 통해 알려 주시면 더욱 감사하겠습니다.

A5 생각은 그 사람의 감정과 행동에 영향을 미치게 되는데, 자신이 다양한 문화에 대해 어떤 가치관과 신념을 가지고 있는지 민감하게 파악하고 있는 것은 중요합니다. 이를 파악하고 있지 못할 경우, 집단원에 대한 민감성이 자신의 관점에서 왜곡되어 반응할 수 있습니다. 예를 들면, 집단상담사가 자신의 경험에 비추어 대부분의 직장 상사는 권위적이고 압력을 행사하는 사람으로 자각하고 있다면, 집단상담에서 나이 많은 집단원이 젊은 집단원에 대한 반응을 압력으로 인지하고 두 사람 간의 역동을 객관적으로 민감하게 살펴 반응하기보다 젊은 집단원을 보호하고 대변하는 왜곡된 반응을 할 가능성이 높습니다. 이를 예방하기 위해서 집단상담사는 자신의 생각과 감정에 대해서도 민감하게 알아차릴 수 있

어야 하고, 또한 알아차렸다고 해도 그대로 표출되는 경우가 발생할 수 있기 때문에 끊임없이 자기점검이 필요합니다.

Q6 집단상담사의 명료화를 위한 개입이 어떤 의미에서는 지적과 비난일 수도 있을 것 같은데, 예를 들면 집단원의 감정을 명료화하는 과정에서 다른 집단원의 상호작용에 대한 피드백을 비난하게 될 수도 있을 거라 생각됩니다. 이러한 상황에서 고려되어야 할 집단상담사로서 지도적 요소가 무엇인지 궁금합니다.

A6 집단 상호작용에서 집단원 A의 감정에 공감하여 명료화하다 보면 그러한 감정을 갖게 한 집단원 B의 반응 탓이 되는 경우가 가끔 있습니다. 그것이 긍정적인 감정이나 생각이 아니라 부정적일 경우에는 책임이 그 사람에게 돌아가게 되어 순간 나쁜 집단원으로 만들게 되고, 이런 결과를 초래한 집단상담사 또한 오해를 받게 되는 난감한 상황이 발생할 수도 있습니다. 이때 필요한 인간적 특성은 용기, 민감성, 분석력입니다. 집단상담사가 오해를 받을 수 있지만 용기를 내어 개입을 해야 합니다. 두 사람 간의 역동을 민감하게 파악하고 분석하여 집단원 B가 집단원 A에게 전달하고자 했던 의도가 무엇인지 명료화해서 재반응할 수 있도록 해야 합니다. 또는 집단원 A의 어떤 모습이 집단원 B와 같은 반응을 하게 했는지를 상호작용을 통해 보여 주어 반응이 일방적인 것이 아니라 상호적으로 영향을 미치고 있음을 깨달을 때 서로가 win-win할 수 있고 이를 위해 집단상담이 진행되는 것이니 용기를 가지고 개입해 보길 권합니다. 이러한 모든 일에는 처음이 있기에 용기가 필요한데, 무모한 만용이 아니라 용기가 되기 위해서는 집단상담 참여를 통해 경험을 많이 해 보길 권합니다.

제3장 집단상담의 역동과 치료적 요인

1. 집단 역동

집단상담 시 진행하는 활동에는 내용과 과정이라는 2가지 측면이 있다. '무엇'에 해당되는 것은 내용이고, '어떻게'에 해당되는 것은 과정이라 할 수 있다. 즉, 무엇을 말하고 있는지와 같은 내용에 대한 파악도 필요하지만, 내용보다는 누가 어떤 식으로 어느 정도 표현하고 있는지와 같은 과정에 대한 탐색이 더 중요하다. 집단과정에는 개인상담과 구별되는 중요한 특징이 있는데 이것이 바로 집단 역동이다. 집단 역동이란 집단 장에서 집단원과 집단상담사 간에 발생하는 복합적이고 상호작용적인 힘(Dinkmyer & Muro, 1979; Jacobs et al., 2006)으로 집단의 방향에 영향을 미친다.

Earley(2005)는 집단 역동 유형을 3가지로 설명하고 있다.

첫째, 심리내적인 역동으로 개인상담에서 주로 탐색하는 개인의 감정, 방어 형태, 유년시절의 경험 등이 포함된다. 자기개방을 통해 자신의 내면을 탐색하고 통찰하는 것으로 개인상담과 유사한 형태로 나타난다.

둘째, 대인 간 역동은 집단 안에서 사람들과의 관계에서 일어나는 역동으로 정서적 반응, 친밀감 등이 포함된다. 대인 간 역동은 집단상담의 장에서 직접 파악할 수 있고, 경험할 수 있기 때문에 개인상담과 구별되는 가장 큰 강점이다. Donigian과 Malnati(1997)는 집단 내에서 집단원 간의 상호작용을 중심으로 한 대인 간 역동에 대한 이해를 위해 상호작용 중심의 집단과정 7가지 유형을 제시하였다. ① 전염(contagion)은 집단원의 행동이 다른 집단원의 상호작용을 유도하는 것을 의미한다. ② 갈등(conflict)은 집단상담 동안 집단원과 집단상담사는 집단 갈등을 경험한다. ③ 불안(anxiety)은 이 불안이 공개적으로 진솔하게 다루어진다면 오히려 집단과정의 주요한 동인이 될 수 있다. ④ 합의적 타당화(consensual validation)는 집단원의 행동을 다른 집단원들과 함께 확인해 보는 과정이다. ⑤ 보편성(universality)은 집단 내에서 다른 집단원들 중에 자신과 유사한 경험을 한 사람이 있음을 알게 되는 과정이다. ⑥ 가족의 재현(family reenactment)은 집단 속에서 가족의 영향을 재현하는 과정이다. ⑦ 희망의 고취(instillation of hope)는 무기력함에서 변화의 의욕을 가지도록 다루는 과정이다.

셋째, 전체로서의 집단 역동은 발달단계, 집단규범, 집단역할, 집단수준의 저항 등 집단에 참여하는 태도와 관련된다. Earley가 제시한 집단 역동의 3가지 유형에 대해 간략하게 살펴보았는데 이와 같은 집단 역동에 영향을 미치는 요인들은 무엇일까?

Gazda, Ginter와 Horne(2001)은 집단 역동에 영향을 미치는 9가지 요인으로 집단상담사, 집단구조, 목표 설정, 집단 응집력, 집단규범, 집단원, 다문화적 역동성, 치료요인, 집단발달단계를 제시하였다. Jacobs 등(2006)이 주목해야 할 집단 역동 중의 하나로 집단원이 누가 누구에게 얼마나 자주 이야기하나를 꼽았다. 또한 Jacobs 등(2006)은 과거 집단참여 경험이 현재 집단 역동에 영향을 미치는 요인으로 작용할 수 있다고 하였다. 이형득 등(2007)은 집단 역동에 영향을 미치는 13가지 요인들로 집단의 배경, 집단 참여 형태, 의사소통 형태, 집단의 응집성, 집단분위기, 집단행동 규준, 집단원들의 사회적 관계유형, 하위집단의 형성, 주제의 회피, 지도성의 경쟁, 숨겨진 안건, 제안의 묵살, 신뢰수준으로 설명하였다. 강진령(2013)은 집단 역동이 집단원의 배경, 집단목적, 집단크기, 집단 회기의 길이, 집단 모임 장소, 모임의 빈도수, 모임 시간, 집단참여 동기의 영향을 받는다고 하였다. 정성란 등(2015)은 집단 역동에 영향을 미치는 대표적인 요소로 집단상담사, 집단원, 집단과정, 집단 응집력을 언급하였다.

저자는 집단을 진행하면서 경험하게 된 집단발달단계별로 집단 역동에 미치는 요인들을 정리해 보았다. 먼저, 집단 도입단계와 과도기단계에서 집단 역동에 미치는 요인들로 집단구조, 집단상담사, 집단원, 집단분위기 등이다. 집단 초기에는 집단의 구조형태의 영향을 많이 받게 되는데, 예를 들면 집단 크기, 집단 회기와 시간, 집단 장소 등이다. 어떤 사람들은 집단의 크기가 큰 집단, 즉 참가인원이 많은 집단을 편하게 생각하고, 또 어떤 사람은 오히려 인원이 작은 집단을 더 선호하는 경우도 있다. 또한 몇 회기를 회기당 몇 분 정도 하느냐에 따른 영향도 받게 되는데 참여자들의 연령과 집단의 목표 등을 고려해서 회기와 시간을 결정해야 한다. 특히 아동 및 청소년일 경우에는 수업시간에 맞춰 진행하는 경우가 많기 때문에 1교시를 한 회기로 하거나 혹은 1~2교시를 한 회기로 내용을 연결시켜 진행하되 중간에 쉬는 시간을 두기도 한다. 집단진행 시간의 길이와 무관하게 집단원 모두가 시간을 골고루 사용할 수 없게 되면 집단의 역동에 영향을 미칠 수 있기 때문에 이 또한 염두에 둬야 한다. 집단장소는 외부의 방해를 받지 않으면서 안락한 공간이어야 한다. 특히 장시간 진행될 경우에는 의자의 편안함 정도에 따라 신체 상태에 영향을 주고 이는 다시 집단 역동에 영향을 미칠 수 있기 때문에 주의가 필요하다.

두 번째 요인은 집단상담사다. 첫 집단상담을 누구와 어떤 경험을 했느냐에 따라 집단상담에 대한 인식에 큰 차이가 있음을 종종 보게 된다. 그만큼 집단상담사의 영향이 크다고 할 수 있는데, 그럴 수밖에 없는 것이 집단상담을 처음 경험하는 사람들은 집단에서 어떻게 반응해야 하는지 알지 못하고 참석한 경우가 대부분이기 때문에 집단상담사의 본보기에 영향을 많이 받게 된다. 저자 또한 첫 집단상담을 경험했을 때, 아무것도 모르는 상태에서 호기심 가득한 눈으로 집단상담사만을 바라보고 관찰하면서 거의 무반응인 상태로 중반기까지 참여했는데 그때 집단상담사의 반응은 사뭇 달랐다. 보지 않는 듯하면서 보고 있었고, 기다리지 않는 듯하면서도 기다려 주었고, 그러다가 중요한 시점을 놓치지 않고, "너무슨 할 말 있을 것 같다."라며 쑥 들어온 그 한마디가 저자를 지금의 이 자리에 있게 했다. 그 한마디가 저자에게 미친 영향은 나 자신뿐 아니라 집단원과 집단상담사에 대한 강한 역동을 경험하게 하였다.

세 번째 요인은 집단원이다. 집단원의 특징으로 집단의 욕구, 성별이나 나이, 집단 경험 정도, 집단에 대한 기대 정도(자발성), 집단원 또는 집단상담사와의 안면 정도 등이다. 집단에 작용하는 힘은 집단원들의 욕구, 즉 수용과 인정의 욕구, 사랑의 욕구, 안전의 욕구 등에 의해 나타난다(Ohlsen, Horne, & Lawe, 1987). 그러나 이러한 욕구가 무관심으로 표현될 때 집단 역동에 부정적인 영향을 미치게 된다. Corey(2015)는 집단에 임하는 집단원의 부정적 태도는 집단상담사의 능력에 따라 변화시킬 수 있다고 하였다. 이를 위해서는 집단상담사는 집단에 대한 훈련이 필수적이다. 집단원의 비생산적인 행동패턴을 확인하기 위해서 확실한 증거가 필요한데, 이때 집단상담사 자신의 정서적 반응이 중요하고(Yalom, 2008), 이것이 상담사의 미해결과제로 인한 것이 아님을 확인하기 위해 다른 집단원들의 반응으로 재확인하는 합의적 타당화 과정을 거친다(강진령, 2013). 이러한 과정을 통해 집단원들의 역동을 집단 개입의 자원으로 활용하게 된다. 집단원의 요인은 욕구뿐 아니라 집단원의 개인적 특성, 즉 성별이나 나이, 직업 등의 영향을 받는다. 여성 집단원이 한 명이고 나머지 집단원은 모두 남성인 집단을 진행한 적이 있다. 상담에 대한 관심은 대체적으로 남성보다 여성이 많기 때문에 어디를 가나 여성이 많은데, 그 집단은 특이하게도 여성이 한 명이었다. 또 다른 집단에서는 모두가 기독교인이긴 했으나, 한 명은 목사님이고 나머지는 교인들로 구성된 집단도 있었다. 이렇게 확연하게 차이가 있을 경우 집단의 역동을 활용하기가 쉽지 않다. 결론부터 말하면 초반에는 소수자가 관찰자로 물러나 있어서 어려움이 있었지만, 집단이 진행되면서 집단원 모두 만족하면서 효과적으로 집단을 마쳤다. 그것이 가능했던 것은 다른 요인들도 있겠지만, 무엇보다 집단상담 경험과 집단에 대한 기대를 가지고 참여한 분들이었기 때문이라 생각한다. 그리고 집단원의 개방적 자세로 기다려 주는 신뢰로운 분위기가 형성되었기 때문에 가능했다. 또한 집단원 또는 집단상담사와의 안면 정도가 집단 역동에 영향을 미친다. 처음으로 집단상담에 참여할 경우에는 어떤 상황이 일어날지 알 수 없는 막연한 불안과 염려로 서로 의지하기 위해 아는 사람과 함께 참여하는 경우가 종종 있다. 집단상담사를 선택함에 있어서도 강의를 들어 본 적이 있거나 아는 사람의 추천이 있는 상담사를 선택하게 된다. 안전하게 시작한 역동 경험은 자신을 조금씩 알아 갈수록 낯선 곳에 자신을 던지면서 새로운 경험을 하고 싶은 마음을 갖게 되는데 이것이 바로 집단 안에서 경험하게 되는 역동의 힘이라 사료된다.

네 번째 요인은 집단분위기다. 첫 집단 경험을 선택할 때 안면이 있는 집단원과 집단상담사를 선택한다고 했는데, 이를 선택하는 이유 중 하나가 바로 집단의 분위기다. 안면이 있는 사람들이 있을 경우, 조금 더 빠르게 신뢰롭고 편안한 분위기를 경험하는 것으로 생각하기 때문에 집단분위기는 집단 역동에 영향을 주는 중요한 요소다. 이러한 경험이 쌓이게 되면, 낯선 곳으로의 실험을 감행할 용기가 생겨 자신의 성장을 위해 도전하게 되는데, 이를 가능하게 하는 요인 중 하나가 집단분위기다. 집단상담사는 집단원과 함께 신뢰롭고 수용적인 집단분위기 형성에 주력해야 한다.

집단 작업단계에서 집단 역동에 미치는 요인들은 응집성, 하위집단, 주제 회피다. 집단 도입 및 과도기단계에서 집단원들과 함께 갈등과 저항을 해결하게 되면 집단이 성장하면서 응집성이 생기게 된다. 함께 힘겨운 여정을 끝내고 서로에 대한 견제하는 마음 대신에 함께할 수 있다는 마음을 갖게 되면 응집성은 더욱 견고해져서 집단 역동을 활성화시키는 데 주요한 역할을 하게 된다. 그러나 어렵게 형성한 응집성을 계속 유지하고자 하는 마음이 지나치게 커서 서로에 대한 진솔한 표현을 하기보다 하위집단을 형성하여 갈등을 표면화시키지 않고 주제를 회피하는 등 집단 역동에 영향을 미치게 된다. 집단원뿐 아니라 집단상담사도 다루기 불편한 주제는 피하고 싶겠지만, 이러한 모습이 나타났을 때 주제를 회피하는 모습을 보여 주고, 시간을 가지고 주제를 취급해야 한다. 그렇지 않으면 언제나 그 자리에 안주하기 때문에 변화와 성장의 기회가 줄어들기 마련이다. 변화와 성장이라는 이름의 힘겨운 씨름이 버거워서 이젠 성장하지 않아도 되니 아프지만 않았으면 좋겠다는 생각을 한 적이 있다. 아마 이 책을 읽고 있는 여러분도 동의하는 바가 있을 것이다. 그러나 이대로 멈출 때 감당해야 할 몫이 더 크기 때문에 상담사는 자신과 마주하여 변화하고 성장하기 위한 노력이 조금이라도 덜 힘겨울 수 있도록 고민하고 적절한 개입방법을 모색해야 한다.

집단 마무리단계에서 집단 역동에 미치는 요인들은 이별 대처법이다. 이별에 대한 반응에 따라 집단 종결 시 집단 역동에 영향을 미친다. 이별을 준비하고 대처하는 방법은 사람마다 차이가 있다. 유독 이별을 힘겨워하고 어려워하는 사람이 있는가 하면 아쉬움이 있지만 자연스럽게 받아들이는 사람도 있다. 전자 같은 경우에 집단 종결 시, 집단원들에게 지나칠 정도로 긍정적 피드백을 하고, 집단 종결 후에도 지속적인 만남을 유지하기 위한 방법을 제안하면서 모임을 주도하려는 경향이 있다. 이때 집단상담사는 이러한 모습을 보여 주어 무엇에 대한 염려가 이러한 행동을 하게 하는지 알아차릴 수 있도록 개입해야 한다.

집단 역동과 함께 살펴보아야 할 것이 상호작용이다. Earley(2005)는 상호작용을 집단원에게 자신이 느끼는 감정이나 생각에 대해 이야기하거나, 집단에서 지금 이 순간 느끼는 것을 표현하는 것이라고 설명하였다. 집단에 처음 참석할 경우에 무엇을 어떻게 해야 할지 잘 모르기에 대체적으로 집단 밖의 이야기나 과거 이야기를 하는 경우가 종종 있기 때문에 이에 대한 안내가 필요하다. 그렇다고 과거 이야기를 하지 말라는 것이 아니라 과거가 지금 이 순간 자신과 집단에서 어떤 관련이 있고, 영향을 주고 있는지를 경험하게 한다면 훨씬 효율적인 접근이 될 것이다.

Earley(2005)는 상호작용할 수 있는 방법 5가지를 제안하고 있다. 첫째, 지금-여기에서 경험하고 있는 것을 말하게 하라. 둘째, 집단원 또는 집단상담사에 대한 감정이나 생각을 표현하도록 하라. 셋째, 집단원이나 집단상담사에게 좀 더 다가가서 서로를 더 잘 알도록 하라. 넷째, 집단과 관련된 주제, 즉 전체 집단에 대한 감정이나 생각을 표현하도록 하라. 다섯째, 피드백을 하도록 하라. 이러한 상호작용 후에 집단상담사의 반응이 상호작용을 더 활성화시킬 수 있다. 예를 들면, 적절한 상호작용을 했을 때는 지지와 공감을 통한 강화를 할 수 있고, 그렇지 않았을 때는 무반응의 소거를 통해 스스로 자각할 수 있도록 한다. 집단원이 집단상담사에게 질문했을 때 이를 집단상담사가 답하기보다는 집단원을 활용하여 집단원 중에서 표현하도록 공간을 열어 주는 것도 집단원 간의 상호작용을 활성화시키는 한 방법이다.

집단상담의 역동을 고려함에 있어서 빠질 수 없는 것이 전이와 역전이다. 집단원이 집단의 장에서 관계 맺는 모든 태도가 전이는 아니지만 집단상담에서 전이는 일어나기 마련이다. 전이는 자신도 인식하지 못한 채 집단원이나 집단상담사에게 자신이 경험했던 역할을 부여함으로써 집단에서 유사한 관계를 맺게 되는데, 이에 대한 인식과 해석이 필요하다. 특히 집단원은 집단상담사에 대한 기대하는 모습이 있다. 따뜻하고, 온화하고, 수용적이고, 이해력이 풍부하고, 그러면서도 자신을 꿰뚫어 보는 눈을 가지길 바란다. 자신은 자기 모습 그대로 온전히 수용받길 원하면서 집단상담사는 자신이 만들어 놓은 모습대로 자신이 원하는 반응을 해 주길 소망한다. 동일한 직종을 가졌다 하더라도 자신의 성향에 따라 다른 모습이 있듯이, 집단원이 만들어 놓은 모습대로 반응하려 하기보다 다를 수 있음에 대한 경험을 하게 함이 중요하다. 또한 집단원의 반응을 활용하여 이를 확인시킬 수도 있으나 집단의 압력으로 희생양을 만들 수 있기에 주의가 필요하다. 이를 예방하기 위해서는 집단상담사가 먼저 반응하기보다 집단원들의 반응을 먼저 표현하게 하여, 집단원들을 통해 자신을 볼 수 있도록 개입하는 것이 안전하다.

상담에서 역전이가 어려운 것은 이것이 일어나고 있다는 것을 자각하지 못한다는 것이다. 특히 집단상담에서 상담사의 역전이는 스스로를 보호하려는 무의식으로 인해 집단원을 이용하여 더 큰 권위를 공격적으로 내세울 수 있으므로 주의가 필요하다. 이를 예방하기 위해 집단상담사는 자신의 정서적 반응을 주의 깊게 탐색하는 것이 중요하다(Earley, 2005; Rutan & Stone, 1993). Earley(2005)는 역전이를 개인적 역전이(personal countertransference)와 유발된 역전이(elicited countertransference)로 구분하여 설명한다. 전자는 집단상담사가 집단원에게 갖는 반응으로서 일차적으로 상담사 개인의 문제에서 파생된 반응이고, 후자는 집단원의 특정 반응에 의해 유발된 상담사의 반응이다. 집단 장에서 집단상담사뿐 아니라 다른 집단원도 집단상담사와 유사한 반응을 한다면 이는 유발된 역전이일 가능성이 높다. 이러한 역전이는 집단상담사가 알아차릴 수만 있다면 집단원의 성장과 변화를 위해 활용할 수 있는 주요한 개입 도구가 될 수 있다.

지금까지 개인상담과 집단상담을 구별하게 하는 요인 중 가장 중요한 집단의 역동과 상호작용에 대해 살펴보았다. 집단 역동과 상호작용을 어떻게 활용하느냐에 따라 집단의 변화성장의 원동력이 될 수도 있고, 희생양을 만들 수도 있다. 동일한 시간 동안 동일한 장소에서 동일한 사람과 함께 이야기를 나누어도 경험의 정도는 다르다. 이는 이전의 경험들이 각자 다르고, 각자 자신이 경험한 눈으로 상대를 바라보고, 집단을 해석하고 의미를 부여하기 때문에 나타나는 행동도 다를 수밖에 없다. 또한 그 경험으로 집단에서 상호작용을 하기 때문에 자신이 드러날 수밖에 없다.

집단상담사는 이러한 다양한 요인으로 나타나는 집단의 역동을 파악하고 활용할 수 있어야 한다. 집단 역동을 정확하게 이해하고 활용하기 위해서 임상경험이 풍부한 집단상담전문가의 지도 아래 수련받는 것은 선택이 아니라 의무사항이다(Neufeldt, 2010). 간혹 개인상담에 대해서만 수련을 받은 사람들이 집단상담의 역동은 책으로만 배우고, 집단 경험은 한두 번만 하고 바로 집단상담을 진행하는 경우가 있다. 집단 역동이나 상호작용은 활용하지도 않은 채 활동 중심의 집단활동을 하고, 집단상담이라고 명명하여 의뢰하는 학교나 기관에서 1~2시간 1회성으로 집단상담이 가능하다고 오해를 하는 경우가 있다. 오해를 풀어서 재구조화하기에는 너무나 많은 에너지가 소모되고 있기 때문에 집단상담을 진행하는 상담사들의 각성이 필요하다. 사랑에 대해 책으로 배운 것과 실제로 경험한 것의 차이를 운운하며 농담을 하기도 하는데, 더욱이 집단상담은 지식만이 아니라 수련을 통한 경험에 근거한 진행을 권유한다. 전문적인 집단상담 수련이 집단원들을 위함이고, 이를 진행하는 집단상담사를 위해 필수사항임을 기억하길 바란다.

2. 집단상담의 치료적 요인

집단상담에서의 치료적 요인에 대한 정의는 '집단원들을 효과적으로 변화하게 하는 기제(Yalom, 1985)' '집단에서 일어나는 요소로서 집단상담사와 집단원들 간에 복합적으로 작용하여 일어나는 집단원의 변화기제(Bloch & Crouch, 1985)' '어떤 도움을 받았는지에 대한 집단원의 알아차림(Kivlighan, Multon, & Brossart, 1996)' 등이다. 집단상담의 치료요인에 대한 연구가 진행되면서 학자들마다 자신이 생각하는 치료요인들을 제시하고 있다. 먼저, Kottler(2001)는 집단의 치료요인으로 지지(support), 소속감(sense of belonging), 정화(catharsis), 대리학습(vicarious learning), 인식(awareness), 가족재현(family reenactment), 공적 책임(public commitment), 과업촉진(task facilitation), 모험하기(risk taking), 시연(rehearsal), 직면과 피드백(confrontation and feedback), 마법(magic)의 12가지를 제시하였다. Corey 등(2014)은 집단상담의 치료요인으로 자기개방, 피드백, 직면, 응집력과 보편성, 희망, 모험하고 신뢰하고자 하는 의지, 관심과 수용, 힘, 정화, 인지적 요소, 유머 등을 꼽았다.

치료요인은 한국학자들에 의해서도 연구가 진행되었다. 강진령(2013)은 집단상담의 변화촉진요인으로 희망, 수용, 자기개방, 정화, 자기이해, 피드백, 모델링, 보편성, 응집력, 책임감, 모험시도, 가족재현, 실존적 요인의 13가지를 제시하였다. 이러한 변화촉진요인은 치료적 의미를 내포하고 있는 것으로 보았다. 특히 강진령(2013)은 자기개방에 대해 잘못 알고 있는 것을 5가지로 정리하였다. 과거사 기술, 타인의 개방을 염두에 둔 의도 있는 개방, 사적인 정보를 비밀 없이 모두 노출, 여과 없는 감정표출의 수단, 자기개방 자체를 목적으로 여기는 경우를 잘못 알고 있는 자기개방으로 보았다. 굳이 자기개방을 하지 않고, 다른 집단원이 문제 상황을 대처하는 방법을 관찰하는 것만으로도 도움이 되기 때문에(Fawzy, Fawzy, & Wheeler, 1996) 자기개방을 의무적으로 하도록 진행하다가 오히려 집단에서 상처나 잘못된 경험을 하지 않도록 주의가 필요하다.

정성란 등(2015)은 집단상담의 치료요인을 상담사 측면 요인, 집단원 측면 요인, 집단과정 요인 등으로 분류하여 설명한다. 첫째, 상담사 측면 요인으로 집단상담사의 자질과 집단상담사의 지도성과 역할 등이다. 둘째, 집단원 측면의 치료요인으로는 자발성, 자기투입과 적극적 참여, 신뢰수준, 진실성, 집단원의 인지능력과 과제수행 능력 등이다. 셋째, 집단과정의 치료요인으로는 자기개방, 맞닥뜨리기, 응집력과 보편성, 변화에 대한 희망과 기대, 관심과 이해, 정화, 인지적 요소(명료화, 사고의 정립, 인지 구조의 재구성 등), 허용성 등이다.

이상에서 살펴본 바와 같이 학자마다 약간씩의 차이를 보이고 있기 때문에 이 장에서는 가장 많은 연구에서 활용되고 있는 Yalom의 집단치료요인을 중심으로 저자의 임상경험을 반영하여 상담현장에서 치료요인들이 어떤 형태로 나타나고 있고 어떤 역할을 하고 있는지 등을 중점적으로 살펴보고자 한다. Yalom(2008)은 집단치료요인으로 11가지를 제시하고 있다. 희망(instillation of hope), 보편성(universality), 정보전달(imparting information), 이타주의(altruism), 원가족의 교정적 재현(corrective recapitulation of the primary family group), 사회화 기술 발달(development of socializing techniques), 모방행동(imitative behavior), 대인관계 학습(interpersonal learning), 집단 응집력(group cohesiveness), 정화(catharsis), 실존적 요인들(existential factors)이다. 이 요인들은 각각 기능하기보다 서로 영향을 주고받는데 하나씩 살펴보고자 한다.

첫째, 희망이다. 희망은 상담에 대한 기대하는 마음, 비슷한 사람들의 이야기와 지지를 통해 회복에 대한 희망과 미래에 대한 희망을 포함한다. 희망은 내 이야기를 나를 주인공으로 하고 내가 작가가 되어 작성하는 것과 유사한 맥락이다. 자신의 미래를 암울하게 작성할 사람은 아무도 없을 것이다. 그렇다고 해서 왜곡된 이상적인 희망을 의미하는 것은 아니다. 집단상담에서의 희망은 집단원들의 이야기를 통해 자신의 미래를 계획하게 되고, 변화와 성장과 회복의 희망을 갖게 하여 자신의 이야기를 건강하게 만들어 가는 원동력이 되게 한다. 특히 자조집단의 역할 중에서 중요한 것 중에 하나가 자신들의 경험을 공유하면서 희망을 제공하는 것인데, 책에서의 이론이 아니라 먼저 경험한 사람들의 살아 있는 이야기를 통해 희망을 눈으로 확인할 수 있기 때문에 집단에서의 희망은 중요한 치료요인이다.

둘째, 보편성이다. 나만의 이야기가 아니라 유사한 경험을 하고 있는 사람들과의 만남은 그 자체만으로도 이해받는 것 같은 느낌을 갖게 한다. 정도의 차이는 있지만 보편성이 집단 역동에 영향을 미치게 되어, 너의 이야기가 나의 이야기가 되고 생각하지도 못했던 자신을 경험하게 된다. 또한 나만의 아픔이 아님을 알게 되면서 안심하고 자신과 마주할 수 있도록 한다. 이러한 보편성이 서로의 공감을 유발시켜 집단에서의 신뢰로운 분위기 형성과 응집력을 갖게 하면서 더 깊은 내면의 만남을 가능하게 한다.

셋째, 정보전달이다. 집단상담사뿐 아니라 집단원들 간의 자신의 경험에 준한 정보전달을 통해 다양한 방법을 알 뿐 아니라 그중에서 자신이 선호하고, 자신에게 더 적절한 방법을 선택하여 적용할 수 있다. 개인상담은 상담사 한 명의 의견과 해석이 제공되지만, 집단상담에서는 다양한 경험을 한 집단원들에 의해 다양한 관점에서의 방안들이 제시될 수 있다. 우리가 살아가는 사회가 여러 유형의 사람들과의 상호작용 속에서 생활하고 있기 때문에 다양한 관점의 이야기를 듣는 것은 필요하다. 다만, 여기서 중요한 것은 강요가 아니라 선택할 수 있도록 하는 것이고, 정보전달에만 끝나는 것이 아니라 실험할 수 있도록 해야 한다. 안전한 집단의 장에서 실험을 통해 자신에게 더 적절한 방법을 모색하기도 하고, 실제로 시도해 볼 때 집단원들의 반응을 통해 집단 밖에서의 반응을 예측하고 대응할 수 있기 때문이다. 집단에서의 실험이 집단 밖에서의 실험을 가능하게 하는 완충지대 역할을 하기 때문에 집단상담 진행 시 이를 고려해야 한다.

넷째, 이타주의다. 집단상담에 참여하는 사람들은 자신이 도움받아 변화하고 성장하기를 바라는 마음을 갖고 참여한다. 자신의 아픔과 힘겨움이 크기에 누구를 돌볼 여유가 없다. 그럼에도 불구하고 집단상담에 참여한 사람들은 자신에게 집중되어 있던 마음이 다른 집단원들에게도 향하게 되고, 그들의 이야기에 관심을 갖고, 경청할 뿐 아니라 공감하고 지지를 보내는 경험을 하게 된다. 그들을 통해 이해와 지지를 받았고, 나 또한 그들의 마음을 알아 주고 표현하게 되면서 집단을 통해 타인을 배려하고 베푸는 경험을 하게 된다. 몇 년 전에, 잘 씻지 않는 분들과 집단상담을 진행한 적이 있었는데 몸에서 나는 악취로 집단 초기에는 너무 힘들었지만, 집단이 진행되면서 서로를 배려하여 스스로 씻고 참여하는 행동의 변화를 보였다. 이 또한 집단상담의 치료요인으로 나타난 행동의 변화로 사료된다. 이타심에 근거한 이러한 작은 변화들이 모여 타인에 대한 이해와 수용의 자리로 나아가게 한다.

다섯째, 원가족의 교정적 재현이다. 부모와의 관계 속에서의 경험들이 현재 삶에까지 여러 영향을 미치게 되는데, 집단상담이 가족과의 경험을 다시 생각해서 새롭게 해석하고 경험하는 장으로서의 역할이 가능하다. 간혹 다양한 연령대로 구성된 이질집단일 경우, 처음에는 나이의 차이로 집단원들이 자신의 이야기를 이해해 줄까에 대한 염려와 함께 이해가 되지 않은 상황에서 도움이 될 것이라는 기대 자체를 하지 않고 방어적인 자세를 취하는 경우가 종종 있다. 그러나 집단이 진행되면서 이러한 태도는 사라지고, 집단원을 통해 자신의 자녀들을 떠올리고, 자신의 부모를 이해하고 새롭게 경험하면서 가족 재구조화가 가능하게 된다. 개인상담과 달리 집단상담에서는 현장에서 바로 집단원들을 통해 질문하고 그들의 경험을 들으면서 자기 삶의 이야기에도 반영할 수 있기 때문에 훨씬 직접적이고 현실감 있게 적용해 볼 수 있다. 다만, Yalom(2008)은 원가족에 대한 재현이 중요하지만 그것에만 치중될 때 지금-여기에서의 경험을 회피할 수 있다고 하였다. 특히 집단원들을 통해 자신의 자녀나 부모를 떠올리면서 이해를 바탕으로 한 재구조화가 가능하기도 하지만, 집단원들은 자신의 자녀나 부모와 다르다. 또한 모든 것이 그들의 탓만도 아니기 때문에, 먼저 지금-여기에서의 경험을 통해 자신을 돌아보는 것이 우선되어야지 원가족 재현에만 치중되어 자신의 역할을 회피하는 수단으로 사용되지 않도록 주의가 필요하다.

여섯째, 사회화 기술 발달이다. 집단상담을 통해 자신의 평소 관계 맺는 태도와 기술을 점검하고 새 기술을 습득하게 된다. 우리는 성장하면서 어떻게 대화하고 관계를 맺어야 하는지 배우지 못했다. 그것은 부모나 사회에서의 경험을 통해 자연스럽게 습득하게 되는데, 대부분이 서툰데도 그 모습을 그대로 답습하게 되면서 자녀들에게 전수되다 보니 대부분 관계의 어려움을 갖고 있다. 새로운 대인관계 기술을 학습하기 위해서는 연습할 장이 필요한데 집단상담이 그러한 역할을 할 수 있다. 특히 집단은 사회의 축소판(Yalom, 2008)으로 집단원들을 통해 다양한 유형의 사람들을 경험하게 되고, 이들과 함께 서로 사회화 기술을 배우고 익힐 때 안전한 실습장이 될 수 있다. 또한 다양한 유형별 반응을 확인하여 이상적인 기대를 내려놓고, 현실적인 대응을 할 수 있기 때문에 집단상담에서 사회화 기술은 중요한 치료요인이다. 이때 중요한 것은 집단원들의 진솔한 반응이다. 한 집단원은 자신이 대화만 시작하면 사람들이 자리를 뜨게 되는데 그 이유를 집단 장면에서 집단원들의 반응을 통해 알게 되었다. 자신의 대화 패턴이 다른 사람들이 호기심을 갖도록 이야기하기보다 너무 지나치게 상세하게 설명을 하다 보니 이야기가 길어지고 흥미를 갖게 하기보다는 오히려 지루해한다는 사실을 알고 당혹해하던 집단원이 있었다. 처음에 그 사실을 알고 자신의 의도와 다르게 전달되고 있음에 큰 충격을 받았지만, 자신의 대화기술을 재점검할 수 있도록 했다.

일곱째, 모방행동이다. 집단에서의 집단상담사와 집단원은 자신의 모습을 비춰 주는 거울 역할도 하지만, 집단상담사와 집단원 자체가 모델링이 되어 모방학습이 가능하게 한다. 집단에서 자신의 이야기를 어떤 식으로 얼마나 개방하고 또 어떻게 반응해야 하는지 알지 못할 경우, 집단상담사가 교육을 하지 않아도 집단상담사나 집단원의 반응 자체가 모델링이 되어 모방학습이 이루어진다. 집단원의 자기개방과 실험을 통한 변화를 관찰하면서 자신도 그러한 시도를 할 수 있는 모방학습 효과가 발생한다. 자신에 대한 개방을 거의 하지 않은 집단원이 마지막 소감을 나누면서 "자신이 용기가 없어서 한마디도 하지 못했지만, 집단원들의 이야기를 통해 함께 울고, 웃으면서 자신이 어떻게 해야 할지에 대해 고민하고 알아 가는 소중한 시간이었고, 본 경험을 통해 다음에는 조금 더 용기 내어 자신의 이야기도 함께 나누어 보고 싶다."라고 했던 말이 기억난다. 집단원 중에 말하지 않고 가만히 있는 집단원이 있으면 집단상담사는 괜히 신경이 더 쓰이기 마련인데 모방행동 치료요인을 통해 굳이 말하지 않아도 집단원들 간의 모델링이 되어 서로 영향을 미칠 수 있음을 알게 되어 집단원의 자발적 참여를 기다릴 수 있는 여유를 갖게 되었다.

여덟째, 대인관계 학습이다. 대인관계 학습은 자신이 타인에게 어떻게 지각되는지에 대한 자각을 의미하는 대인관계 입력과 자기이해를 포함한 요인이다. Yalom(2008)은 집단을 소우주(social microcosm)로 표현하였다. 즉, 그동안 살아왔던 모습과 동일한 행동 패턴으로 집단 안에서도 관계를 맺으며 행동하기에 집단에서의 실험이 그들이 살아야 할 현실 속에서 시도 가능성을 점검하게 하는 장이다. 이러한 실험을 통한 집단원들의 피드백이 자신에 대한 이해로 나아가게 한다.

아홉째, 응집력이다. 응집력은 집단원들이 집단에서 경험하게 되는 일종의 소속감과 연대감이다. 집단 응집력은 다른 치료요인들이 온전히 기능하기 위해 필요한 선행조건(Yalom, 2008)이 되기 때문에 중요하다. 특히 자기를 온전히 수용할 때 타인에 대한 수용도 가능하기에 수용에 근거한 응집력은 집단에서 주요한 의미를 갖게 된다(Yalom, 2008). 응집력은 한국의 '우리의식'과 관련성이 깊다. 한국인들이 자주 사용하는 '우리'라는 표현에는 '내 편'이라는 의미가 내포되어 있는데, '우리의식'이 형성되지 않은 외집단으로 집단원이 구성되었을 때 응집력 형성에 어려움이 있다. 반대로 '우리의식'에 기반을 둔 내집단이 형성되어도 응집력에 방해가 될 수 있다. 특히 정에 약한 사람들이 내집단에 속한 집단원의 자기개방 시 집단상담사의 직면이나 집단원들의 부정적 피드백이 그의 고통을 가중시키고 '우리의식'에 기초한 집단 응집력을 저해시킨다고 생각하여 고통을 덜어 주기 위한 상처 싸매기를 함으로써 충분히 표출하고 아픔을 체험할 기회를 빼앗는 경우도 있다. 응집력이 있다고 해서 갈등이나 자신의 부정적 감정을 진솔하게 표현하지 못한다면 그것은 건강한 응집력이라 볼 수 없다. 표면적으로 편안한 관계를 응집력으로 생각해서 이 관계를 깨고 싶지 않은 마음을 갖게 될 수 있으나 이는 오히려 집단 역동과 성장에 부정적인 영향을 미칠 수 있다.

열째, 정화다. 집단에 참석하는 사람들 중에는 화, 분노, 슬픔, 억울함 등과 같은 자신의 감정을 모른 채, 혹은 알아도 숨긴 채 참석하게 되는 경우가 많다. 이는 한국인들의 감정표현이 직접적이기보다 은밀하고 간접적인 표현방법을 선호하기 때문에(민문홍, 1996; 최상진, 유승엽, 1994) 여러 감정이 묵혀 있는 경우가 허다하다. 이러한 상태에 있던 사람들이 집단상담의 신뢰롭고 수용적인 분위기 속에서 공감과 지지를 받음으로써 그동안 억눌려 있던 자신의 감정과 마주할 용기가 생겨 쏟아 낼 때 집단원들로부터의 수용받는 경험은 거의 경이롭다. 집단상담에 참석했던 사람들 중에 자신이 이렇게 눈물이 많은지 몰랐고, 눈치 보지 않고 실컷 울 수 있어서 시원하다는 소감을 나누는 집단원들이 종종 있다. 더욱이 그러한 감정표현에 있어서 비판이나 판단하지 않고 수용받는 경험은 감정표현에 대한 새로운 시각을 갖고 변화와 성장으로 나아가게 하는 공간을 만들어 주기 때문에 정화는 집단상담 치료요인 중 중요한 요소다. 다만, 표현의 강도는 상대적이기 때문에 집단원의 내적 상태와 집단원들의 응집력과 분위기 등을 고려하여 준비된 정도에 맞는 적절한 개입이 필요하다.

열한째, 실존적 요인이다. 삶의 의미, 죽음, 행복, 책임, 고립감, 불확실성 등 실존에 관계되는 요인이다. 이러한 요인들을 상담에서 다루기에는 어렵다고 생각하지만, 실제로는 삶에 있어서 중요한 주제고, 생각하고 고민해야 하는 주제다. 바쁜 현대사회에서 삶의 의미를 생각하고 자신의 행복과 존재성에 대해 고민하고 이를 찾으려는 시도를 하지 못한 채 정신없이 지내다 갑자기 찾아오는 허무함과 무력감이 들 때, 그제야 자신을 돌아보는 시간을 갖게 된다. 물론, 그때라도 그러한 신호를 놓치지 않고 반응할 수만 있다면 괜찮다. 그러나 그렇지 못할 경우 예기치 못한 상황으로 치닫게 되는데, 이를 예방할 뿐 아니라 회복하기 위해서 집단상담의 장에서 나누는 삶의 이야기는 자기실존에 대한 관심을 갖게 하는 주요한 역할을 한다. 꼭 죽음이나 삶의 의미와 같은 심각한 주제를 다루지 않아도 삶의 이야기 속에 존재하는 실존적 주제들을 통해 자신의 삶을 돌아보며 정리하게 하는 것만으로도 의미가 있다.

지금까지 Yalom의 집단치료요인을 중심으로 저자의 집단상담 경험과 접목시켜 집단상담 치료요인에 대해 살펴보았는데, Jacobs 등(2006)이 집단치료요인에 영향을 미칠 수 있는 16가지 요소들로 목적의 명확성, 집단원을 위한 목적의 적절성, 집단크기, 각 회기 길이, 모임 횟수, 장소, 시간, 집단상담사의 태도, 집단형태(개방집단, 폐쇄집단), 집단원의 자발성, 집단원의 호의수준, 집단원 간의 신뢰수준, 집단상담사에 대한 집단원의 태도, 집단상담사의 경험과 집단지도를 위한 준비, 조화로운 협동 리더십을 강조하였다. 특히 아동이나 청소년 집단일 때는 모임 장소, 시간, 집단 크기 집단상담사의 태도 등이 집단치료요인에 영향을 미칠 수 있기 때문에 집단 구성 시 이를 고려해야 할 필요가 있다. 이는 제10장 특수집단 중 아동 및 청소년 집단에서 자세히 다루겠다.

Fuhriman과 Burlingame(1990)이 개인상담과 집단상담에서 치료적 요인의 차이에 대해 연구한 결과, 통찰, 카타르시스, 현실검증, 희망고취, 내사 등은 두 양식에서 공통적으로 나타났고, 대리학습, 역할유연성, 이타심, 원가족의 교정적 재현, 대인관계 학습 등은 집단상담에서만 나타났다. 그러나 이에 반하는 연구(Hill, 1990)도 있어서 특정한 치료적 요인이 특정 양식에서만 나타난다고 주장하기에는 한계가 있지만, 빈도나 중요도에 있어서는 차이가 있을 수 있다. 이를 재확인하기 위해 Holmes와 Kivlighan(2000)은 여러 치료적 요인들을 분류체계를 통해 4가지 치료요인(정서지각-통찰, 관계-분위기, 자기초점 대 타인초점, 문제정의-변화)으로 구분하여 두 상담 양식을 비교연구하였다. 그 결과, 문제정의-변화, 정서지각-통찰은 개인상담에서 더 중요하게 나타나는 반면, 집단상담에서는 관계-분위기, 자기초점 대 타인초점이 빈도나 중요성에 있어서 높게 나타났다. 이는 집단상담 자체가 집단이라는 관계 속에서 이루어지는 상담과정이기 때문에 이러한 요소가 더 높게 나타난 것으로 사료된다.

이처럼 개인상담과 집단상담에서의 치료요인에 차이를 보이기도 하지만 집단상담 내에서도 치료요인에 대한 연구가 진행되었다. Yalom(2008)은 집단상담에서 치료요인들의 순위가 있음을 보고하였는데, 그에 따르면 대인관계 입력, 정화, 응집력, 자기이해, 대인관계 출력, 실존적 요인들, 보편성, 희망, 이타주의, 원가족의 교정적 재현, 지도, 동일시 순이었다.

이윤주(2015)는 국내외 학술지 논문을 중심으로 집단치료요인에 관한 연구를 위해 치료적 요인을 '관계-분위기(수용, 응집성, 이타주의, 안전하고 수용적인 분위기와 관계)' '표출-정화(감정 정화, 자기공개, 정서표현, 정화적 자기개방)' '통찰-진보(보편성, 자기이해, 통찰, 실존적 요인, 원가족 교정적 재현 경험, 이해와 통찰, 문제 확인과 변화, 희망고취)' '참여-도전(상호작용학습, 사회화 기술 발달, 사회학습, 대리 학습, 모방학습, 대인학습 입력, 대인학습 출력, 참여, 도전과 직면, 지도 및 조언, 정보 전달)' 등으로 분류하였다. 연구 결과, 국내 학술지의 경우 '통찰-진보' '관계-분위기'가 높게 나타났고, 국제 학술지의 경우는 '관계-분위기' '참여-도전' 순으로 높게 나타났다. 연령대별로는 대학생 이후 연령대 집단에서는 국내외 학술지 모두 '통찰-진보'와 '관계-분위기' 요인이 중요하게 나타났고, 유 · 초등생의 경우는 '관계-분위기'와 '참여-도전'이 높았다. 국내외 학술지의 가장 두드러진 차이를 보인 연령대는 중 · 고생 집단으로 국내지는 '통찰-진보', 국외지는 '참여-도전' 영역이 높게 나타났다. 정성란 등(2015)도 청소년 집단상담의 치료요인과 성인 집단의 치료요인 간의 차이를 보고하였는데 일반적으로 청소년 집단에서 정화와 대인관계 학습 등이 두드러지게 나타나나 역동적 관점에서의 자기이해를 통한 통찰은 가장 적게 나타났다고 보고하였다. 이를 통해 볼 때 집단상담 프로그램 구성 시 이러한 결과를 고려하여 프로그램을 구성하고 진행한다면 좀 더 의미 있는 성과를 얻을 수 있을 것으로 사료된다.

3. 집단상담의 역동과 치료적 요인 Q & A

Q1 집단상담에서 조언할 때 집단원들이 있는 자리에서 하는 것이 효과적인가요? 개별적으로 하는 것이 효과적인가요?

A1 집단치료요인에서 언급하고 있는 내용들은 집단에서 이루어지는 상호작용과 역동들을 통해 얻게 되는 효과들입니다. 이 말은 집단상담 장면에서 발생한 상황들은 집단 장면에서 피드백이 이루어질 때 치료요인의 효과를 얻을 수 있다는 의미이기도 합니다. 집단에서 발생한 상황을 집단 밖에서 개별적으로 피드백이 이루어질 때 이는 하위집단의 형식이 되어 집단 역동에 부정적인 영향을 미칠 수도 있습니다. 단, 아동 및 청소년 집단상담일 경우에 처음부터 집단상담을 진행하면서 개인상담을 1회씩 진행하겠다고 구조화를 한 다음에 이루어지는 것이라면 모두가 동의한 것이기 때문에 무관할 수 있으나 그 외는 주의가 필요합니다. 다만, 집단상담 장면에서 피드백이 이루어질 때 집단상담사나 집단원의 역전이 등으로 권위를 내세우거나, 집단원의 힘을 악용해서 한 집단원을 희생양으로 만들기 위한 형태로 변질되지 않도록 주의가 필요합니다. 피드백을 받아야 하는 집단원뿐 아니라 전체 집단원에게 효과적인 영향을 미칠 수 있도록 신중하게 개입해야 합니다.

Q2 집단 전체를 위해 원하지 않는 집단원의 숨겨진 안건을 드러내는 것이 옳은가요? 집단원들에게 부담을 주지 않는 선에서 집단원이 회피한 주제를 다시 다룰 수 있을까요? 주제를 회피하지 않도록 활성화시킬 수 있는 구체적 방법은 무엇인지 궁금합니다.

A2 집단상담사는 집단 전체도 살펴야 하지만 집단원 한 명 한 명에 대한 소중함도 함께 가지고 있어야 합니다. 집단 전체를 위해 원하지 않는 숨겨진 안건을 드러내는 것은 어떤 면에서는 집단원 한 명을 희생양으로 만드는 것과 유사합니다. 집단상담은 과정이 중요합니다. 숨겨진 안건을 무리하게 드러내는 것보다 무슨 이유로 드러내지 못하고 회피하게 만드는지를 다루는 것이 집단 활성화에 훨씬 효과적임을 기억하기 바랍니다. 회피하도록 하는 기제를 내려놓을 수 있도록 개입하게 되면 집단원 스스로 자발적으로 자신을 드러낼 수 있게 되어 참여

한 모두에게 안전하고 생산적인 경험을 할 수 있을 것으로 사료됩니다.

Q3 집단 응집력이 생길 경우 집단참여자 간 의존성을 강화시키지 않을까요? 응집력 강화와 의존성 약화가 동시에 가능하다면 어떤 방식으로 가능할까요?

A3 응집력이 건강하게 형성되었다는 것은 응집력이 깨어질까 전전긍긍하지 않고, 서로의 성장을 위해 버팀목이 되어 준다는 의미이기도 합니다. 이를 위해서는 각자의 몫은 각자가 할 수 있을 정도의 자립심과 견디는 힘이 있어야 합니다. 비록 약한 집단원이 있더라도 집단원들의 응집력으로 스스로 설 수 있도록 협력하게 되는 것도 건강한 응집력의 한 형태입니다. 그러나 만약 그렇지 않고, 질문처럼 의존성이 강화되어 있다면 이는 건강한 응집력이라고 보기 어렵습니다. 이럴 경우에는, 집단상담사가 이러한 전체적인 분위기를 집단원들에게 드러내면서 서로가 서로를 볼 수 있도록 하는 개입이 필요합니다. 물론 이러한 상황이 발생하지 않도록 예방이 중요한데 이러한 현상이 적도록 하기 위해서는 집단원의 응집력 뒤로 숨지 않고, 집단원의 응집력을 믿고 오히려 자신의 상황을 드러내어 더 성장의 자리로 나아갈 수 있도록 개입이 필요합니다. 또한 이러한 시도를 하는 집단원이 있을 경우 이를 지지함으로써 하나의 모델링이 되도록 하는 것도 한 방법입니다.

Q4 비자발적인 참여자가 끝까지 침묵을 유지하기로 작정했다면 이를 어떻게 다루어야 하는지 궁금합니다.

A4 집단에서 비자발적인 참여자가 끝까지 침묵을 유지하는 경우가 가끔 있습니다. 그러나 말을 안 한다고 해서 이야기를 듣지 않는 것도 아니고, 생각을 하지 않는 것도 아닙니다. 집단의 장에서 표현을 하지 않을 뿐임에도 불구하고, 집

단상담사는 침묵하는 비자발적인 집단원의 집단상담 참여가 무의미하다고 생각하는 경우가 있을 수 있습니다. 물론, 침묵보다는 자기개방을 통한 참여가 훨씬 효과적이기 때문에 집단참여를 위한 집단상담사의 조심스러운 초대가 필요하고, 이를 위한 사전 작업으로 무엇이 침묵하게 하는지를 살펴서 이를 조금이라도 해소하는 데 초점을 둬서 초대하는 것이 필요합니다. 하지만 이 또한 집단원이 거부한다면 집단원의 선택을 존중하고 기다려 주어야 합니다. 앞에서도 언급한 것처럼, 말을 안 한다고 해서 집단상담 참여 내내 아무것도 안 하는 것이 아니고, 오히려 수많은 생각들로 더 복잡한 작업을 하고 있음을 믿고 지속적으로 관찰하여 참여할 수 있는 준비가 된 시점을 놓치지 않고 초대할 수 있길 바랍니다.

저자 또한 첫 집단상담 경험 시 중반회기까지 마지막 소감 나누는 것 외에 한마디도 하지 않고 참여했었는데, 머릿속은 엄청 많은 생각으로 복잡해서 바빴던 적이 있습니다. 이때도 집단상담사는 재촉하지 않고 기다려 줬고, 한순간도 놓치지 않고 보고 있다가 초대해서 나와 정면으로 마주할 수 있도록 해 주었습니다. 그 경험이 저를 지금의 자리로 오게 하였습니다. 저자뿐 아니라 다른 집단원들 중에서도 마지막 회기 소감 나누기를 할 때 말을 하지 않았지만 다른 집단원들의 이야기를 통해 자신을 돌아보게 되었고, 용기 없어서 나누지 못했지만 다음에는 자신도 적극적으로 참여할 수 있을 것 같다는 소감을 나누는 사람들을 종종 보게 됩니다. 그러니 조급해하지 말고, 욕심 내지 말고, 집단원을 믿고 기다려 줍시다. 다만, 방치가 되지 않도록 더 많이 관찰하고, 비언어 메시지에 대한 표현을 하면서 집단상담사가 관심을 가지고 있음을 느낄 수 있는 적절한 때가 올 수 있음을 믿고 기다리기 바랍니다.

Q5 자기개방을 조절하는 주체는 누구인가요? 자기개방을 스스로 자제하는 경우와 집단상담사가 제지시키는 과정이 각각 집단 역동에 어떤 영향을 미칠 수 있는지 궁금합니다.

A5 자기개방을 조절하는 주체는 집단원 자신이지만, 집단상담사이기도 합니다. 집단원들은 집단에서 어느 정도 자신에 대해 이야기를 해야 하는지 알지 못하는 경우가 종종 있습니다. 분위기에 휩쓸려 자신이 생각했던 것보다 훨씬 많이 개방해서 후회하는 경우도 있고, 집단원의 눈치를 보다 하고 싶은 이야기를 다 하지 못해 아쉬워하는 경우도 있습니다. 특히 참여한 집단원들 대부분이 자신의 삶의 이야기 10 중에 5~6 정도 하는 것을 보면, 자신은 준비되지 않아 2~3 정도만 할 수 있는데도 5~6 정도 하게 되는 경우도 있습니다. 이때 집단상담사는 이를 분별할 수 있어야 하고, 집단원이 스스로 조절하면서 자신이 할 수 있는 만큼 개방하도록 안내를 해야 합니다. 또한 집단상담 초기라 집단원들이 서로에 대한 신뢰나 응집력 형성이 약한데도 자신의 심각한 이야기를 마구 쏟아 냈을 때, 집단원들이 당혹스러워 이를 담아 내지 못하면 자기개방한 집단원은 이해받지 못했다는 경험을 할 수 있기 때문에 이에 대한 수위조절을 할 수 있도록 집단상담사의 개입이 필요합니다. 이때 주의할 것은 자기개방정도를 조절하는 목적이 자기개방하는 집단원에게 있음이 전달되도록 해야 오해가 발생하지 않고, 적절한 수위에서 개방하는 것입니다.

회기 초반에 많은 이야기를 개방하는 경우에는 회기가 조금 더 지난 다음에 다시 이야기할 수 있도록 안내를 하는 것도 필요합니다. 이러한 조율과정을 통해 집단원들은 집단에서의 자기개방 수위 조절을 학습하게 됩니다. 이를 위해 무엇보다 중요한 것은 집단상담사가 이를 지혜롭게 판단할 수 있어야 하는 것입니다. 잘못 개입할 경우, 집단원의 자기개방 자율권을 침해하는 것으로 오해를 받을 수 있고, 실제로 자발성을 떨어뜨리기도 하기 때문에 이를 예방하기 위해서는 집단상담 참여 경험과 슈퍼비전을 통한 전문적 수련이 필요합니다.

Q6 가치문제에 대한 충돌이 생긴 경우 집단 역동을 어떻게 건강하게 다룰 수 있을까요?

A6 집단원은 집단이라는 소우주를 통해 다양성에 대한 이해와 다름에도 불구하고 서로에 대한 존중을 학습하고 경험합니다. 이러한 맥락에서 볼 때, 가치문제에 대한 충돌은 다양성에 대한 표현이고, 다름과 존중에 대해 경험할 수 있는 장이 될 수 있습니다. 다만, 가치의 차이가 질문 내용처럼 충돌이 되어 서로 자신의 것을 주장하는 형태의 논쟁이 되어서는 안 됩니다. 이를 예방하기 위해서는 가치관 형성에 무엇이 영향을 주었고, 그 가치관으로 인해 자신의 삶에 어떤 영향을 주었으며, 타인에게는 어떤 영향을 주고 있는지 등에 대해 이야기를 할 수 있도록 개입해야 합니다. 또한 다른 집단원들은 그 이야기에 대한 반영뿐 아니라 자신의 가치에 비추어서 자신의 이야기를 표현하도록 개입을 한다면 집단 역동을 건강하게 활성화할 수 있을 것으로 사료됩니다.

Q7 집단원들이 한 명의 희생양을 만들어 공격하는 분위기가 형성될 때 그 희생양을 보호하고 집단 역동을 바꾸기 위해서 어떻게 해야 하나요?

A7 집단원들이 누군가를 희생양으로 만들려고 할 경우, 집단상담사는 보호본능으로 그 사람을 보호하기 위해 방어적으로 역공을 하거나 제재를 가하는 개입을 하게 됩니다. 이는 집단상담사가 희생양 역할의 집단원 편에 서는 것으로 오해하게 할 수 있고, 이로 인해 기 싸움이 될 수 있기 때문에 주의가 필요합니다. 이러한 분위기가 형성되면 집단상담사는 집단원들의 공격적 질문을 되돌려 주어서 자신들에게 적용하여 생각해 보도록 개입하여 집단의 역동을 자연스럽게 변화시킬 수 있습니다. 누군가를 희생양으로 만들면서 공격을 한다는 것은 자신의 개인적 이슈와 연결되어 있을 가능성이 높기 때문에 이러한 개입이 자신을 돌아보게 하여 서로에게 변화의 자극제가 될 수 있도록 개입해 보길 권합니다.

Q8 집단 역동을 치료적으로 다루기 위해 집단상담사 역량 강화를 위한 훈련에는 무엇이 있을까요?

A8 집단의 역동을 파악할 수 있는 눈이 있어야 합니다. 이는 책으로 학습된다기보다(물론, 기본적인 역동에 대한 이해는 책을 통한 학습이 선행되어야 합니다.) 몸으로 경험해야 직관적으로 반응하여 개입할 수 있습니다. 이를 위해서는 무엇보다 중요한 것이 집단상담 참여 경험입니다. 집단 역동을 다루는 기법만 배워서는 직관적으로 반응하기가 쉽지 않습니다. 가능한 한 집단 유형별, 연령별, 주제별 등 여러 유형의 집단상담 참여를 통해 직접적으로 다양한 역동을 체험하고 경험을 통해 훈련하는 것이 가장 효과적인 방법이라고 생각합니다. 저자의 집단상담 스승님께서 늘 하신 말씀이 있습니다. "가능하다면 같은 프로그램을 적어도 3번은 참석하라. 한 번은 온전히 집단원이 되어 자신을 돌아보고 자신에게 적용하기 위함이고, 두 번째는 집단상담사가 어떻게 개입하는지를 관찰하기 위함이고, 마지막 세 번째는 집단상담사가 집단원들과 어떻게 상호작용을 하여 역동을 활용하는지를 배우고 익히기 위함이다." 모든 프로그램을 3번씩 참석하기는 물질적으로, 시간적으로, 에너지 면에서 어려움이 발생하기 때문에 모든 프로그램을 그렇게 하기는 어렵습니다. 다만, 속는 셈 치고 할 수 있는 범위에서 주요한 프로그램들은 스승님 말씀대로 해 본 결과 집단의 역동이 보이기 시작하고, 어느 새부터인가 내 몸에도 익혀져 있는 경험을 했습니다. 그렇다고 무리하게 진행하라는 의미는 아닙니다. 중요한 것은 할 수 있는 범위 내에서입니다. 무리하게 진행하면 탈이 나기 마련이기 때문에 자신의 여건 등을 고려해서 순차적으로 적용해 보길 바랍니다.

Q9 개인적으로 역전이도 저는 상담에서 잘 활용될 수 있는 도구라고 생각하는데 과연 어떻게 활용해야 잘 활용되는 것인지에 대해서는 늘 궁금증으로 남아 있었습니다. 집단상담사가 집단상담에서 역전이를 억제하지 않고 잘 활용할 수 있는 방법이 궁금합니다.

A9 집단상담사의 역전이를 집단상담 장면에서 적절하게 활용하기 위해서는

먼저 그것이 일어나고 있음을 자각할 수 있어야 합니다. 알아차리지 못할 때 오히려 역공의 기제로 악용될 수 있기 때문입니다. 집단상담사의 역전이를 활용하는 방법 중 하나는 자신의 감정과 생각 등을 이용하여 진솔성의 기법을 적용하는 것입니다. 진솔성을 통해 표현될 때 집단원 자신의 실재 대상과의 관계에 대해서도 점검할 수 있는 기회가 될 수 있기 때문에 집단원이 감당할 수 있는 범위 내에서 표현될 때 적절한 개입 도구로 사용될 수 있습니다.

Q10 집단상담사의 역전이로 인해 집단상담사가 반응한 행동이나 언어가 집단원들이 느낄 만하게 상처를 주었고 그로 인해 집단원이 감정적으로 집단활동에 부적응적 반응을 보인다면 집단상담사는 이런 상황에 어떻게 대처해야 할까요? 혹시 개인적인 사과를 해야 하는지 아니면 공개적으로 자신의 역전이를 솔직히 이야기하고 사과를 해야 하는지 궁금합니다.

A10 집단상담 장면에서 발생한 상황이기 때문에 이를 알아차릴 수 있어야 하고, 알아차렸다면 집단의 장에서 용기 내어 자기개방을 통해 진솔하게 표현함이 집단상담사 자신뿐 아니라 집단원들과 집단 역동에도 건강한 영향을 미칠 수 있습니다. 집단원들에게는 진솔하게 표현하기를 규칙으로 설명하면서 정작 집단상담사들은 집단상담사라는 권위 뒤로 자신의 실수와 자신을 숨기는 경우가 종종 있습니다. 이는 집단상담사로서 건강한 모델이 되지 못할 뿐 아니라 건강한 한 인간으로서도 적절한 반응이라고 할 수 없습니다. 아무리 집단상담사일지라도 실수할 수 있는 인간이기 때문에, 실수를 인정할 수 있는 용기가 상담사의 자질 중 하나로 포함되어 있는 것입니다. 실수를 남발하지 않도록 수련을 통해 준비된 집단상담사가 되도록 해야겠지만, 혹여 실수했더라도 인정하고 용서를 구할 수 있는 용기 있는 집단상담사들이 되길 소망합니다.

제4장 집단상담 윤리

1. 집단구성원의 권리보호를 위한 윤리

집단상담전문가학회(ASGW, 2007)에서 만든 집단상담사를 위한 안내서가 집단상담 지침으로 활용되고 있다. 집단상담 시 상담윤리규준에 대한 이해가 중요한 이유는, 첫째, 내담자를 위함이고, 둘째, 집단상담사를 위함이다. 단순히 복잡한 법적인 문제 상황을 모면하기 위함이라기보다 집단원이 자기이해와 자기성장으로 나아감에 있어서 조금 더 안전하게 실험할 수 있는 장을 마련하기 위함이고, 이는 집단상담사가 책임감 있게 집단을 진행할 수 있도록 하는 울타리 역할을 할 수 있기 때문이다. 특히 집단상담은 개인상담보다 인원이 많고, 집단원들의 상호작용 속에서 발생할 수 있는 윤리적 상황이 좀 더 복잡하기 때문에 집단상담 윤리를 숙지하여 윤리적 문제가 발생하지 않도록 예방하고, 예기치 않게 발생했을 경우 적절한 조치를 취할 수 있어야 한다. 이 장에서는 Corey 등(2014)이 제시한 집단참여의 윤리적 쟁점들을 중심으로 집단원의 권리보호를 위한 윤리에 대해 살펴보고자 한다.

집단참여의 윤리적 쟁점 중 첫째는 집단상담 참여에 대한 사전 동의다. 사전 동의는 집단참여 여부에 합리적인 결정을 내릴 수 있도록 기본적인 정보를 제시하여 참여자로부터 동의를 받는 과정이다(Fallon, 2006). 집단상담사는 집단에 참여하고자 하는 사람들이 이해하기 쉽게 집단상담의 목적, 진행과정 등에 대한 정보를 제공해야 한다. 참여자들이 원하는 목적에 부합되는지, 본 과정을 통해 어떤 경험을 할 수 있는지 등에 대해 합리적인 생각을 할 수 있도록 근거를 제시해 주어야 한다.

둘째, 비자발적 참여다. 집단참여가 법정 명령이나 학교 등과 같은 기관에서 강제적으로 진행될 경우, 집단 성격과 목표, 비밀유지의 한계(기관보고), 집단 참여 정도가 자신에게 미칠 영향 등에 대한 자세한 설명이 제공되어야 한다. 이를 위해서는 먼저, 집단을 의뢰한 기관에도 기관보고를 위해서 집단원의 동의가 필요하고, 이로 인해 집단참여로 얻고자 하는 성과에 한계가 있을 수 있음을 알려야 한다. 집단원들에게도 집단에서 다룬 내용과 관찰된 사항들이 기관에 보고되기 때문에 비밀유지의 한계가 있고, 집단참여 정도에 따라 자신에게 어떤 영향을 미칠 수 있는지에 대해 알려 주어서 참여 정도를 스스로 선택하도록 해야 한다. 또한 집단원들은 기관에서의 요구사항에 대해 자신의 느낌과 생각을 자유롭게 표현할 수 있도록 허용해야 한다. 비자발적으로 참여했다고 해서 모든 집단원이 집단상담사를 거부한다고 생각할 필요는 없다. 자발적 참여라 할지라도 집단상담사도 집단원도 모두 처음 보는 낯선 사람들이기 때문에 방어적인 태도를 보이는 것은 자연스러운 현상이다. 비자발적이라는 꼬리표로 인해 유독 더 많이 긴장하기보다 자연스러운 현상으로 받아들이는 것이 더 효율적이다.

셋째, 집단을 떠날 자유다. 집단원 선발 시 사전 준비와 동의가 필요하고, 이러한 절차를 진행했음에도 불구하고 집단을 중간에 떠날 수 있다. 단, 최종 결정을 내리기 전에 집단상담사와 집단원에게 알리고, 중간에 떠나는 이유와 집단원들 간의 이별의 마음을 서로 표현할 수 있는 장을 마련해 주는 것이 필요하다. 또한 중간에 집단을 떠날 때 발생할 수 있는 어려움에 대한 가능성을 알려 주고, 대처할 수 있는 안전장치에 대한 안내가 필요하다. 예를 들면, 집단상담 중간에 그만두었다고 해서 실패자로 생각하거나 부적응자로 스스로를 낙인화하여 괴롭히지 않도록 하고, 혹 유사한 생각으로 인해 조절이 되지 않을 경우에는 개인상담을 받을 수 있도록 안내를 해 주어야 한다. 이를 예방하기 위해서라도 집단 장에서 자신이 그만두는 생각과 감정을 표현하고, 집단원들의 생각을 들어 보도록 하는 과정이 중요하다. 집단원이 떠나고 난 후에 그 상황이 남은 집단원들에게 어떤 영향을 미치고 있는지 등에 대해서도 살피고 개입해서 다시 지금 이 순간에 집중할 수 있도록 집단상담사의 역할이 필요하다.

넷째, 집단참여에 따른 심리적 위험이다. Corey 등(2014)은 잠재적 위험으로 힘의 남용, 자기개방, 비밀유지, 희생양 만들기, 직면 등을 제시하였다. 개인상담과 달리 신뢰감이 형성되지 않은 초기에는 낯선 사람들 앞에서 자기개방을 함에 있어서 심리적 부담이 클 수 있다. 특히 집단원들의 힘이 모여 특정한 한두 명을 희생양으로 만들거나 집단 장에서 직면을 할 경우 여러 사람 앞에서 공개적으로 진행되는 것이기 때문에 심리적 압박감과 위험 부담이 훨씬 클 수 있다. 물론 치료적 이유로 어느 정도의 압박과 위험감수는 불가피함을 집단 시작 때 충분히 설명하여 스스로 선택할 수 있도록 준비시키지만, 집단상담사는 이를 민감하게 관찰하고 집단원들이 희생양을 만들지 않도록 해야 한다. 또한 직면뿐 아니라 상담적 개입을 할 때도 집단원의 준비 정도를 먼저 확인하고, 진행하려는 개입 방법에 대한 간략한 설명을 통해 집단원이 선택할 수 있도록 공간을 열어 주는 것도 필요하다. 적어도 집단분위기에 휩쓸려 원하지 않는 작업을 수행하지 않도록 집단원의 반응을 민감하게 관찰해야 한다.

다섯째, 비밀유지다. 개인상담은 상담사와 내담자만 비밀을 지키면 되지만, 집단상담에서는 내 이야기가 아닌 다른 사람의 이야기를 내 이야기처럼 비밀을 지킨다는 것은 쉽지 않다. 다른 사람의 이야기는 대화거리가 될 수 있기 때문에 가볍게 생각하고 비밀을 지키지 않는 경우가 가끔 있다. 집단에서의 비밀유지가 완벽하게 지켜지기에는 한계가 있음을 집단원들에게 알려 주어야 한다(Lasky & Riva, 2006). 집단원들 한 명 한 명이 모두 책임감 있게 비밀을 지켜야 하나 자신만 아니면 다른 사람들의 이야기는 쉽게 하는 경향이 있기 때문에 집단상담에서의 비밀유지는 개인상담과 비교해서 한계가 있다. 집단상담사는 비밀유지의 중요성과 한계, 위반했을 때 그 결과에 대해 설명해야 할 책임이 있다. 이러한 설명을 통해 집단원들은 스스로 자신이 개방할 수위를 선택하고 조절할 수 있도록 하고, 완벽한 비밀유지가 되기 위해 모두 노력할 수 있도록 독려해야 한다.

여섯째, 집단상담사의 가치 갈등이다. Knapp과 VandeCreek(2007)은 가치관 갈등의 문제를 유연한 보편주의(soft universalism)의 틀 안에서 다루어야 함을 제안한다. 기본적인 보편적 가치들을 공유하면서 서로 존중하는 방식으로 해결책을 모색해야 한다. 이는 집단상담사뿐 아니라 집단원들 간에도 가치 갈등이 나타날 수 있다. 가치는 종교적 신념과도 관련이 깊기 때문에 집단상담사가 자신의 종교적 · 영적 신념을 이해하는 것도 중요하고, 집단원의 종교적 신념이 자신의 생각과 행동에 어떤 영향을 미치고 있는지 집단에서 다룰 수 있어야 한다(Corey, 2015). 특히 집단상담에서 집단원들의 가치로 인해 다른 집단원이 압력을 받을 수 있기 때문에 집단상담사는 집단원을 보호하면서 가치 강요의 오해가 생기지 않는 범위 내에서 자신의 생각을 표현할 수 있도록 허용적 분위기를 형성하는 것이 중요하다. 또한 집단에서 자신의 생각과 다른 가치관에 대해 작업을 할 때는 감정에 치우치지 않도록 객관성을 유지하여 토론이 되지 않아야 한다. 옳고 그름의 토론이 되기보다는 무엇이, 어떤 상황이 그러한 가치관을 갖게 하였고, 그러한 가치관이 자신의 삶에 어떤 영향을 주고 있는지 등에 대해 이야기하면서 서로에 대한 이해에 기초한 상호작용이 이루어져야 한다.

일곱째, 다양성에 대한 윤리문제다. 단일민족이라는 표현이 사라진 지 오래되었고, 한국에서도 다양한 사람과 다양한 문화를 경험하며 더불어 살아가고 있다. 다양성이라는 주제가 다양한 문화 차이 정도가 아니라 앞에서 언급한 가치 갈등으로 연결될 때 복잡한 상황이 발생하게 된다. 문화의 다양성을 수용하고 이해하는 것도 쉽지는 않더라도 다름으로 이해할 수 있으나, 가치와 연결되어 갈등이 생길 때는 다양성 이상의 상황이 발생할 수 있다. 이럴 경우 논쟁으로 치닫지 않도록 주의가 필요하다.

여덟째, 집단상담사 역량 문제다. 집단상담전문가학회(2007)에서는 집단상담사의 역량 강화를 위해 기본적으로 개인상담과 집단상담을 통한 개인심리치료를 권하고 있다. 이는 누군가를 상담하기 전에 한 인간으로서, 상담사로서 자기 점검이 필수적으로 진행되어야 함을 의미한다. 이러한 기본적인 자기점검을 진행하면서 자기탐색과 집단원들과의 상호작용을 경험할 수 있는 집단상담 참여는 집단상담사 역량 강화를 위해 중요하다. 개인상담에 대해서는 수련을 받지만 자격증 취득을 위한 집단상담 경험을 제외하고 집단상담에 대해 특별히 수련을 받는 경우는 드물다. 저자가 수련할 때부터 이미 집단상담지도자과정이 개설되어 있어서 이를 통해 집단의 역동과 상호작용 등을 경험하고 개입방법을 학습하였다. 집단상담은 개인상담과 다른 집단 역동을 파악할 수 있어야 하기 때문에 이를 위한 수련이 필수적임에도 불구하고 가볍게 여기는 경우가 많다. 그러다 보니 집단 역동을 경험할 수 있는 집단상담이라기보다, 집단활동과 집단교육이 집단상담이라고 생각하고 진행하는 경우가 많아 아쉬움이 크다. 게다가 학교나 타 기관에서 이러한 잘못된 인식을 하게 되면, 이를 수정해서 올바르게 이해시켜 집단상담을 진행해야 하기 때문에 어려움이 발생한다. 윤리에도 나와 있듯이 집단상담사로서의 역량을 키워서 집단상담을 원하는 곳에서는 집단활동이나 집단교육이 아니라 집단상담을 경험할 수 있도록 상담사들이 수련에 임해야 한다. 또한 집단상담에 대한 슈퍼비전을 받으면서 진행할 때 더 효과적이고 효율적인 집단상담이 될 수 있으므로 슈퍼비전은 필수 사항이라 할 수 있다.

이상에서 집단상담에서 집단원의 권리 보호를 위한 윤리적 쟁점에 관해 살펴보았는데, 이외에 Corey 등(2014)은 집단상담사를 위한 법률적 보호 장치로 다음과 같은 지침을 제시한다.

① 집단에 참여할 집단원들을 선발할 때 충분히 신중하게 검토한다.
② 집단상담에 대한 충분한 정보를 제공하고 사전 동의를 구한다.
③ 미성년자를 상담할 때는 부모나 보호자에게 서면동의를 받도록 한다.
④ 윤리강령과 소속기관의 지침에 맞게 집단 회기 내용을 기록하고, 우려할 만한 사항이 있다면 반드시 기록한다.

⑤ 비밀유지 원칙을 법률적으로 파기해야 할 상황과 비밀유지의 한계를 설명해 준다.
⑥ 집단상담사 자신이 받은 교육과 훈련에 근거한 상담서비스를 제공할 수 있는 사람들을 집단원으로 한정한다.
⑦ 소속기관, 소속학회 등의 윤리지침을 준수하여 상담을 진행하고, 이를 집단원들에게 알린다.
⑧ 윤리적 혹은 법률적 문제가 있을 때마다 동료나 슈퍼바이저에게 자문을 구하고 이를 기록해 둔다.
⑨ 상담실제에 적용할 수 있는 실천 기준을 숙지하고, 이를 상담함에 있어서 적용하여 문제발생 소지를 차단하고 예방한다.
⑩ 종결 사유, 다른 전문가에게 의뢰한 내용 및 집단원에게 권장한 사항이 있다면 기록해 둔다.
⑪ 실천할 수 없는 것은 집단원에게 약속하지 않는다.
⑫ 집단원과 성적인 관계를 갖지 않는다.
⑬ 집단의 변화 정도를 평가하고, 집단원들이 각자의 목표를 어느 정도 달성했는지 스스로 평가하도록 개입한다.
⑭ 소속된 기관이 있다면, 전문적 업무수행에 관한 고용주의 법률적 책임을 명시하는 계약을 체결한다.
⑮ 집단원이 자신이나 타인에게 위협을 가하는 상황을 파악하고 개입방법을 숙지할 뿐 아니라 이에 대한 기록을 남긴다.
⑯ 집단원을 다른 전문가에게 의뢰가 필요한지 파악한다.
⑰ 역전이를 살핀다.
⑱ 집단원을 희생시켜 자신의 욕구를 충족시키지 않도록 유의한다.
⑲ 기존의 윤리기준을 집단상담 실제에 적용시킨다.
⑳ 위험관리 워크숍에 주기적으로 참여하여 적절한 대처법을 익힌다.
㉑ 아무리 철저하게 대비한다고 해도 민원이나 법률적 문제 상황에서 완벽

하게 안전할 수 없음을 인식하고, 이러한 상황 발생을 최소한으로 줄이도록 한다.

상담윤리에 관해 설명을 할 때 대부분의 수련생이 겁을 먹게 되고, 법적인 문제에 휘말릴 것에 대한 불안을 표현하는 경우를 종종 보게 된다. 상담윤리에 민감하게 반응해야 하고, 주의를 기울여야 하지만, 지나치게 불안이 높을 경우에는 오히려 상담사의 역량을 제대로 발휘하는 데 어려움이 발생할 수 있다. 윤리적 쟁점이 의심스러운 상황이 발생했을 때는 슈퍼바이저와 의논하면서 미리 예방하고 실수했더라도 실수를 인정하고 실수를 통해 배우고 익히는 과정으로 삼아 동일한 실수를 반복하지 않는 데 에너지를 사용하는 것이 생산적일 것으로 사료된다.

집단상담 중에 윤리적 의사결정을 해야 할 상황이 발생했을 경우, 대처할 수 있도록 Kitchner(1986)는 윤리적 의사결정을 위한 기본원칙을 다음과 같이 제시하고 있다. 첫째, 자율성 존중이다. 스스로 선택에 대한 책임을 지도록 해야 하지만 집단원의 선택을 강요해서는 안 된다. 둘째, 비유해성이다. 즉, 변화와 성장을 위한 상담적 개입이라도 집단원에게 해를 끼쳐서는 안 된다. 셋째, 선의로 집단상담사는 선한 일을 해야 한다. 넷째, 공정성으로 어느 쪽으로도 치우치지 않고 모든 사람의 존엄성을 인정해야 한다. 다섯째, 충실성으로 집단원의 이익을 우선시하며, 집단원과의 약속을 충실히 수행해야 한다.

2. 집단운영 시 고려해야 할 윤리

집단상담을 진행할 때 집단상담사에 의해 윤리적 상황이 발생하지 않도록 유의해야 할 사항들은 다음과 같다.

첫째, 집단상담 운영 시, 집단상담사는 자신의 지도성이나 집단원의 힘을 악용할 위험성이 있다. 집단원들의 개방정도를 보다 보면 심적 부담을 가질 수 있는데, 이때 집단상담사나 집단원이 이를 부추겨서 집단원의 준비도와 무관하게 과도한 개방을 강요할 수 있다. 특히 집단원에게 경험할 것들에 대해 알려 주지 않는 것, 집단원에게 어떤 활동을 하도록 강요하는 것, 계속적인 참여를 요구하는 것, 밝히고 싶지 않은 개인적인 것을 집단원을 속여서 밝히도록 만드는 것 등은 집단상담사의 비윤리적 행동들이다(Jacobs et al., 2006). 집단상담사는 집단원에게 어떤 방식의 개입을 할 것인지 이해하기 쉽게 설명해 주고, 이를 선택할 수 있도록 허용해 주어야 한다. 또한 자발적 참여자라 할지라도 상황에 따라 참여를 원하지 않을 경우, pass권을 사용할 수 있도록 허용해 주고, 집단의 압력에 의해 원치 않는 참여를 하지 않도록 주의가 필요하다. 과도한 자기개방과 준비되지 않은 참여로 급작스러운 심리적 혼란을 경험할 수 있고, 오히려 집단을 통해 삶이 혼란스러울 수 있기 때문에 수위조절이 필요하다. 성장과 회복을 위해 직면이 필요하고, 자기개방과 직면이 버겁고 힘겨운 과정이어도 평소와 다른 실험들을 시도해 봄으로써 자기성찰에 이르기도 하지만, 집단의 힘을 이용하여 직면을 남용한 상처 주기가 되지 않아야 한다.

둘째, 집단상담사 자신의 능력을 지나치게 과신하여 무리한 개입을 진행하는 경우다. 상담적 개입을 하기 위해서는 최소한 다음 3가지를 점검해야 한다. ① 집단상담사가 개입을 할 능력이 되는지다. 지식적으로 아는 것과 직접 할 수 있는 것은 차이가 있다. 상담을 어느 정도 공부하다 보면 보이는 것이 있지만, 그것을 개입할 수 있는지는 반드시 수련을 통해 익히는 과정이 필요하다. ② 집단원이 그 과정을 경험할 준비가 되었고 그 시도를 해 보길 원하는지다. 집단상담사가 상담적 개입을 할 수 있는 능력이 있다 할지라도 집단원이 원하지 않으면 무리하게 진행할 수 없다. ③ 그것을 다룰 만큼 충분한 시간이 있는지를 확인해야 한다. Jacobs 등(2006)은 충분히 다룰 시간이 없는데도 힘겨운 정서를 다루는 활동을 하는 것도 비윤리적 개입으로 보았다. 집단상담사는 어떤 개입을 함에 있어서 어떤 과정이 필요하고, 최소한 어느 정도의 시간이 소요되는지에 대해 파악하고 있어야 한다. 이를 위해서는 다양한 집단참여 경험과 끊임없는 수련을 통해 연마할 필요가 있다.

셋째, 개입기법 사용 시 집단원의 문화와 환경을 고려해서 기법을 적용해야 한다. 부모에게 억압된 감정이 화병으로 자리 잡아 빈 의자 기법이나 역할극을 통해 감정 정화가 필요한 경우, 부모님에게 하고 싶은 말을 할 때, 처음 시도할 때와는 다르게 시간이 갈수록 죄책감이 들어 오히려 힘들어하는 경우가 종종 있다. 특히 한국적 상황에서 효가 중요하고, 성인이 되어 부모가 되고 나서 부모를 이해하지만 자신의 억압된 감정과 접촉하지 못한 상태에서 이러한 작업이 진행될 때 나타날 수 있는 현상이다. 이런 경우, 무리하게 진행하기보다 그 집단원의 문화와 환경을 고려해서 안전장치와 같은 준비를 먼저 갖추고 시행해야 한다. 예를 들면, 부모의 모든 면을 원망하는 것이 아니라 어려운 여건 속에서도 자신을 지금까지 돌봐 주신 좋은 모습을 분리하여 보호를 해 놓고, 부모에 대한 억울함이나 원망과 같은 일부 감정에 대해 표출하게 상황을 연출하는 것이 필요하다. 아무리 유익한 것도 적절한 시기에 안전하게 진행되지 않으면 오히려 위험할 수 있고, 2차 피해가 나타날 수 있기에 주의가 필요하다.

넷째, 다른 상담사가 상담을 진행하고 있는 대상을 집단상담에 참여시키는 경우다. 상담사가 다를 경우, 이론적 배경과 가치관의 차이로 집단원에 대한 개입이 달라 오히려 혼란을 야기시킬 수 있다. 집단상담사는 이에 대한 안내를 하고, 개인상담 종결 후에 참여를 권하거나 개인상담과 집단상담에서 다루는 주제를 분리해서 혼동이 없도록 개입할 필요가 있다. 내담자의 동의하에 상담사들 간의 협의를 하는 것도 필요하나 현실적으로 어려움이 있다. 또 이와 다르게 집단상담사가 개인상담하는 내담자에게 자신이 진행하는 집단상담에 참여를 권하거나 집단상담에 참여한 집단원이 개인상담을 요청하는 경우도 있다. 전자의 경우에는 집단 안에서 내담자의 모습을 재확인하고 탐색할 수 있기에 개인상담을 더 효율적으로 진행할 수 있다. 다만, 집단상담사가 개인상담에서 다룬 주제를 집단에서 언급하지 않도록 주의가 필요하다. 이는 그 사람에 대한 비밀유지를 어긴 상황이 될 수 있고, 다른 집단원들에게는 소외감을 갖게 하여 집단 역동에 영향을 미칠 수 있기 때문이다. 후자의 경우는 집단상담을 통해 알게 된 자신의 모습을 동일한 상담사에게서 개인상담을 받게 되면 집단상담의 연장선상에서 더 깊게 다룰 수 있는 장점이 있다. Jacobs 등(2006)은 집단상담사가 집단원을 대상으로 한 개인상담 진행이 이중관계일 수 있으나 치료적 과정에서 윤리적으로 가치 있는 것으로 보았다.

다섯째, 집단 종결 시 집단원들에게 주의사항에 대한 안내를 해야 한다. 집단에 의한 수용과 공감이 오히려 판단을 흐리게 하여 일상으로의 복귀를 방해하거나 삶에 중요한 결정을 선불리 하는 경우 등 예상치 못한 일들이 발생할 수 있기 때문에 이에 대한 안내가 필요하다. 특히 집단원 중에 처음 집단상담을 경험한 경우에는 모든 것이 낯설고, 모든 것이 새로워 집단상담 후 자신에게 어떤 일이 발생할지 예상할 수 없기 때문에 섣부른 행동을 할 수도 있다. 작은 행동의 변화를 위한 실험들은 지속적으로 진행되어도 무방하나, 자신의 삶에 중요한 영향을 줄 수 있는 선택을 함에 있어서는 정리해 두었다가 1~2개월 후 마음에 변화가 없다면 시도할 수 있도록 안내를 해 주어야 한다. 또한 집단에서의 수용적 분위기에 젖어 집단상담을 그리워하며 일상으로의 복귀를 거부하고, 주변 사람들이 평소와 다른 모습에 부정적인 피드백을 할 경우 오히려 혼란스러움으로 집단상담의 효과성이 왜곡될 수 있으니 집단에서의 경험과 일상의 경험을 지혜롭게 조율할 수 있도록 안내되어야 한다. 집단상담이 끝났다고 해서 그 이후에 대한 안내를 소홀히 여겨서는 안 된다.

3. 집단상담 윤리 Q & A

Q1 "초기에 나타나는 어떤 불신도 존중하는 태도로 다루어야 하는데, 이

런 불신이 신뢰로 이어지는 아주 좋은 재료가 될 수 있다."라고 하는데요. 어떻게 불신을 존중하는 태도로 다루면 될지 구체적인 모습에 대해 알고 싶습니다. 가령 집단상담사가 어떤 말을 건네면 좋다, 어떤 방식으로 집단원의 불신을 존중의 태도로 다루면 좋다, 이런 식으로요. 감사합니다.

A1 불신을 표현할 수 있다는 것만으로도 어느 정도 안전함을 느끼고 있다는 의미이기도 하기 때문에 그렇게 표현해 준 것에 대한 감사의 마음을 표현하는 것이 바로 존중의 태도라고 할 수 있습니다. 불신을 표현할 때 대부분은 그것에 대해 방어적인 태도를 취하면서 그렇지 않음에 대해 설명을 하게 되는데 이는 존중하는 태도라고 보기 어렵습니다. 그러한 진술에 감사를 표하고, 어떤 바람이 있는지 묻거나 어떻게 하면 불신이 신뢰로 변화할 수 있는지에 대한 방법을 함께 모색한다면 의미 있는 경험이 될 수 있습니다.

Q2 비자발적 참여자들, 예를 들면 성범죄자나 비행청소년들의 집단에서 집단상담사는 평소처럼 의무를 다해야 한다는 부분에서 실전에서는 어떤 방법으로 접근해야 하는지 궁금합니다. 즉, 위험하고 진행이 어려울 수도 있는 사람들에게 구성원과 집단의 윤리를 지켜 주기 위해 어떻게 설명을 현명하게 할 수 있는지 궁금합니다. 자칫하면 힘의 남용이 될 수 있을지 염려도 됩니다.

A2 질문에서 보면, 벌써 성범죄자나 비행청소년은 위험한 대상이라는 전제를 가지고 있는 듯합니다. 이러한 마음을 가지고 집단에 임하면, 자기를 보호하기 위해 방어적이 되고, 그렇게 되면 참여자들의 반응을 살피고, 마음을 공감하기보다 집단상담사가 준비해 온 프로그램을 진행하기 위해 힘을 남용해서 무리한 진행을 할 가능성이 높습니다. 중요한 것은 자발적이든 비자발적이든 집단상

담에 참여한 사람들을 존중하고, 내재된 가능성을 믿고 함께하려는 시도가 중요합니다. 경우에 따라 집단상담사가 준비해 온 것을 모두 던지고, 집단원들의 욕구에 맞춰 현장에서 즉석으로 새롭게 구성한 프로그램을 진행할 수도 있습니다. 이런 경우를 대비하기 위해서 집단상담사는 언제나 준비되어 있어야 하고, 이를 위해서는 집단상담에 대한 지속적인 수련이 필수라 하겠습니다.

Q3 미숙한 상담사의 힘의 남용이 있는 경우 집단원에게는 많은 피해가 예상됩니다. 그것을 예방할 수 있는 방법이나 제어할 수 있는 장치로는 어떠한 것들이 있을까요?

A3 운동을 할 때 힘 조절이 안 되는 경우는 주로 익숙하지 않은 행동을 하거나 기구 작동이 서툴 때 생기는 경우가 많습니다. 방법을 모르면 힘으로 무리한 시도를 하기 마련입니다. 상담도 이와 유사합니다. 익숙하지 않기 때문에 집단상담사나 집단원의 힘을 빌어서 무리한 진행을 하는 것이기 때문에 집단상담에 대한 수련이 필수적이고, 두 번째는 자기성찰입니다. 자기성찰 또한 수련과 관련이 있는데, 자신의 부족한 부분을 성찰하고 이를 수련을 통해 보완해 나간다면 예방이 가능하다고 봅니다. 그래서 끊임없이 몸과 마음을 갈고닦아 배우기에 힘써야 하기 때문에 수련(修鍊)과정이라고 하는 것입니다.

Q4 집단구성원 중에는, 특히 종교적으로나 가치관적으로 다른 사람들이 많을 텐데 혹시나 그러한 차이를 인정하지 못하는 집단원이 있을 경우에는 집단상담사가 어떻게 개입하면 좋을까요? 예를 들어, 동성애에 관한 입장 차이나 종교에 대한 입장 등에서 불편해하는 경우 상담사가 구체적으로 어떠한 말로 개입할 수 있을지 예시를 들어 주시면 좋겠습니다.

A4 우선적으로 불편해하는 그 마음을 알아 주는 것이 필요합니다. 그 마음을

표현할 수 있도록 해 주고, 자신에게 그 가치가 어떻게 형성되었고, 자신의 삶에 어떤 영향을 주었는지 등을 개방할 수 있도록 공간을 마련해 주고, 다른 집단원들에게도 유사한 개입을 통해 서로 자신의 생각들을 표현할 수 있도록 해야 합니다. 예를 들면, "○○님이 △△님의 동성애에 대한 이야기가 불편하다고 하는 것을 볼 때, ○○님과 다른 생각을 가진 분과 집단에서 마주하게 되어 당혹스럽고 어떻게 대화를 해야 할지 몰라 약간 혼란스럽기도 한 것 같습니다. 혹시 괜찮으시다면, ○○님은 이런 생각을 어떻게 하게 되었는지, 그리고 이러한 생각이 살아오는 동안 ○○님의 삶에 어떤 영향을 주었는지에 대해 말씀해 주실 수 있으신지요?"

중요한 것은 집단상담사의 개입이 집단원들 간의 토론이 되지 않도록 해야 하고, 그러한 생각을 하게 된 과정을 통해 자신과 타인을 이해하고 수용하는 기회로 삼아야 한다는 것입니다.

Q5 비밀유지 예외의 경우에 '교정기관이나 정신병원에서의 집단상담에서 구성원의 행동에 대해 기록, 보고해야 할 경우'가 포함되어 있는데요. 뿐만 아니라 학교상담이나 군상담의 영역에서도 집단상담을 운영할 경우 관리자에게 해당 내용을 보고해야 할 의무를 요구받게 됩니다. 그렇게 된다면 집단구성원이 비밀유지 보장을 받을 권리와 상충되는데, 이때 어떻게 대처하면 좋을지, 이와 관련된 실제 사례는 없는지 궁금합니다.

A5 이러한 경우는 상담현장에서 종종 있는 일입니다. 우선, 기관이 요청하는 것이 무엇인지 파악한 후, 이를 위해서 집단원에게 보고에 대해 전달하고 동의를 얻어 진행해야 함을 설명해야 합니다. 또한 이러한 보고에 의해 집단원들이 자기개방을 제한적으로 혹은 소극적으로 할 수 있음을 기관에 알려 주어야 합니다. 그럴 경우, 기관이 원하는 성과에 도달함에 있어서 한계가 있을 수 있음을 안내해야 합니다. 이 부분에 대해 기관이 동의가 된다면, 집단원들에게도 기관

에 대한 보고에 대해 설명을 하고 동의하에 진행되나 보고에 따라 얻게 될 결과 등을 안내해서 집단원들 스스로 참여할 정도를 결정할 수 있도록 해야 합니다.

Q6 집단상담 도중에 실제로 윤리적인 문제가 발생되었을 때(예를 들면, 같은 집단 내에서 비밀유지가 이루어지지 않아 외부로 알려지는 문제가 생겼을 때) 실질적인 대처 방법에 대해 알고 싶습니다. 다른 집단원들이 이 상황에 대해 알게 될 경우 집단상담 다음 회기에 이 문제에 대해 어떻게 다루어야 하는 건지 궁금합니다.

A6 실제로 이러한 상황이 발생했고, 이를 알았다면 집단상담사는 이 상황을 집단에 알리고, 집단의 규칙을 다시 한 번 상기시켜 주의를 주어야 합니다. 다만, 이때 누가 이런 상황을 만들었는지 밝히는 데 주력하기보다 앞으로 유사한 상황이 발생하지 않도록 함께 재점검하는 기회로 삼아야 합니다. 또한 이러한 상황이 현재 자신이 집단에 참여함에 있어서 어떤 영향을 주고 있는지 등에 대해서도 함께 이야기 나누면서 집단상담 장에서 이 주제를 다루어 줄 필요가 있습니다.

Q7 집단상담 시 다중(이중)관계가 불가피한 경우 다른 대안이 불가능하고 내담자의 상황을 판단했을 때 상담관계 형성이 가능하다고 여겨지면 상담관계를 유지할 수도 있다고 하는데, 만약 가능하다고 생각하여 다중(이중)관계의 상태에서 상담을 진행했는데 다중(이중)관계로 인하여 예기치 못한 역동이나 문제가 발생하게 되면 실질적으로 어떻게 대응해야 할지 궁금합니다.

A7 가능하면 이러한 일이 발생하지 않도록 해야 하고, 질문처럼 불가피한 경우 진행할 수 있으나 예상과 다르게 문제 상황이 발생하면 즉시 중단하고, 이를 진솔하게 이야기하고 그 순간부터라도 최대한 내담자 복지를 우선적으로 고려

해서 함께 대안을 찾아 선택할 수 있도록 개입해야 합니다. 내담자에게는 진솔하게 표현할 것을 요구하면서 상담사들은 아닌 척하는 경우가 있는데 이는 진솔하지 못할 뿐 아니라 윤리에도 어긋나는 것으로 자신의 실수를 인정하고 내담자 최우선으로 해결방안을 모색해야 합니다.

Q8 시대의 흐름에 따라 다문화 사회로 변화되고 있는 한국사회에 집단상담사는 반드시 다문화적 상담능력을 함양해야 하며, 이에 적합한 상담 접근 방식을 연구해야 한다고 하는데, 다문화 상담에서 특별히 요구되는 능력이 무엇인지 궁금합니다.

A8 다문화에 대한 지식과 이해가 필요하지만, 자신이 속해 있는 문화에 대한 이해가 선행되어야 합니다. 자문화에 대한 지식과 이해가 다문화에 대한 차이를 분별하여 이해할 수 있고, 최소한 자신의 가치와 신념에 의해 다문화 집단원을 수용함에 있어서 장애물의 역할을 하지 못하게 예방할 수 있기 때문입니다. 또한 다문화에 대한 다양한 경험도 필요합니다. 그러나 이것보다 더 중요한 것은 다문화에 대한 개방적 태도입니다. 개방적 태도가 모든 것을 수용하라는 의미는 아닙니다. 오히려 그럴 수 없는 자신의 한계를 인정하고 이를 집단에서 나눌 수 있는 용기가 필요합니다. 다문화 관련해서는 제10장 특수집단에서 좀 더 자세하게 다루고 있으니 참고하기 바랍니다.

Q9 집단에서 한 사람을 희생양으로 만드는 상황에서 집단상담사가 어떻게 대응해야 하는지, 또는 집단상담사의 문제라고 한다면 집단원이 나서서 조율하는 것은 배제되어야 하는지 궁금합니다.

A9 희생양을 만들지 않도록 주의가 필요하나 예기치 않게 희생양을 만드는 상황이 발생했고 이를 알아차렸다면 집단상담사는 집단원을 보호하면서 희생양을

만드는 그 주제를 다른 집단원들에게 적용해 볼 수 있도록 돌리거나, 희생양 만드는 상황을 숨겨진 안건으로 두지 말고, 수면 위로 꺼내어 이를 공개적으로 다루는 것도 필요합니다. 다만, 잘잘못을 심판하거나 누군가를 처벌하기 위한 개입이 아니라 이러한 상황이 자신과 어떤 관련이 있는지 자신을 돌아보고 점검하게 하는 재료로 활용하여 개입하는 것도 한 방법입니다. 또한 집단상담사의 문제라면 집단원이 나서서 조율할 수 있습니다. 집단상담사가 또 한 명의 집단원이듯이 집단원은 전문적 훈련을 받지 않았지만, 삶의 연륜에서 볼 때 또 한 명의 집단상담사이기 때문에 이를 조율할 수만 있다면 가능합니다. 다만, 집단상담사가 있기 때문에 이를 용기 내어 개입하여 다룬다는 것은 쉬운 일이 아닙니다. 따라서 집단상담사 스스로 자기점검과 자기성찰을 통해 집단상담사에 의해 이러한 일이 발생하지 않도록 주의가 필요합니다. 이를 위해 교육분석과 슈퍼비전은 선택이 아니라 필수라 하겠습니다.

Q10 같은 학교나 같은 기관에 있는 사람들과 함께 집단상담에 참여했을 때 집단상담이 끝나고도 계속 만날 수 있는데, 이때 어떤 윤리적 안내를 해 주어야 하나요?

A10 처음 집단상담에 참여할 경우에는 낯선 곳에 대한 두려움 때문에 아는 사람들끼리 함께 참여하기도 하고, 학교나 직장에서 연수 차원으로 진행할 때도 집단구성원 모두가 늘 보는 사람들로 구성될 수 있습니다. 이때 집단이 끝났을 때 집단상담의 연장이 될 수도 있는데, 비밀유지와 관련하여 이에 대한 주의사항을 알려 주어야 합니다. 집단에서 함께 마음을 나누었다 할지라도 일상에서 그 집단원이 먼저 이야기를 꺼내지 않는 한 그때 나누었던 이야기를 먼저 해서는 안 됩니다. 간혹 염려되는 마음에 또는 자신이 마음을 계속 쓰고 있으니 힘내라는 지지 차원에서 집단이 끝난 후에도 그때 그 일이 지금은 어떻게 되었는지를 묻는 경우가 있는데, 이는 본인의 의도와는 다르게 오히려 상대에게 상처

가 될 수도 있습니다. 저자는 이를 '확인사살'이라는 표현을 사용하면서 설명합니다. 표현 자체가 강하지만, 그만큼 상대가 원하지 않을 때는 본인의 의도와 다르게 2차 상처를 줄 수도 있기 때문에 주의가 필요합니다. 그러나 집단원이 먼저 자신의 이야기를 하면서 대화를 원한다면 그때는 온 마음으로 열심히 경청하고 반응해 줄 때 지지집단의 역할을 할 수 있으니 때를 기다리도록 안내하기 바랍니다.

Q11 집단상담사가 같은 학교 상담교사일 경우에 계속 만나게 되는데 이때 어떻게 해야 하나요?

A11 집단상담사가 같은 학교나 기관 소속일 경우, 집단이 끝나고도 집단원들을 만날 수 있는데 이때 집단상담사가 먼저 아는 척을 하거나 안부를 묻지 않을 것이고, 또는 반응을 하더라도 다른 사람들과 유사한 수준에서의 반응을 할 것임을 집단상담 끝날 때 안내를 해 주어야 합니다. 간혹 자신이 상담받은 것을 알리기 원하지 않을 경우가 있기 때문에 모두가 상담사를 알고 있는 상황이라면 인사를 나누는 것이 상담을 받아서 안다라고 쉽게 생각할 수 있기 때문에 내담자가 상담받은 것에 대한 비밀을 지켜 주기 위해 일반적인 차원에서의 인사를 나눌 것임을 안내해 주어야 오해를 하지 않습니다. 반대로 집단원은 다른 사람들보다 집단상담사와 더 친밀하다고 생각했는데 자신이 원하는 만큼 더 친밀감을 표현하지 않을 때 오히려 상처를 받을 수도 있기 때문에 집단상담사가 어떤 태도를 취할 것인지에 대한 안내를 해 주어야 합니다. 집단원이 먼저 다가와서 더 깊은 이야기를 할 경우에는 이에 대한 적극적인 반응이 가능합니다.

제5장 집단의 선발과 구성

1. 집단 구성을 위한 고려사항

집단상담을 계획함에 있어서 여러 가지를 생각하게 되는데, 그중 하나가 집단 구성 시 동질집단으로 할 것이냐 이질집단으로 할 것이냐다. 유사성이 있는 집단원으로 구성할 때 동질집단이고, 그렇지 않을 때 이질집단이라 할 수 있다. 이질집단으로 구성할 경우 집단구성원의 다양성으로 인해 다양한 관계 경험과 역동과 마주하게 되어 집단 도입단계에서는 집단원뿐 아니라 집단상담사도 적응에 어려움이 있을 수 있다. 그러나 응집력이 만들어지기만 하면, 집단원이 속해 있는 사회와 가장 유사하기 때문에 사회에서 하지 못한 실험을 시도해 보면서 자신뿐 아니라 타인의 입장에 대한 이해의 폭이 넓어질 수 있다. 특히 다양한 성격과 대인관계 양식을 가진 사람들로 구성될 경우, 집단원들이 소속된 현실과 유사하기 때문에 안전한 공간에서 다양한 실험을 통한 경험을 할 수 있어서 유익할 수 있다. 다만, 집단을 구성함에 있어서 몇 가지 고려할 사항에 대해 생각해 보고자 한다.

첫째, 연령은 다양할수록 원가족의 교정적 재현에 유용할 수 있으나 한두 명만 나이가 급격하게 차이가 날 경우, 그를 집단으로 참여시키기까지 많은 시간과 에너지가 소모될 수 있다. 대부분이 40대 이상의 중년이고, 20대가 한두 명 구성된 집단일 경우, 20대가 이해하기에는 너무 큰 주제들의 이야기가 오고 가게 되면 어떤 반응을 해야 할지 난감하게 되고, 자신들에게 가장 큰 고민조차도 그들의 이야기와 비교하고 작게 여겨 개방하기가 어렵게 된다. 중년들도 자녀와 같은 나이의 집단원이 자신을 이해하거나 공감할 수 없을 것이라는 선입견 때문에 집단원으로 인정하기까지 쉽지 않아 배제하는 경우도 있다. 이러한 상황은 성인들에게만 국한된 것은 아니다. 특히 아동이나 청소년 같은 경우에는 어른들이 보는 관점과 다르게 성인보다 또래집단에서 저학년과 고학년의 차이를 분명하게 구분하고 있어서 함께 섞기보다는 이를 구분하여 진행하는 것이 상호작용과 역동을 활성화시키는 데 유익하다.

둘째, 성 또한 유사하다. 한 명만 성이 다를 경우, 그 성을 대표하는 역할을 해야 할 것 같은 책임감을 갖게 될 뿐 아니라 집단원들의 전이를 모두 감당해야 하는 부담을 가질 수 있다. 아동 및 청소년 집단에서는 이성에 대한 호기심이 강할 때이기에 서로를 향한 관심에 집중하느라 자신의 진솔한 면과 마주하기가 어려울 수 있기 때문에 이러한 점을 고려하여 구성해야 한다.

셋째, 가족이나 커플로 구성된 집단이 아닌 경우에 가족이나 커플이 집단원으로 참여하는 것은 지양하는 것이 더 효율적이다. 자신의 맘속 깊은 이야기를 하기 어렵고, 집단원들이 이들의 지난 삶의 이야기에 호기심을 갖게 되어 집단의 초점이 이들에게 집중되거나 집단의 방향성이 흐려질 수 있기 때문에 주의가 필요하다. 단, 친구나 동기 같은 경우에 자신의 이야기를 함에 있어서 불편함이 없다면 함께 참여할 경우, 오히려 안전감을 느낄 수 있고, 집단 종결 후에도 서로가 원한다면 집단에서 경험했던 것들을 서로 간에 지속적으로 실험할 수 있는 자극제가 될 수 있어서 유익한 점도 있다.

넷째, 정신증이 있거나 다문화와 같은 특수집단일 경우, 즉각적 개입이 필요한 위기상황, 예를 들면 자살 성향이 있는 우울증 집단원을 동질집단이 아닌 이질집단의 집단원들이 반응하기가 어렵다. 또한 지적장애가 있는 경우, 상호작용에 어려움으로 이질집단에서는 어려움이 발생할 수 있다. 단, 동질집단이나 집단원의 동의하에 협력의 목적을 가진 이질집단에서는 가능하다. 즉, 유사한 경험 중에 있는 사람들로만 구성하기보다 유사한 경험을 어느 정도 극복한 사람들과 함께 구성할 때 공감대도 형성할 뿐 아니라 하나의 모델이 되어서 연령이나 성별의 차이가 있어도 효율적인 방향으로 집단이 진행될 수 있다. 다만, 먼저 경험한 사람들이 섣부른 조언을 하거나 변화를 강요하지 않도록 사전 교육이 필요하며, 이들의 수가 너무 많지 않도록 하여야 한다. 일반적으로 저자의 경험에 의하면 3:1 정도의 비율이 적당한 것으로 보인다. 단, 이들은 일종의 멘토 역할을 위해 집단원으로 참석한 것임을 서로 간의 합의가 되어야 한다.

이상에서 살펴본 고려사항들을 참고하여 목적에 따라 이질집단을 형성할 경우, 역동과 상호작용의 활성화로 더 깊이 있는 만남을 시도할 수 있다. 그러나 서로에 대한 신뢰와 응집력이 형성되지 않으면, 집단에 대한 안전함을 느끼지 못하고, 서로에 대한 불편함으로 인해 집단의 갈등단계에 계속 머물게 되어 집단 진행에 비효율적일 수 있다. 특히 초심 집단상담사라면 동질집단을 구성하여 이질집단에서 발생할 수 있는 변인들을 사전에 차단하여 진행하는 것이 더 효율적이다. 동질집단을 진행함에 있어서도 응집력을 구축해야 하고, 갈등을 해결해야 하며 역동을 잘 활용해서 자신뿐 아니라 타인에 대한 관계 경험을 확장하기에도 힘겨운 과정이기 때문에 굳이 어려운 길을 갈 필요가 없다. 좀 더 다양한 경험과 수련이 축적된 후 이질집단을 진행할 때 집단원과 집단상담사 모두에게 훨씬 생산적일 수 있으니 욕심을 내어 무리하게 진행하기보다 경험 쌓기에 주력하기 바란다.

2. 집단원 선발

Corey(2015)는 집단원 선발이 집단형태의 맥락에서 집단의 목표에 따라 달라질 수 있다고 하였다. 학교나 기관에서의 의뢰로 참여하게 된 집단원들은 대부분 집단상담이 무엇이고, 어떤 목적으로 하는지에 대한 설명을 듣지 못하거나 잘못 이해하고 참석하는 경우가 많다. 집단상담 시작 전에 개별면담을 통해 이에 대한 설명과 함께 집단의 규칙과 집단 미참여로 인한 감당해야 할 결과와 이를 해결하기 위해 함께하고자 하는 집단상담사의 의지 등을 알려 주면서 집단원과 집단상담사와의 관계 형성을 준비해야 한다. 사전 개별면담을 통해 집단원으로 적합하지 않다는 판단이 들 경우에는 개인상담으로 연계함이 개인과 집단원 모두를 위해 더 적절하다. 이처럼 사전면담을 통한 집단원 선별을 권하기는 하나 현실적으로 어려움이 많다. 사전면담을 통해 집단원 선별 시 고려할 점은 집단상담을 중도 탈락하지 않고 종결 회기까지 갈 수 있는지, 혹은 약물중독이나 정신증 등으로 인해 상호작용에 어려움이 있는지 등이다. 그러나 이 또한 한 번의 만남으로 모두 구별하여 선별하기에는 한계가 있다. 대체적으로 개인의 실질적인 모습은 집단 장에서 나타나기 때문이다.

사전면담을 통한 선발이 어려울 경우, 집단 시작 후 2~3회기 집단상담 경험을 하게 하여 집단에 남을 것인지 떠날 것인지 등을 함께 이야기하면서 집단원을 선발하는 방법도 있다. 그러나 한국 상황에서는 '친구 따라 강남 간다.'라는 속담처럼 남고 싶어도 친구가 떠난다고 할 경우 함께 떠날 가능성이 높기 때문에 주의가 필요하다.

이상에서 살펴본 바와 같이 사전면담을 통해 집단원을 선발하더라도 예기치 않게 중도 탈락하는 경우가 있다. 이에 Yalom(2008)이 제시한 집단에서 탈락하게 된 이유 9가지를 중심으로 이에 대한 대처방법을 함께 모색해 보고자 한다.

첫째, 외적인 요인들이다. 예를 들면, 어린 자녀를 타인에게 맡기는 것에 대한 불안, 갑작스런 사별과 학업상의 실패와 같은 일상에서의 과도한 스트레스 등이다. 특히 자녀가 어려서 이동 반경을 확인하기 위해 계속해서 자녀로부터 걸려오는 전화를 받고 반응하느라 정작 자신에게 집중하지 못하는 경우가 있다. 집단에 집중함에 있어서 방해되는 외적인 요인들의 영향을 조금이라도 덜 받기 위한 방안을 함께 찾는 것이 필요하다.

둘째, 자신이 다른 집단원들과 현저하게 다를 때다. 예를 들면, 모두 60대인데

한 명만 20대라든지, 모두 고등학생인데 한 명만 중학생이라든지 등과 같은 경우다. 서로 간의 이해와 신뢰가 형성되지 않으면 집단에서 자기개방을 주저하게 되고, 이해의 폭이 달라 도움이 되지 않을 것이라는 생각이 들게 되면 중도 탈락하는 경우가 발생한다. 이때 집단상담사가 집단원들 간의 연결짓기를 통해 서로에 대한 경험을 각자의 눈높이에서 공유할 수 있도록 개입해야 한다.

셋째, 친밀성의 문제다. 친밀감에 있어서 갈등이 생길 때, 자기개방에 대한 두려움으로 침묵하거나 집단원들의 반응을 공격적으로 해석하여 스스로 고립되는 경우다. 집단상담사는 이를 파악하여 집단원들 간의 친밀감과 신뢰감 형성에 주력할 뿐 아니라, 본인이 할 수 있는 범위 내에서 자기개방이 이루어지도록 안내하여 각자의 속도에 맞게 반응하고 그것을 수용할 수 있도록 개입해야 한다.

넷째, 부정적 정서에 함몰되는 것에 대한 두려움이다. 집단원들의 이야기를 듣고 그 상황이 꿈에서까지 나타나면서 오히려 집단에서 나쁜 영향을 받지 않을까 하는 두려움이다. 집단에서 즐겁고 행복한 이야기보다 힘들고 고통스러운 이야기를 하기 때문에 그 이야기 속에 함몰되는 것에 대한 두려움이다. 특히 자신의 경험치보다 더 버겁고 힘겨운 삶의 이야기를 들을 때 그 두려움은 커질 수 있다. 집단상담에서 어두운 이야기를 꺼내는 것만으로 끝내지 말고, 이를 생산적으로 대처할 수 있는 방안을 함께 찾고, 새로운 경험을 하는 장면을 목격할 때 이러한 두려움은 감소될 수 있으니 새로운 경험을 다룰 수 있을 정도의 시간을 확보하여 개입해야 한다. 가끔 초심 집단상담사는 눈물을 펑펑 쏟으면서 자기개방하는 집단원이 있으면 집단을 제대로 진행한 것 같아 그 사람이 고맙고, 그 이야기에만 집중해서 더 이야기하도록 개입하게 되는데 집단상담은 개인상담과 달리 한 개인에게만 집중해서는 안 되고 전체를 파악할 수 있어야 함을 명심해야 이를 예방할 수 있다.

다섯째, 집단상담사를 공유하지 못할 경우다. 즉, 집단상담사로부터 시간과 관심을 충분히 받지 못한다고 생각할 때 탈락하게 된다. 특히 집단상담사를 전이의 대상으로 생각할 경우에 집단상담사의 관심은 더 큰 의미를 부여하게 되기 때문에 집단상담사의 민감성이 필요하다.

여섯째, 개인상담과 집단상담을 동시에 받는 데서 일어나는 문제점이다. 특히 상담사가 다를 경우, 다른 관점에서 다르게 개입할 경우에는 혼란이 올 수 있고, 자신이 옳다고 지지해 주는 쪽으로 선택할 수 있다. 이를 예방하기 위해서는 집단상담을 신청한 사람 중에 개인상담을 받고 있는지를 확인하여 개인상담과 다르게 어떤 점을 중점적으로 다루기를 희망하는지, 개인상담과 다름으로 인해 혼란스러울 경우 이를 개방해서 함께 공유할 수 있는지 등을 구조화하여 진행해야 한다.

일곱째, 시기적절하지 않은 탐색이다. 이는 집단상담사의 미숙함에 의해 나타날 수 있기 때문에 전문적 훈련과 수련이 이를 예방할 수 있다. 또한 욕심을 내려놓고, 민감하게 집단 전체를 관찰하면서 적절한 시기를 찾으려고 노력해야 한다. 시기적절한 탐색은 다양한 실험을 통한 경험에서 축적되기도 하기에 안전한 공간에서의 실험을 통해 학습하길 권한다.

여덟째, 상담에 대한 부적절한 오리엔테이션이다. 특히 비자발적 집단원으로 구성된 집단일 경우에는 충분한 시간을 갖고, 집단원들의 비자발적 참여에 대한 심정을 공감하면서 적절한 오리엔테이션이 진행되도록 해야 한다. 마음이 열리지 않은 상태에서는 아무리 훌륭한 프로그램이라도 의미가 없기 때문에 프로그램을 해야 한다는 부담을 내려놓고, 이를 진행하기 위해서라도 마음을 여는 데 더 많은 에너지를 쏟기 바란다.

아홉째, 소집단으로부터 발생되는 문제점이다. 하위집단은 본 집단에 집중하는 마음을 분산시키기 때문에 오리엔테이션 때 이를 사전에 차단할 수 있도록 안내해야 한다. 그럼에도 불구하고, 하위집단이 형성되었을 경우에는 집단에서 솔직히 개방함으로써 집단의 장에서 다룰 수 있도록 개입해야 한다.

3. 어려운 집단원

집단상담을 진행하다 보면 의도적이든 아니든 집단상담사를 힘들고 지치게 만드는 집단원들이 있다. Jacobs 등(2006)은 집단상담에서 자주 일어나는 문제 상황 13가지, 즉 오랫동안 말하는 집단원, 지배적인 집단원, 산만한 집단원, 구원하는 집단원, 부정적인 집단원, 저항적인 집단원, 집단상담사를 괴롭히고자 하는 집단원, 침묵을 다루는 것, 성적인 감정을 다루는 것, 울음을 다루는 것, 상호적으로 적대적인 집단원들을 다루는 것, 한 집단원에게 떠나도록 요구하는 것, 선입견을 가진 편협하고 반응이 없는 집단원들을 다루는 것을 제시하였다.

강진령(2013)은 집단상담사들이 어려워하는 문제 상황 15가지, 즉 잦은 지각과 결석, 중도포기, 대화독점, 소극적 참여, 습관적 불평, 일시적 구원, 사실적 이야기 늘어놓기(감정보다는 사실 중심의 이야기들), 질문공세, 충고 일삼기, 적대적 태도, 의존적 자세, 우월한 태도, 하위집단 형성, 지성화, 감정화를 제시하였다. 이러한 상황 중 집단상담에서 흔히 만날 수 있는 유형 5가지를 선별하여 살펴보고, 대처방안을 함께 모색하고자 한다.

첫째, 침묵하는 집단원이다. 집단에서 이야기하는 동안 자신이 초점의 대상이 되는 것이 불편하거나 자신의 이야기가 그렇게 중요하다고 생각이 들지 않거나, 집단에서 거절되는 것을 염려하거나, 비자발적 참여자 등이 이 유형에 속한다. 침묵한다고 해서 모두 집단 밖에 있는 것은 아니다. Jacobs 등(2006)은 집단원이 침묵하는 8가지 이유로 두려움, 생각하는 과정, 성격상 조용한 경우, 다른 생각을 하는 경우, 준비가 되어 있지 않은 경우, 혼란스러운 경우, 집단에 대한 신뢰나 헌신의 부족, 집단상담사나 한 집단원이 지배적일 경우를 제시하였다. Jacobs 등(2006)이 제시한 것처럼 오히려 침묵하면서 다른 집단원의 이야기를 통해 자신과의 더 깊은 만남을 하고 있는 경우도 있다. 침묵은 결코 침묵이 아니고 그 사람의 대인관계 맺는 방법을 보여 주는 것이기도 하기 때문에 침묵의 의미가 무엇인지 탐색해야 한다(Yalom, 2008). 그러나 침묵이 자신과의 만남을 위한 침묵인지 아니면 집단에 참여하지 못하거나 하지 않고 있는 침묵인지 구별하기가 쉽지 않다. 또한 침묵을 통한 대리적 경험보다 적극적으로 참여할수록 긍정적인 변화가 더 크고 효과적임을 증명하는 연구들이 있다(Rosner, Beutler, & Daldrup, 2000; Tschuschke, NacKenzie, Haaser, & Janke, 1996).

집단상담사는 집단원의 침묵에 대해서 집단초기에는 집단원이 스스로 집단에 대한 신뢰롭고 안전함을 느낄 수 있도록 집단원의 반응 속도에 맞춰 기다려 주는 것도 필요하나 집단이 진행될수록 이러한 현상이 지속된다면 집단 장에서 자신의 우려를 다룰 수 있도록 초대하는 것도 한 방법이다. 특히 비언어적 표현들을 주의 깊게 관찰하면서 집단으로의 초대 기회를 살펴야 한다. 침묵이 진행되는 동안 무엇을 생각하고 느꼈는지 등 지금-여기를 적용하여 표현하도록 하는 것도 한 방법이다.

저자가 집단상담 수련 중일 때 진행한 비자발적인 중학생 집단에서 집단원 전체가 침묵으로 일관하는 경험을 한 적이 있다. 타 기관으로부터 의뢰를 받아 진행하게 된 첫 집단상담이었기 때문에 우려도 있었지만, 설렘과 기대가 훨씬 컸다. 그러나 이러한 기대감은 집단상담 시작한 지 채 5분도 되지 않아 두려움으로 변했다. 머리가 하얗게 변하면서 아무 생각도 안 나고, 분명 침묵하는 집단원에게 어떻게 해야 하는지에 대해 배웠음에도 불구하고 기억나는 것이 하나도 없어서 아무것도 못한 채 가만히 있었다. 그렇다고 시간이 그냥 지나가길 기다릴 수만 없었기 때문에 침묵하고 있는 집단원들 한 명 한 명을 관찰하였다. 관찰이라기보다 그냥 그들이 내 눈에 들어왔고, 무엇을 하고 있는지 궁금해서 보았던 것이다. 바닥에 동그라미를 그리는 사람, 개미가 지나가지 못하게 방해하면서 놀고 있는 사람, 자신의 손가락을 만지는 사람, 모자를 돌리는 사람 등 모두가 가만있지 않고 뭔가를 하고 있었다. 그렇게 한 30분이 지났을 때, 한 집단원이 침묵을 깨고 나에게 말을 걸어 주었다. "선생님, 지금 뭐하는 거예요?" 그 말이 얼마나 반갑고 고마웠는지 모른다. 너무나 반가웠기 때문에 큰 소리로 말을 걸어 줌에 대해 고마움을 표하고, 30분의 침묵 시간 동안 집단상담사가 관심을 가지고,

집단원들을 관찰한 것과 그럴 수밖에 없는 그들의 마음을 공감해 주자 한두 명씩 고개를 들고 이야기하기 시작하였다. 이에 대해 슈퍼비전을 받았을 때 슈퍼바이저가 한 말이 인상적이다. “그 집단원이 말을 걸어 주지 않았다면 계속 침묵하고 있을 생각이었나요? 뭔가 할 수 있는 기회를 준 집단원이 정말 고마웠겠습니다. 그런데 무엇이 그 집단원의 입을 열게 했을까요?” 아마도 그 집단원이 말을 걸어 주지 않았다면 어쩌면 계속 침묵으로 마쳤을 수도 있었을 것 같다. 어쨌든 집단원이 침묵을 깬 것은 바로 다름이었다. 기존의 자신이 만나는 어른들은 뭔가를 억지로 하게 하려고 계속 말을 걸고, 설명을 하고, 회유를 하는 등 기다려 주지 않는데, 비록 집단상담사가 의도한 것은 아니지만, 자신의 이전 경험과 다름을 경험하고 집단상담사의 반가움과 고마움에 대한 진솔한 표현이 뭔가 기대를 갖게 하였던 것으로 사료된다(이는 집단상담을 마치고 집단원으로부터 확인한 내용이다).

저자의 경험을 나누는 이유는 침묵을 집단상담사에 대한 저항과 무시의 표현으로 받아들여 오히려 집단원을 공격하는 방어적 행동을 보이는 경우가 종종 있기 때문이다. 물론 그럴 수도 있으나 모든 경우의 침묵이 동일한 의미를 갖는 것이 아니기 때문에 앞에서 언급한 것처럼, 침묵의 의미가 무엇인지 살펴 기존의 경험과 다른 경험을 할 수 있도록 개입해야 한다.

둘째, 독점하는 집단원이다. 끊임없이 말을 하고, 모든 집단원에 대해 반응을 하며, 침묵을 견디지 못하고 상대적으로 아주 큰 주제로 끼어들어 주변의 사람들로 하여금 침묵하게 만드는 경우다. 집단의 주인공이 되어 주목받으려는 경향이 있는데 이러한 사람이 집단 경험까지 많을 경우, 자신이 주도적으로 모든 것을 하려는 문제가 발생할 수 있다. 처음에는 독점자의 반응이 침묵을 깨기 때문에 환영받기도 하지만 그것이 지속될수록 집단원의 시간을 침범하는 것이 되어 불만이 쌓이게 되고, 집단 응집력을 저해하는 현상이 나타난다. 이를 해결하기 위한 방안으로 독점자를 강압적으로 침묵하게 하는 것은 효과적이지 못하다. 독점자를 침묵하게 함으로써 다른 집단원의 자발성도 꺾는 결과를 초래할 수 있기 때문이다. 독점자에게 향해 있는 화살의 방향을 집단원 개개인에게 돌리는 것이 필요하다. 즉, 집단이 침묵함으로써 오히려 독점자에게 집단의 침묵을 깨는 짐을 지게 하는 것이다(Yalom, 2008). 독점자의 모습을 비난하면서도 누리고 있는 것이 무엇이고 책임 회피하고 있는 것이 무엇인지 돌아보게 해야 한다. 또한 집단상담사는 집단으로 하여금 독점자가 공감하게 함으로써 독점자 스스로 자신을 점검할 수 있도록 개입해야 한다(Ormont, 2001). 이러한 접근이 독점자에게도 자신이 원하는 것이 무엇이고, 그것을 얻기 위한 행동이 오히려 집단에서 거부되는 경험을 할 수 있음을 깨달아 건강하게 참여할 수 있도록 안내하는 것이다. 또 다른 방법은 어느 정도 치료동맹관계가 형성되었다면 자신을 볼 수 있도록 직접적으로 직면시키거나 집단원들의 반응을 자각할 수 있도록 주변을 돌아보게 하는 것이다. 직면을 통해 자신이 정말 원하는 욕구가 무엇인지 탐색하게 하여 에너지를 효율적으로 사용할 수 있는 실험의 장을 만들어 주는 것도 필요하다.

셋째, 문제없음을 표현하는 집단원이다. 자신의 감정과 생각에 대한 표현은 자제하면서 자신의 모습은 드러내지 않고 문제없음으로 일관하면서 다른 집단원의 자기개방만을 부추기는 유형이다. Moreno(1977)가 언급한 일종의 정상증과 유사하다. 모든 것이 정상이라는 허상의 가치 기준에 사로잡혀 자신을 보지 못한 유형이다. 이처럼 이 세상에 모든 것이 완벽하게 정상인 사람이 과연 있을 수 있을까? 오죽하면 Moreno가 정상증이 오히려 정신증과 신경증보다 더 무섭다고 표현했을까? 문제없음으로 자처하는 사람이 집단원으로 참여할 경우, 자신의 잣대로 다른 집단원을 판단하고, 정죄하고, 평가해서 집단의 장에서 자유롭게 자신을 경험하고 실험하는 것을 방해한다. 뿐만 아니라 자기이해와 수용이 되지 않은 상태에서의 타인에 대한 피드백은 보이지 않는 칼처럼 상대를 다치게 할 수도 있기 때문에 주의가 필요하다. 평가에 의한 공격적인 반응에 대해서는 제재를 가해서 집단원을 보호해야 하지만, 그렇지 않은 경우에는 기다려 주는 것도 한 방법이다. 다른 사람들의 이야기를 들을 수 있도록만 개입한다면 그 이야기는 아주 깊숙이 묻어 두었던 자신의 이야기일 수도 있기 때문에 자신을 돌아보는 기회가 될 수 있다. 이것이 집단상담의 치료요인 중 하나인 보편성의 원리에 의한 방법이다. 이 세상에 문제없는 사람은 단 한 명도 없다고 설명하며 압력을 가하기보다 그 모습 그대로 수용하고 기다려 주면서 이전과 다른 경험을 하게 함이 더 의미 있을 것으로 사료된다.

넷째, 불평하는 집단원이다. 문제를 제기하거나 불평하면서 방법 찾기를 원하는 것 같으나 이를 제공할 경우 오히려 거부하는 모습을 보인다. 관심을 가지고 방법을 모색하면서 에너지를 쏟아 보지만 불평자의 불평은 줄지 않고 지속된다. 이러한 행동으로 집단상담사뿐 아니라 집단원도 지루해하고 지치게 된다. Yalom(2008)은 불평자들에게 충고나 격려를 하기보다 오히려 그들의 염세적 내용에 동의하는 모순적 자세를 취하라고 한다. 예상하지 않은 반응을 보일 때 사람들은 멈칫하게 되고, 생각하게 되기 때문에 새로운 관점에서의 방법들을 시도해 보길 권한다.

다섯째, 구원자다. 상대의 고통을 지켜보는 것이 어려워 사전에 봉쇄하는 일종의 상처 싸매기이다. 상처가 생겨서 곪게 되면 아플 수밖에 없고, 아픈 부위를 치료하기 위해서는 고름을 짜야 하기 때문에 처음에는 더 아플 수밖에 없다. 의도적으로 또는 치료하는 방법이 서툴러서 더 아프게 하는 일이 없도록 해야 하지만, 아무리 주의를 해서 조심스럽게 하더라도 과정 자체는 아플 수밖에 없다. 기술이 발달하여 산고를 최소화한다 하더라도 산고를 거쳐야 생명을 잉태하는 기쁨을 얻는 것과 유사하다. 그런데 이 고통의 과정을 지켜보는 것이 불편하여 위로하면서 고통 가운데 있는 집단원을 구원하려는 집단원이 있다. 시간이 지나면 괜찮아지고, 앞으로는 좋은 일만 있을 것이라는 위로는 비현실적이고 헛된 희망을 갖게 할 뿐이지 상담기법이 아니다. 위로를 통한 상처 싸매기를 할 때 이를 중단시키고, 그러한 행동을 하고 있는 자신을 볼 수 있도록 집단상담사의 개입이 필요하다. Jacobs 등(2006)은 집단상담사가 중단시키기 기법을 사용해야 할 상황들로 위로를 통한 상처 싸매기처럼 다른 집단원을 구원하고자 하는 경우

외에 다음과 같이 제시하고 있다. 집단원의 이야기가 집단의 목적과 다를 때, 집단원이 상처 주는 말을 할 때, 집단원이 부정확한 말(부적절한 조언)을 할 때, 집단의 흐름상 집단상담사가 초점을 변경시키려고 할 때, 해당 회기가 거의 끝나갈 때, 집단원들이 논쟁할 때 등이다. 구원자 유형은 대체적으로 자신의 경험과 맞물려 나타나는 현상일 가능성이 높기 때문에 자기통찰로 나아갈 수 있도록 개입이 이루어진다면 당사자뿐 아니라 다른 집단원들에게도 자신을 돌아볼 수 있는 의미 있는 시간이 될 수 있다.

집단상담 장면에서 흔히 볼 수 있는 5가지 유형과 이에 대한 대처법에 대해 간략하게 살펴보았는데 이외에도 다양한 유형이 있으니 다양한 집단상담 경험을 통해 하나씩 체득해 가길 바란다. 또한 이렇게 유형화하는 것은 참고용이지 이것에 얽매여 예외적인 상황을 놓치는 일이 없기를 바란다.

4. 집단의 선발과 구성 Q & A

Q1 집단의 목표와 목적에 따라 집단을 구성할 때 동질집단이 효과적일지 혹은 이질집단이 효과적일지가 다를 것 같습니다. 어떤 경우 동질집단이 더 효과적인지, 이질집단이 더 효과적인지 구체적인 예를 알고 싶습니다.

A1 이 장에서 이에 대한 언급이 있었지만, 조금 더 보완한다면 집단의 목표와 목적에 따라 집단 유형이 결정되기도 하지만, 집단상담사와 집단원의 변인도 고려해야 합니다. 이질집단을 진행하기 위해서는 집단상담사의 경험이 풍부해서 이질집단의 역동을 활성화시키는 능력이 있어야 합니다. 이러한 경험을 쌓기 전의 초심 집단상담사는 가능하면 동질집단을 권합니다. 또한 집단 경험이 많은 집단상담사라 할지라도 집단원의 계급이나 직급이 분명하게 구분되는 집단은 동질집단을 권장합니다. 특히 집단상담 진행 시간이 10~15시간 이내일 경우에

는 시간적으로도 역동을 준비시켜 활성화시키기에는 한계가 있기 때문에 동질집단이 적합하다고 생각합니다. 아무리 집단상담사가 경험이 많더라도 낮은 계급이나 직급의 사람들이 자신보다 높은 계급이나 직급의 윗사람들과 함께 진솔한 자신의 이야기를 하도록 개입하기는 쉽지 않고, 눈치를 보고 자기 방어적 태도를 취하는 데 에너지를 소모할 수 있기 때문에 이는 비효율적일 수 있습니다. 이와 같은 맥락에서 발달단계상 이성에 대한 호기심이 많은 청소년들도 자신과 집단에 집중하기 위해서는 동질집단을 권하니 참고하기 바랍니다.

Q2 비구조화 집단에서는 집단상담사에게 상당한 지도력이 요구될 것 같습니다. 구조화되어 있지 않으므로 집단원이 나아갈 방향과 목표 등이 집단 안에서 이루어져야 하는데 집단상담사는 이를 조정하기 위해 어떤 방식으로 집단원의 목표와 방향을 설정하게 되는지요?

A2 집단상담은 집단상담사 혼자 모든 것을 계획하고 진행하는 것은 아닙니다. 물론, 집단상담의 안내자 역할이 있지만, 집단원의 목표와 방향은 집단원과 함께 설정하고, 함께 지켜 나가기 위해 노력해야 합니다. 비유를 하자면, 독주가 아니라 협연이라고 할 수 있습니다. 집단원과 집단상담사의 수행해야 할 몫이 각각 있는데, 집단원은 자신이 원하는 목표를 기억하고 그것을 실험하기 위해 용기를 내어 자기개방과 행동화를 수행해야 합니다. 집단상담사는 집단원이 자신이 원하는 목표를 기억하고 안전한 공간에서 실험할 수 있도록 장을 마련해 주는 역할을 수행해야 합니다. 또한 집단원이 목표를 수정하기를 원할 경우, 이를 함께 점검하고 수용해서 계속 실험할 수 있도록 방향성을 잡아 주는 역할도 중요합니다.

Q3 집단상담에서 "정상인의 발달적 문제를 주로 취급한다."에서 정상인의 범위를 어디까지 두어야 하는지가 궁금합니다. 겉으로 드러나지 않는 장

애를 갖고 있거나 인지하지 못하고 있는 경우 집단상담의 질이나 방향이 어긋날 수 있다고 생각이 되는데, 정상인의 범위를 어디까지 두어야 할지 궁금합니다.

A3 저자가 생각하는 정상인의 범위는 병원에서 진단을 받지 않은 혹은 진단을 받았다 하더라도 병식을 갖고 있으면서 회복을 위해 노력하고 있고, 일반적인 사회기능을 하는 경우를 언급합니다. 그런데 질문처럼 병원에 내원하지 않음으로 인해 또는 장애에 대한 인지부족 등으로 진단을 받지 않은 채 생활하는 사람들도 많기 때문에 이를 변별하기는 쉽지 않고, 그래서 사전면담을 권하기도 합니다. 다만, 이 또한 1회성 면담만으로 분별하기가 쉽지 않기 때문에 한계가 있습니다. 자신의 이상증상에 대한 병식이 없는 사람들은 대체적으로 자신이 정상이라고 생각하기 때문에 집단상담에 참여를 하지 않을 확률이 높지만, 최소한의 분별할 수 있는 안전장치는 사전면담이라 할 수 있습니다.

Q4 집단 선발과 구성에서 치료가 필요한 구성원을 구별하여 제외한다고 하였는데도 집단상담 진행과정에서 치료적 상황이 발생하거나 집단상담에서 다루기에 힘든 상태와 상황임을 파악하게 되었을 때 어떤 절차와 방법으로 집단의 구성을 재정비할 수 있을까요?

A4 사전면담을 통해서도 걸러지지 않았고, 본인뿐 아니라 집단원 전체에게 집단상담의 질이나 방향에 비효율적인 영향을 미치는 것이 판단된다면 집단상담사는 집단상담 중간에라도 이를 알리고, 조율할 수 있어야 합니다. 단순히 다수를 위해 한 명을 희생시키는 형식으로 집단에서 배제시키는 것이 아니라 개인상담이나 다른 대안을 찾을 수 있도록 함께하고, 돌발적으로 위급한 치료적 상황이 발생했으면 집단원의 동의하에 집단에서 응급처치를 다루는 것도 한 방법입

니다. 더 나아가 중단하기로 서로가 합의가 되었다면, 집단에서 이별할 수 있도록 당사자와 집단원들에게 이별을 표현할 수 있는 장을 마련하는 것도 필요합니다. 이러한 과정을 통해 진행될 때 떠나는 집단원도 쫓겨나는 것이 아니기에 수치심이나 서운함을 덜 가질 수 있고 자신에게 더 적합한 방법으로 회복을 위해 나아갈 수 있게 됩니다. 남은 집단원들도 밀어낸 것 같은 죄책감이나 미안함을 덜 가져서 집단에 집중해서 참여할 수 있습니다. 가끔 집단상담사가 집단원을 보호한다는 명목하에 개인적으로 불러서 중단시키고 집단원들에게는 통보하는 경우가 종종 있는데, 이는 건강한 방법이 아니고 오히려 집단상담사가 하위집단을 형성하여 집단원들의 역동을 저해하는 결과를 초래할 수 있으니 주의하기 바랍니다. 생각보다 집단원들은 건강하게 이를 수용하고 서로 표현하면서 이러한 과정을 다룰 준비가 되어 있음을 믿고 안전하게 하나씩 절차를 밟아 가길 바랍니다. 이를 위해서는 집단상담사의 불안과 염려가 이를 방해하지 않도록 대처해야 하고, 용기를 내어 안전한 기지가 되어 주어서 집단원들이 건강하게 표현하고 경험할 수 있도록 자기관리가 필요합니다.

Q5 집단상담사의 노력에도 끝까지 침묵하는 집단원에게 어떻게 개입할 수 있을까요?

A5 초심 집단상담사에게 있어서 최대 고민 중에 하나가 침묵하는 집단원의 입을 어떻게 열 것인가일 것입니다. 그러다 보니 계속 힘이 들어가서 부드러운 강압이 되고, 이는 더욱더 침묵하는 집단원의 입을 막게 됩니다. 비와 바람으로는 나그네의 옷과 모자를 벗게 할 수 없고, 평양감사도 자기가 하기 싫으면 어쩔 수 없습니다. 집단상담사가 초대해도 침묵으로 일관한다면 공감하면서 믿고 기다려 주는 것이 필요합니다. 단, 방치가 되지 않도록 지속적으로 관찰하고, 특히 비언어 메시지에 대해 민감하게 반응해서 개입해야 할 적기를 기다리는 것도 한 방법입니다.

Q6 집단원들 중에서 유독 집단상담사에게 의존하는 경우에 집단상담사는 그 집단원의 의존성에 대해서 알면서도 보듬어 줄 수밖에 없는 입장일 것 같습니다. 그러나 이러한 배려는 다른 집단원들에게는 집단상담사에 대한 신뢰감을 약화시키거나 집단상담에서의 안전감을 위축시킬 수도 있다고 봅니다. 이러한 경우에 집단상담사는 어떻게 자신의 중립적인 입장을 유지하면서 집단상담을 이끌어 갈 수 있을까요?

A6 의존하는 집단원을 보듬어 주기만 하면, 당사자뿐 아니라 집단원 전체에게도 비효과적일 수 있습니다. 당사자에게는 의존성을 오히려 강화시켜서 더 병리적으로 만들 수 있고, 이는 다른 집단원들에게 학습이 되거나 그 사람에게만 집중하고 있는 것으로 오해를 해서 서운해하거나 원망하는 마음을 갖게 하여 집단 역동에 악영향을 미칠 수 있기 때문에 이에 대한 주의가 필요합니다. 의존성을 허용하기보다 집단원을 활용해서 집단원들이 반응하도록 하여 집단원들 간의 상호작용이 일어나게 하거나, 집단원이 어느 정도 직면할 힘이 있다면 소거를 통해 강한 직면을 하는 것도 한 방법입니다. 상담은 의존성을 강화시키는 것이 아니라 의존성을 공감하면서 의존적인 자신과 마주할 수 있도록 안전한 공간이 되어 건강하게 자립할 수 있는 힘을 키우도록 사용되어야 합니다. 이를 방해하는 요인 중에 하나가 집단상담사의 불안에 의한 의존성이니, 교육분석을 통해 자신을 돌아보는 과정을 가지길 권합니다.

제6장 집단상담 시작

집단과정이란 집단상담사와 집단원 간, 혹은 집단원들 간의 상호작용을 통해 형성되는 관계의 본질이며(Yalom, 2008), 집단 내에서 발생하는 변화를 의미한다(강진령, 2013). 집단상담에서는 과정을 중시하는데, 이때 과정이란 누가 누구에게 어떤 방식으로 의사소통하면서 상호작용을 통해 관계를 어떻게 변화시키는지를 의미한다. 집단발달과정은 학자마다 다양하다.

Jacobs 등(2006)은 집단을 시작단계, 작업단계, 종결단계 등 3단계로 구분하고, Tuckman(Yalom, 2008에서 재인용)은 형성(forming), 갈등(storming), 규범수립(norming), 수행(performing), 종결(adjourning)의 5단계로 구분한다.

Earley(2005)는 조금 더 세분화하여 집단발달과정을 도입, 포함, 갈등, 작업, 친밀감, 종결단계로 구분하였다. 도입단계는 서로 소개하고, 지금-여기에서 느낌을 나누도록 격려하며, 상호작용이 일어나도록 집단원 간의 대화 촉진 등을 한다. 포함단계는 집단원이 집단에 참여하여 포함되는 단계로 집단규범이 형성되는 때이며, 신뢰형성을 통해 자기개방을 서서히 하도록 하는 단계이다. 두려움이나 심리적 거리 때문에 포함되기를 회피하는 경우도 있다. 갈등단계는 포함단계와 중복되는 부분이 있는데, 갈등단계는 서로의 차이를 시험하는 단계로 충분한 응집력에 기반을 두고 부정적 감정이 표현될 수 있는 단계다. 작업단계는 개인적, 대인적 작업을 지속하는 단계고 이러한 과정을 거쳐 친밀단계, 종결단계로 나아간다.

이 외에도 Corey 등(2014)은 집단발달단계를 초기단계, 과도기단계, 작업단계, 마지막 단계로 나누었고, 이형득 등(2007)은 집단상담사를 중심으로 집단상담에 임하는 집단원의 변화과정을 반영하여 도입단계, 준비단계, 작업단계, 종결단계로 구분하였다. 정성란 등(2015)은 앞에서 제시한 과정들을 중심으로 시작단계, 갈등단계, 생산단계, 종결단계의 4단계로 구분하여 통합적 집단상담과정 모형을 제시하였다.

저자는 집단발달과정의 특징이 자연스럽게 드러나도록 도입단계, 과도기단계, 작업단계, 마무리단계로 명명하고 단계별로 살펴보고자 한다.

1. 집단 도입단계의 특징

어느 모임이든 처음 참석한 모임에서는 그 모임의 목적과 성격이 무엇이고, 어떤 사람들이 참석했는지를 살피는 것은 자연스러운 현상이다. 이에 대한 파악을 통해 본인 스스로 어떤 위치에서 어떤 역할을 하며 관계 맺을지를 선택하게 된다. 집단상담의 경우, 비자발적 참여자가 아니고, 자신이 원하는 목적에 부합되는 집단을 스스로 선택하여 참여했을 때조차도 어느 정도 참여하고 소통할 수 있을지에 대한 염려가 발생한다. Yalom(2008)에 의하면 이 시기에 집단원들의 주요 관심은 '집단에 속할 것이냐 나갈 것이냐(in or out).'이다. 이러한 생각은 집단원이 집단의 장에 들어섰을 때 낯선 공간과 집단원들을 살피며 어느 위치에 자리를 잡을 것이냐를 놓고 고민하게 한다. 친분이 있는 사람 옆에 앉을 것인가? 집단상담사로부터 멀리 또는 가까이에 앉을 것인가? 모든 사람을 한눈에 편히 볼 수 있는 자리에 앉을 것인가? 아니면 가장 눈에 띄지 않는 자리에 앉을 것이냐를 놓고 고민하게 된다.

집단에 참여하는 목적이 무엇이냐에 따라 다르기도 하지만, 집단원들의 첫 느낌이 어떤가에 따라 자리가 달라지고, 이는 집단참여도에까지 영향을 미치게 된다. 집단의 발달과정이 변화하면서 집단원들의 자리 위치 변동을 살펴보는 것도 집단원의 변화 성장에 대한 또 다른 하나의 관찰 근거가 된다. 어쨌든 대체적으로 지각한 사람이 집단상담사 옆자리에 앉는 것을 보면 집단원들이 기피하는 자리임에는 틀림없다. 집단상담사 입장에서는 사각지대여서 가장 잘 보이지 않는 자리임에도 불구하고 집단원들이 기피하는 것은 왜일까? 아마도 집단상담사와 근거리라는 물리적 거리가 주는 심적 부담 때문이 아닌가 하는 생각을 하게 된다.

첫 만남에서 나타나는 예기불안은 집단원에게만 나타나는 현상이라기보다 집단상담사에게서도 나타나는 자연스러운 현상이다. 저자가 첫 집단상담사로 참여했을 때 적극적으로 임하는 집단원들의 20개의 시선이 너무나 부담스럽고 불편해서 난감했던 기억이 난다. 그 이후 대부분의 시선이 땅으로 향하고 있는 비자발적 집단원으로 구성된 집단의 집단상담사로 참여하면서 집단원들이 집단상담사를 바라보는 것만으로도 감사함을 경험했었다. 어떤 경우라 할지라도 첫 만남에서는 불안과 염려가 있기 마련이다. 집단상담사는 집단원뿐 아니라 자신의 예기불안도 다룸으로써 자발성을 유지하여 집단상담 초기에 나타나는 예기불안에 대처해야 한다. 이를 위해서는 먼저 집단상담사의 예기불안을 스스로 인정하고 수용해야 한다. 이를 인정할 때 대처할 수 있는 대안을 모색하거나 예방을 할 수 있는데, 이를 인지하지 못할 때 오히려 몸에 힘이 들어가게 되어 권위적이 되거나 방어적이 될 수 있기에 주의가 필요하다. 오히려 이를 개방함으로써 집단원들과 공유할 때 집단원에게 모델링이 되고, 신뢰감 형성에 도움이 될 수 있다. 또한 지금 이 순간에 경험하고 있는 불안이 자신만이 아니라는 것을 알게 됨으로써 지금–여기의 경험을 할 수 있는 좋은 학습의 자원이기도 하다. 이처럼 낯섦과 모름에 대한 불안을 감수하고 서로를 마주하게 되는 것은 서로를 신뢰하면서 자신과 타인에 대해 알아 가는 시간에 대한 기대와 설렘도 함께 있기 때문에 가능하다.

2. 집단 도입단계에서의 집단상담사의 역할

집단상담에서는 집단상담사가 그 집단의 목적과 성격에 관한 오리엔테이션과 함께 서로에 대한 소개시간을 통해 집단참여를 준비시키는데, 이러한 준비가 도입단계에서 이루어진다. 이때 집단상담사가 수행해야 할 역할로 이형득 등(2007)은 참여자 소개와 예기불안 취급, 집단상담의 구조화, 행동목표 설정 등을 언급했고, Corey 등(2014)은 집단상담사 역할로 신뢰감 형성, 목표 확인과 명료화 등 구조화, 역할 설명, 회기 시작과 마무리를 제안하였다. 이에 비해 Jacobs 등(2006)은 집단 첫 회기에 고려해야 할 사항으로 18가지를 제안하였다. 그것은 집단 시작하기, 집단원들 소개하기, 긍정적인 분위기 형성, 목적의 명확화, 집단상담사 역할 설명, 집단활동 내용 설명, 집단원들이 자신의 기대를 말하도록 돕기, 참여 유도하기, 활동 이용하기, 편안함의 수준 확인, 집단규칙 설명하기, 용어 설명하기, 집단원의 상호작용 유형 평가하기, 집단원 제지하기, 주제에 초점 맞추기, 질문에 대한 처리, 집단원들이 다른 집단원들을 보고 이야기하기, 첫 회기 끝내기 등이다.

앞에서 제시한 내용들을 볼 때, 도입단계에서 집단상담사의 역할은 크게 4가지로 정리할 수 있다. 첫째, 참여자 및 프로그램 소개, 둘째, 신뢰롭고 수용적인 분위기 형성, 셋째, 집단의 구조화, 넷째, 지금-여기에서의 집단참여 유도하기다.

1) 참여자 및 프로그램 소개

집단상담은 집단상담사의 가벼운 인사와 소개로 시작된다. 자신의 이름과 소속, 집단원들에 대한 첫 느낌 등을 간략하게 나누면서 집단원들의 소개를 준비시킨다. 집단원들이 전공자들일 경우에는 집단상담사가 집단상담에서 사용하고 있는 주 이론에 대한 설명을 추가해도 무방하다. 집단상담사의 소개가 끝나고 나면 집단원들의 소개의 시간을 갖는다. 자기소개의 방식은 개별적으로 소개하는 방법, 두 명씩 짝이 되어 각자의 파트너를 소개하는 방법, 이동하면서 각각 한 명씩 모두 만나면서 인사를 나누는 방법 등 다양하다. 집단상담사는 집단의 크기, 시간뿐 아니라 집단원들의 자발성 정도를 민감하게 파악하여 적절한 방법을 선택한다. 어떤 방법을 선택하더라도 소개 시 공통으로 들어갈 내용은 집단이 진행될 동안 불리길 원하는 별칭과 집단참여 동기 등이다. 특히 별칭을 사용하는 목적은, 첫째, 이름 대신 사용함으로써 비밀유지를 위함이고, 둘째, 성별, 나이, 직급 등에 매이지 않고 인간 대 인간으로 서로 마주하기 위함이고, 셋째, 자신의 소망이 담긴 별칭을 정함으로써 집단이 진행되는 동안 집단에서 불리는 별칭을 통해 자신이 집단에 참여한 목적을 지속적으로 기억하기 위함이다.

집단참여 동기는 서로의 관심사를 확인할 수 있고, 목적을 파악함으로써 집단상담을 통해 달성하고자 하는 목표 설정을 위한 준비과정이다. 이러한 자기소개 시간은 서로를 알아 가기 위한 준비의 시간이면서 낯선 집단에서 자신의 목소리를 냄으로써 집단에 능동적으로 참여하기 위한 일종의 입 떼기 연습이기도 하다.

자기소개의 시간이 끝나면 프로그램에 대한 안내가 필요하다. 집단참여자들은 집단상담 모집 공고문을 보고 신청한 경우든 기관에서 의뢰되어 참여한 경우든 프로그램에 대한 내용과 목적을 간략하게 공지하기 때문에 대략적인 프로그램을 파악하고 참석한다. 그러나 집단상담에 대한 기본 정보가 없을 경우에는 대부분이 집단으로 진행되는 교육으로 생각하고 참석하는 경우가 있다. 집단상담사는 집단원을 대상으로 집단상담에 대한 이해 정도를 확인하여 잘못 알고 있거나 미흡한 경우 이에 대한 보완적 설명이 우선적으로 필요하다. 이때 집단원과 집단상담사의 역할 설명이 이루어져야 한다. 간혹, 집단원 중에 자신이 한마디만 하면 집단상담사가 모든 것을 알아서 해결해 줄 것이라 생각하고 참여하는 경우가 있다. 집단원의 의존적 성향 때문일 수도 있고, 집단상담사에 대한 기대가 크기 때문이기도 하다. 어떤 이유에서든 이러한 태도는 집단상담에서의 역동과 상호작용뿐 아니라 자기성장에도 부정적 영향을 미칠 수 있기 때문에 집단

초기에 설명이 필요하다. 집단상담에서의 자기성장과 변화는 집단에 적극적으로 참여하는 집단원과 집단상담사가 함께 만들어 가는 것이지 어느 누군가의 일방적인 노력으로 발생하는 것이 아님을 알려 주어야 한다.

2) 신뢰롭고 수용적인 분위기 형성

자기소개와 프로그램에 대한 안내가 진행되는 동안 집단상담사는 집단상담의 분위기 형성도 함께 고려해야 한다. 낯선 사람들이 낯선 공간에 모여 짧게는 15시간, 길게는 30시간 이상을 함께 보내게 되기 때문에 집단의 분위기는 중요하다. 특히 도입단계에서의 특징인 예기불안을 자연스러운 현상으로 받아들이고 이를 생산적으로 활용할 수 있도록 해야 한다. 먼저, 집단상담사가 집단에서 느끼는 감정을 진솔하게 표현함으로써 집단원들이 집단에 대한 불안과 부정적 감정을 표현할 수 있는 기회가 될 때 집단원들은 수용의 경험을 하게 된다. 게다가 나만의 불편함이 아니라 다른 사람들도 유사한 경험을 하고 있음을 공유하게 됨으로써 마음의 짐을 조금씩 내려놓게 된다. Rogers(1970)는 집단에서 신뢰성과 자율성을 시험하는 방법 중 하나가 '부정적 감정 표현'이라 하였다. 집단원이 경험하는 불편함과 염려를 집단상담사의 자기개방과 공감으로 안아 줄 때 집단의 분위기는 신뢰롭고 수용적이 된다. Earley(2005)는 집단상담사도 집단원 중의 또 다른 한 명이기 때문에 적절한 자기개방은 집단에 유익하다고 하였다. 자기개방 정도는 집단의 기능수준에 따라 달라질 수 있으며 적절한 자기개방은 오히려 친밀감을 갖게 하고, 예외 없이 비슷한 삶의 문제가 있음을 깨닫게 되어 더 신뢰로운 분위기 형성에 도움이 될 수 있다.

집단의 분위기를 신뢰롭고 수용적으로 만들기 위한 또 하나의 방법은 자기소개를 할 때 자발성에 따른 순서로 진행한다. 집단원들이 자기소개를 준비할 시간을 준 다음, 소개하는 순서의 선택권을 집단원에게 줌으로써 참여의 속도를 집단원 스스로 결정하게 할 때 수용받는 경험을 할 수 있다.

집단 첫 회기에는 프로그램 소개뿐 아니라 목표와 규범 정하기 등 집단구조화로 인해 다른 회기에 비해서 집단상담사의 설명이 많아질 수 있다. 이때 자칫 잘못하면 전문용어를 사용하는 등 강의식으로 가르치는 형태가 될 수 있는데, 이럴 경우 집단원은 교과서적으로 정해진 정답대로 반응해야 할 것 같은 부담으로 조심하게 될 우려가 있다. 집단상담사가 쉬운 일상의 표현으로 강의와는 다른 태도를 취하고 집단원의 비언어 메시지에 공감적 반응을 할 때, 집단원들은 말로만이 아니라 실제로 신뢰롭고 수용적인 경험을 하게 된다.

3) 집단의 구조화

집단 초기에 집단상담사가 집단원들과 함께해야 하는 것은 집단의 구조화이다. 집단의 구조화는 크게 2가지로 집단원의 개별적 목표 정하기와 집단의 활성화를 위해 필요한 규범과 규칙 정하기다. 집단의 형태가 구조화 집단이든 비구조화 집단이든 집단상담 자체의 목표가 있지만, 집단상담이 진행되는 동안 집단원이 실험하면서 달성할 참여자 개인의 목표도 필요하다. 개인의 목표는 집단에 참여한 목적성을 분명하게 하므로 적극적인 참여를 유도할 수 있고, 집단상담에 대한 효과성 평가를 위해서도 필요한 사항이다.

집단상담 진행 시간이 참여자와 형식에 따라 차이가 있지만, 일반적으로 폐쇄집단일 경우 짧게는 15시간이고 길게는 30시간 이상 진행된다. 짧은 시간도 아니지만 결코 긴 시간도 아니기 때문에, 작고 구체적이어서 집단원들 모두가 확인 가능한 행동변화를 목표로 정하도록 한다. 그러나 구체적인 목표 정하기가 말처럼 간단하고 쉬운 것이 아니다. 대부분의 집단원은 '자아존중감이 높아지면 좋겠다.'라든지, '내가 어떤 사람인지 알고 싶다.' 등과 같은 막연하고 큰 목표를 가지고 참여한다. 집단상담사는 집단원이 원하는 것을 구체화시키기 위해 탐색질문을 함으로써 구체화 과정에 함께한다.

집단원 1: 저는 자아존중감이 낮아서 이번 집단을 통해 자아존중감이 조금 높아졌으면 해요.

집단상담사 1: 어떤 상황에서 또는 자신의 어떤 모습을 볼 때, 자아존중감이 낮다고 생각하나요?

집단원 2: 지금처럼 여러 사람이 있을 때 하고 싶은 이야기를 못하고, 나중에 집에 가서 후회하는 경우가 많아요.

집단상담사 2: 아, 자신이 하고 싶은 이야기가 무엇인지는 알고 있지만, 그 자리에서 표현을 못한다는 말씀이군요.

집단원 3: 네, 맞아요.

집단상담사 3: 그렇다면 여기서도 유사한 상황이 발생할 수 있을 듯한데, 그럴 때 여기서 어떤 시도를 해 볼 수 있을까요?

집단원 4: 생각이 들 때 표현해 보기?

집단상담사 4: Good! 조금 더 구체화해 본다면 몇 번 정도 해 볼 수 있을까요?

집단원 5: 음…, 회기당 1~2번 정도요?

집단상담사 5: Good! 그렇다면 지금 우리가 이야기한 것을 목표로 정리해 보면요?

집단원 6: 음…, '회기당 1~2번 정도 하고 싶은 이야기를 해 보기'요.

집단상담사 6: Good! 여러분도 ○○님의 목표를 잘 기억하고 있으면서 ○○님이 용기 내어 실험할 수 있도록 함께해 주시길 바랍니다.

이 예시에서 구체화를 위해 수치화 작업을 시도했는데 횟수는 집단원이 정하도록 하고, 집단상담사는 적절성을 고려해서 과하거나 부족할 경우 재고할 수 있도록 제안하는 것도 필요하다. 가끔은 목표를 정함에 있어서 굳이 집단에서 실험하기에 적절하지 않은 것을 목표로 삼는 경우가 있다. 예를 들면, 늦잠을 자는 버릇이 있는 사람이 늦잠 자지 않기를 목표로 하겠다고 하는 경우다. 늦잠을 자고 안 자고는 집단상담의 장에서 실험하기에는 한계가 있다. 이를 집단의 장에서 실험할 수 있는 목표로 수정해야 한다. 늦잠을 자는 이유가 시간 내에 일을 하지 않고 미루다가 막판에 몰아서 하게 되는 것이고, 이런 일을 그만두길 원한다면 목표는 '늦잠 자지 않기'보다는 '집단 시간에 맞춰서 참여해 보기'로 수정할 수 있다. 이처럼 목표는 집단 안에서 실험할 수 있는 것으로 해서 실험을 통해 집단이 끝난 다음에도 시도할 수 있도록 함이 효과적이다.

집단구조화에서 두 번째로 진행되어야 할 것은 집단 활성화를 위한 규범과 규칙 정하기다. Earley(2005)는 집단규범과 집단규칙을 구분하여 설명하고 있다. 집단규범(group norm)은 집단에서의 성장과 변화를 효과적으로 촉진시키기 위한 일반적인 행동지침이다. 집단규범으로는 '자신의 감정에 대해 말하기' '자신에 대해서 또는 타인에 대해서 진솔하게 표현하기' '불참한 사람에 대해서는 이야기하지 않기' '집단원의 의중이 모여서 정해진 주제로 작업이 진행될 경우 우선권 주기' '적극적으로 경청하기' '지금-여기에 초점 두고 이야기하기' 등이다. 특히 진솔한 대화를 위해서는 pass권이 있음을 알려 준다. 이야기하기 꺼려지거나 불편함이 있을 경우, 그것을 숨기거나 거짓으로 표현하거나 척하는 것보다는 pass권을 사용함으로써 진솔한 표현의 중요성과 함께 표현에 있어서 선택권이 집단원에게 있음을 현실적으로 명확히 한다. 단, 집단상담사는 집단원의 pass권을 수용해 주지만, 그것을 사용하는 계기나 우려되는 점이 있는지를 파악하여 집단참여를 방해하는 요인이 있다면 그것부터 함께 해결하는 데 주력해야 한다.

집단규칙(group rule)은 좀 더 명확할 뿐 아니라 특별한 이유가 없다면 반드시 지켜야 한다. 집단규칙이란 예를 들면, '비밀유지' '집단에서 언어적·신체적 폭력 사용하지 않기' '시간 지키기' 등이다. 특히 집단상담에서 비밀유지는 윤리에서 언급한 것처럼 온전히 지키기는 한계가 있지만, 구체적으로 강조함으로써 모두가 노력할 수 있도록 독려한다. 무엇보다 자신의 선한 의도와 다르게 비밀유지를 어길 수 있기 때문에 상세한 예를 통해 설명이 필요하다. 예를 들면, 집단원을 집단 장 외에서 우연히 만날 수 있는데, 이때 반가운 마음에, 또는 그 사람을 기억하고 있다는 표현으로 집단에서 나누었던 이야기를 먼저 언급하면서 그때보다 호전되었는지 등을 질문하는 것은 주의가 필요하다. 집단에서 나누었던 이야기를 그 사람은 다시 나누고 싶지 않을 수도 있고, 지금의 나는 그때와 다른데 그때의 이야기를 함으로써 자신을 과거의 모습으로 기억하는 것 같은 불편함을 느끼게 할 수 있으므로, 상대가 먼저 말하기 전에는 언급하지 않는 것이 서로에게 안전감을 준다. 저자는 이를 '확인사살하지 않기'라고 명명한다. 조금은 살벌한 이름이긴 하지만 그 정도로 확실하게 기억하여 주의할 필요가 있기 때문이다.

집단규범에 규칙을 포함시켜 설명하고 있는 경우도 있는데, 정성란 등(2015)이 제시한 집단상담 규범으로는 비밀유지, 시간 약속 지키고 출석 잘하기, 적극적으로 참여하기, 나와 너의 이야기하기, 피드백 주고받기, 자기이해와 자기개방 및 자기성장지향, 지지적 의사소통하기, 술이나 약물 · 폭력적 행동 금지하기, 혼자서 독점하지 않기, 휴대전화 사용하지 않기, 깨끗한 시설 사용과 정리정돈이 있다. 이처럼 집단상담 현장에서 집단규범과 규칙을 구분하여 사용하기보다는 집단이 유지 · 성장 · 발달함에 있어서 필요한 것들을 집단원과 함께 선정하여 지키게 함이 중요하다. 이렇게 선정된 것이 잘 지켜지도록 하기 위해 집단상담사가 솔선수범하여야 하고, 집단원 중에 이를 수행할 경우에 긍정적 반응과 격려를 통해 다른 집단원들에게 모델링이 되도록 하고, 필요시 재논의를 통해 보완해 나간다.

저자가 집단상담에서 사용하는 집단규칙 10가지는 다음과 같다.

① 비밀을 지킨다.
② 진솔하게 표현한다. 진솔한 표현을 위해 필요시 pass권을 사용할 수 있다.
③ 서로를 존중한다.
④ 시간을 독점하지 않는다.
⑤ 적극적으로 경청한다.
⑥ 집단원의 의중이 모여 정해진 주제로 작업이 진행될 경우, 우선권을 줄 수 있다.

⑦ 서로 간의 성장지향적인 피드백을 주고받는다.

⑧ 술이나 약물, 폭력적 행동을 금한다.

⑨ 시간 약속을 지킨다.

⑩ 휴대폰을 사용하지 않는다.

4) 지금-여기에서의 집단참여 유도하기

집단상담 이론에 따라 차이가 있기는 하지만 대체적으로 집단상담의 시점은 지금-여기다. 그런 반면에, 집단원들은 상담이라는 생각에 과거의 이야기를 해야 한다고 생각하는 사람들이 많다. 아마도 Freud의 영향이지 않나 싶다. 물론, 과거가 중요하지 않다는 것도 아니고 과거 이야기를 해서는 안 된다는 것도 아니다. 다만, 과거에만 머물러 있다면 과거가 현재 삶에 어떤 영향을 주고 있는지 탐색하기 어렵고, 그럴 경우 집단의 장에서 새롭게 시도하고 실험함에 있어서도 어려움이 있다. 한국 속담에 '안에서 새는 바가지 밖에서도 샌다.'는 표현이 있듯이 과거에서건, 집단 밖에서건 나타나는 행동 패턴은 집단에서도 나타날 수 있기에 지금-여기에서 벌어지는 상황들 속에서 경험되는 것들을 다루는 것이 구체적이고 효과적이다.

집단상담사는 집단 초기에 집단원들이 지금-여기에서의 참여가 어떤 것이고, 어떻게 하는지를 경험하게 해야 한다. 예를 들어, 다음과 같은 질문들을 활용할 수 있다.

- 모두가 한자리에 모였는데 서로를 둘러보면서 지금 이 순간 어떤 느낌이 드는지요?
- A의 이야기를 들으면서 어떤 느낌이 드는지요?
- 지금 그 느낌을 A에게 표현해 본다면요?
- B의 이야기를 들으면서 계속 고개를 끄덕였는데 어떤 생각을 했는지 B에

게 표현해 볼 수 있나요?
- 이번 회기를 통해 자신에 대해 알게 된 것을 표현해 볼 수 있나요?

3. 집단 과도기단계의 특징

과도기단계는 작업단계를 준비하는 단계로 Corey 등(2014)은 과도기의 특성으로 불안, 신뢰형성, 저항, 지배권에 대한 경쟁, 갈등으로 보았고, 이형득 등(2007)은 의존성, 저항, 갈등이라고 하였다. 정성란 등(2015)은 갈등과 저항으로 보고 갈등단계라고 명명했으나 갈등이 집단 초기에서도 나타날 수도 있고, 본 단계에서 나타는 특징이 갈등만 있는 것은 아니기 때문에 저자는 과도기단계로 칭한다. 과도기단계의 특징인 불안, 의존성, 저항, 지배권에 대한 경쟁과 갈등, 신뢰형성 및 응집성 등을 중점적으로 다루면서 집단상담사가 어떻게 해결해 나가는지를 살펴보고자 한다. 먼저, 집단원들이 과도기에서 느끼는 불안이나 두려움은 도입단계에서 느꼈던 불안과 차이가 있다. 도입단계에서처럼 서로 소개의 시간을 가지기 전에 나타나는 낯섦에서 오는 불안이기보다 집단상담에 참여한 것이 친목 도모를 위해 놀러 온 것이 아니기 때문에 조금 더 깊이 있게 자신과 타인을 마주할 준비의 시간이 필요함을 직감적으로 알게 됨으로써 느끼게 되는 불안이다. Corey 등(2014)은 집단원들이 공통적으로 경험하는 두려움을 다음과 같이 제시하였다. 그것은 자기개방에 대한 두려움, 취약한 상태에 처할 것에 대한 두려움, 거절에 대한 두려움, 오해받거나 판단될 것에 대한 두려움, 도전받거나 소외될 것 같은 두려움, 통제를 잃을 것에 대한 두려움(눈물 불통제 등)이다.

이러한 불안으로 인해 집단원들은 집단상담사에게 의존하거나 저항이나 갈등 현상이 나타나는 경우가 있다. 집단에서 집단상담사나 집단원 모두 동등한 관계라고 하지만 처음 보는 집단원들에 비해 집단상담사에 대해서 어느 정도 알고 참여를 하고, 권위자라는 생각을 갖고 있기에 불안이 느껴질 경우, 집단상담사에게 질문하거나 집단상담사만을 바라보며 대화하는 등과 같은 의존적 행동을 보인다. 이때 집단상담사도 불안이 클 경우에는 자신에게 말을 걸어 주고, 질문하면서 열심히 참여하는 것처럼 보이는 집단원이 반갑고 고마운 마음에 그들만의 상호작용에 집중될 수 있기 때문에 주의가 필요하다. 이럴 경우, 집단원을 활용하여 상호작용을 연습할 수 있는 기회로 삼기 바란다. 즉, 집단원의 질문에 바로 응답하기보다 먼저 공감한 다음, 다른 집단원들의 생각을 먼저 물어서 집단원들 간의 상호작용이 일어나도록 유도한다.

집단과도기에 나타나는 저항과 갈등의 형태는 주로 침묵하거나 잦은 질문으로 나타난다. Schutz(1966)는 집단에서의 저항 시 '참여 또는 철수(in or out)', 갈등 시에는 '지배 또는 복종(top or bottom)'의 주제가 있으나, 응집성 발달에서는 '친근 또는 소원(near or far)'에 집중된다고 하였다. Earley(2005)는 저항과 같은 방어가 이제는 더 이상 필요치 않은 '오래된 친구'이지만 과거에 고통으로부터 보호해 주는 역할을 했다는 것 자체만으로도 존중하는 자세로 다루어야 한다고 하였다. 방어(defense)는 개인 내적인 행동에 의한 것이고, 저항(resistance)은 상담사의 상담적 개입에 대한 반응으로 비협조적인 행동이라 할 수 있다. Earley(2005)는 저항의 이유로, 첫째, 상담사의 제안이 내담자에 대한 부정확한 이해에 기초한 것일 때, 둘째, 상담사의 제안이 정확했지만, 아직 감당할 준비가 되어 있지 않아 너무 부담스러울 때, 셋째, 상담사 자체에 대한 저항 등 어떤 이유에서건 내담자가 그 주제를 다루고 싶지 않을 때 나타난다고 보았다. 그러나 Polster와 Polster(1973)는 저항이 상담 개입을 방해하는 것이라기보다 '난제를 다루기 위한 창조적인 힘'이라고 하였다.

저항은 집단상담과정에서 집단상담사의 경력 유무와 무관하게 자연스럽게 나타나는 현상이고, 내면의 깊은 만남으로 나아가기 위한 과정으로 받아들일 때 해결할 수 있는 실마리를 갖게 된다. 집단원의 저항을 공격으로 인지할 경우, 집단상담사는 본능적으로 자신을 보호하고 싶은 마음에 권위라는 이름을 이용하여 더 큰 공격을 하게 될 때 상황은 더 악화될 수 있다. 오히려 집단에 솔직히 내어놓고, 집단원과 함께 개방적이고 수용적인 자세로 해결방안을 모색해야 한다.

갈등(葛藤)은 칡 갈(葛)과 등나무 등(藤) 자로, 칡과 등나무가 서로 얽히는 것과 같이 개인이나 집단 사이에서 목표나 이해관계로 대립하게 되는데 집단에서 더 많은 이권을 가져와서 지배할 것인지 또는 지배당할 것인지가 주요한 관심사다. 이러한 갈등은 집단원 간에 또는 집단상담사와의 관계에서도 나타난다. 이형득 등(2007)은 집단원 간의 갈등 원인을 열등의식, 전이, 투사, 경쟁심 등으로 보았다. 집단상담사와의 관계에서는 집단원의 욕구나 기대에 미치지 못할 때 나타날 수 있는데, 집단원의 기대와 욕구는 클 수밖에 없기 때문에 갈등 또한 집단상담사의 능력과 무관하게 나타날 수밖에 없는 자연스러운 현상이다(Hansen, Warner, & Smith, 1976).

이형득 등(2007)은 의존성, 저항, 갈등 등을 해결한 후에 얻을 수 있는 결과물이 응집성이라고 하였다. 경우에 따라 불편함이 있어도 성장을 위한 진솔한 표현을 하기보다 적당히 가면을 쓴 채 서로에게 선한 인상을 줄 수 있는 가볍고 즐거운 대화만을 하게 되는 거짓된 응집성이 나타나기도 한다. 게다가 갈등과 같은 난제를 해결하고 얻은 평화로운 응집성이기에 그것에 안주하려는 경향이 나타난다. 응집성은 작업단계로 가기 위한 과정이지 이 자체가 목적이 아님을 명심해야 한다

4. 집단상담 시작 Q & A

Q1 '연결짓기'를 집단상담사가 집단구성원들에게 적절하게 시도했을 때 집단의 작업단계가 활성화되는 데 결정적일 것이라는 생각이 듭니다. 특히 집단구성원 간의 갈등이 표면화될 때 집단상담사는 서로 간의 의견을 잘 듣

고 표현하며 조절할 수 있도록 도와주는 것이 중요할 것이라 짐작됩니다. 갈등에 대해 언급하고 구성원들이 그 갈등에 대한 생각과 느낌을 다루었는데 집단구성원 반수 이상이 갈등을 본격적으로 다루는 것을 원하지 않을 때 집단상담사는 어떠한 판단을 해야 할까요?

A1 갈등이 표면화되었음에도 불구하고 집단 장에서 다루는 것을 집단원들이 거부한다면 이를 직접적으로 다루기에는 한계가 있습니다. 다만, 무엇을 주저하고 염려하는지를 다룸으로써 집단원들이 경험하고 있는 지금-여기에서의 불안을 표면화시켜 다룬다면 앞으로 진행될 회기에도 생산적인 영향을 줄 것으로 사료됩니다.

Q2 청소년들은 마음속에서 개별적으로 공감하고 상담적 효과를 얻고 있더라도 집단 역동 속에서는 그것을 잘 드러내지 않는 것 같습니다. 무얼 주어도 돌아오는 게 겉으로 느껴지지 않아 답답하고 힘이 빠지는 경우가 있는데요. 그래서 집단상담사의 보다 적극적인 자기개방이 필요한 것이 아닌가 느낄 때가 많은 듯합니다. 이때 집단상담사의 자기개방이 실질적으로 청소년 집단원에게 효과를 미치는지, 아니면 오히려 자기개방을 줄임으로써 그들에게 빈 공간을 내어 주어야 할지, 반대로 청소년 집단원들의 반응을 지금-여기로 보다 가시적으로(언어적, 비언어적 메시지 포함) 끌어당길 수 있는 다른 기법이 필요한 것인지 궁금합니다.

A2 집단 초기에 집단원들의 무반응은 집단상담사로 하여금 긴장하게 하고, 무엇인가를 더 해야 할 것 같은 부담을 갖게 합니다. 그러다 보니 질문자의 표현처럼 '끌어당길 방법'을 모색하게 되는데, 이럴 경우 집단원들의 저항은 오히려 더 커질 수 있습니다. 이솝우화 「해와 바람」의 바람처럼 무엇인가 강압적으로 진행

하려고 하면 더 안으로 붙잡게 되니 해처럼 따뜻한 공감과 수용적 자세로 집단원들의 반응을 기다려 줌이 우선적으로 필요합니다. 또한 집단상담사의 유사한 경험이 있다면 이를 개방함으로써 서로 간의 유대감을 경험하는 것도 의미 있습니다. 무엇보다 청소년일 경우에는 일반 집단에서 경험하게 되는 유사한 방법이 아닌 자신들이 생각지도 못했던 새로운 반응을 보일 때 호기심을 가지고 관찰하며 실험하게 되니 이를 유념하기 바랍니다. 새로운 반응이란, 청소년들에 대한 진정한 관심에서 우러나오는 반응이겠지요.

Q3 집단상담의 경우, 종종 특정 집단원들 간의 갈등이 첨예하게 가시화되는 경우가 일어날 수 있을 것이라는 생각이 드는데, 집단지도자가 지혜롭게 일종의 '교통순경'의 역할을 하며 그것을 잘 풀어 나가 집단 응집력을 높이는 것 또한 중요한 과업일 것이라는 생각이 듭니다. 이런 과정의 예시를 구체적으로 접하게 되면 많은 도움이 될 것 같습니다. 지금-여기에서의 활성화, 명료화 부분에서 예를 들어 주신다면 어떤 것이 있을지 궁금합니다.

A3 집단원 A가 자신에 대한 이야기는 하지 않고 다른 집단원들이 이야기할 때마다 다듬어지지 않은 직면과 부정적인 피드백만을 하다 보니 집단원들 간의 갈등이 드러난 적이 있습니다. 특히 한 집단원 B가 불편함을 표현했는데도 불편함을 표현한 B의 문제라고 반응을 하는 상황이었는데, 그때 A에게 B의 말을 들은 지금 이 순간의 느낌이 어떤지를 물어서 자기개방을 하도록 하였던 상황이 기억이 납니다. 이런 일은 가끔 있는 일인데 질문한 사람에게 질문을 되돌려 주거나 지금-여기에서의 감정을 표현하게 함으로써 자신을 돌아보게 하는 개입을 할 때 타인에게 집중된 에너지를 자신에게로 돌리게 함으로써 집단에 참여하게 할 수 있으니 참고하기 바랍니다.

Q4 집단규준과 관련된 질문입니다. 집단의 구성에서 아동부터 청소년,

성인 등 대상이 다양한데 연령별로 어떻게 다르게 접근해야 할지 궁금합니다. 특히나 아동이나 청소년의 경우 어떤 과정으로 규준을 정할지 궁금합니다.

A4 대상연령별로 집단규준이 다르다기보다는 집단규준은 어느 정도 비슷하나 규준에 대한 이해 정도에 따른 차이가 있기 때문에 규준을 정할 때, 특히 아동이나 청소년 경우에는 조금 더 쉬운 말로 설명하고 예시를 들어 주는 것이 필요합니다. 물론 성인들도 집단상담에 처음 참석하는 경우에는 어려움이 있기 때문에 예시를 들어서 설명한 후, 집단원들이 스스로 자신들의 집단 운영을 위해 필요한 것을 생각해서 결정할 수 있도록 기다려 주어야 합니다. 집단규준은 집단상담이 시작되면서 진행되기에 아직은 자발성이나 집단원들의 활동성이 부족한 상태이기 때문에 집단상담사들이 조급할 경우에 집단상담사가 거의 대부분의 규준을 일방적으로 알려 주는 상황이 발생할 수 있는데, 이는 주의가 필요합니다. 시간은 절약할 수 있으나 집단원의 자발성을 높이는 데 한계가 있기 때문입니다. 시간이 부족할 경우에는 집단원들이 한두 개 말한 다음에는 나머지는 생각나면 다시 추가하는 것으로 하고 집단원들이 참여한 만큼 인정하고 수용하는 것이 중요합니다. 단, 집단상담사는 이를 기억하고 있다가 규준으로 넣어야 할 상황이 발생할 경우 이를 추가할 수 있는 장을 마련해야 합니다.

아동 및 청소년 집단에서는 간혹, 집단 장을 떠나도 되는지에 대한 질문을 합니다. 특히 집단상담에서는 무엇이든 가능하다는 설명을 한 후에 이런 반응을 자주하는데 정말 궁금해서 묻는 경우도 있지만, 말에 대한 진정성을 확인하고자 하는 일종의 테스트이기도 합니다. 그것이 무엇이었던 간에 집단상담 장 밖으로 나가는 것에 대해서는 주의가 필요합니다. 안전의 문제가 발생할 수 있기 때문입니다. 집단상담사는 아동 및 청소년 집단을 운영할 경우에 마음을 사로잡기 위해 모든 것이 가능하다는 말을 해서는 안 되고, 안전을 위해서 집단 장 밖으로 나가는 것에 대해서는 허용하지 않음을 규준으로 제시해야 합니다. 간혹, 생리적인 현상이 발생할 수 있으니 이는 스태프와 동행해서 다녀오도록 안내하는 것도 하나의 방법이나 스태프가 없을 경우에는 집단 시작 전에 화장실 사용에 대한 확인을 하는 것도 한 방법이니 참고하기 바랍니다.

제7장 집단상담 작업

1. 집단 작업단계의 특징

과도기단계를 통해 형성된 응집성은 자신과 타인에 대한 깊은 만남과 성찰 및 행동변화를 촉진시키는 작업단계로 인도한다. 이 단계를 '생산단계'라는 용어로 사용하기도 하는데 생산의 의미가 반의어인 비생산 혹은 소비를 연상케 하면서, 이분법적 사고로 의미 있는 긍정적인 결과를 생산해야 할 것 같은 부담을 갖게 할 수 있다. 집단상담에서 중요한 것은 '과정'이고, 작업이란 의미가 예방, 성장, 발달을 위해 일을 하는 과정이지 반드시 긍정적인 결과를 산출해야 하는 것은 아니다. 저자는 이 단계를 과정의 의미를 좀 더 내포하고 있는 작업단계라 하고자 한다.

Corey 등(2014)은 작업단계 집단과 비작업단계 집단을 구분하는 기준으로 다음과 같이 제시하였다. 집단원과 집단상담사에 대한 신뢰 유무, 명확하고 구체적인 목표 유무, 소속감과 능동적 참여 유무, 지금-여기에서의 자신에게 초점 유무, 집단상담사에게 의지 유무, 진솔한 표현 유무, 자유로운 피드백 유무, 차이에 대한 인정과 존중 유무, 희망 유무 등이다. 즉, 과도기단계를 생산적으로 다루게 되면 집단원과 집단상담사에 대한 신뢰가 견고해지고 집단 장에 대한 소속감을 갖게 되면서 능동적 참여가 가능하게 된다. 자신이 집단에 참여한 목표를 구체적으로 인지하고 진솔한 자기표현으로 지금-여기에서의 자신에게 집중하게 된다. 또한 저항과 갈등을 생산적으로 다루는 과정에서 집단원 간에 신뢰가 견고해져서 다름에 대한 인정과 존중을 하게 되고, 집단상담사의 개입을 기대하기보다 서로의 성장을 위해 적극적이고 자유로운 피드백이 가능하게 되면서 집단참여가 변화 · 성장에 대한 희망으로 가득 찰 때 이러한 작업단계 과정을 거치게 된다.

작업단계의 주요 특징은 '집단의 응집력'과 '집단원의 실험'이다. 과도기단계를 지나면서 저항과 갈등 및 의존성 등을 공감과 수용적 자세로 다룸으로써 집단 밖에서와는 다른 새로운 경험을 하게 될 때, 안전감을 느끼고, 집단상담사와 집단원들에 대한 응집력을 갖게 된다. 그렇다고 해서 모든 것이 안전하고 신뢰롭다는 의미는 아니다. Corey 등(2014)은 작업단계에서 집단원들이 선택해야 할 사항으로 다음과 같이 제시하고 있다. 노출 대 익명, 정직 대 과장, 자발성 대 통제, 수용 대 거부, 응집 대 분열이다. 집단원들은 작업단계에 와서도 선택의 기로에서 고민을 하게 된다. 험난한 과도기를 거쳐 허니문 시기에 접어들었기 때문에 이를 유지하고 싶은 마음도 커진 상태다. 거부되고, 집단의 응집력이 분열될 수도 있으나 그 과정 속에서 지금까지 몰랐던 새로운 나를 경험하고 싶은 마음에 자기개방을 통해 과감한 실험을 하게 된다. 자발적으로 이러한 결정을 했다 하더라도 불안과 염려의 마음 때문에 어느 정도 정직하게 개방할 것인지를 고민하게 된다. 집단원의 용기가 필요하고, 이에 대한 집단상담사의 개입과 집단원들의 반응이 중요하다. 특히 집단상담사의 개입에 대해서는 다음 장에서 조금 더 상세하게 다루겠다. 어쨌든 집단원의 자기개방을 통한 새로운 도전은 자기 자신뿐 아니라 타인에 대해서도 경험하게 되고, 다른 집단원들에게도 자기경험뿐 아니라 자기개방에 대한 도전을 확산시킬 수 있다.

작업단계에서 집단원의 실험은 단지 자기개방에만 국한된 것은 아니다. 자기개방을 통해 첫발을 내디딘 순간부터 자신을 재점검함으로써 지금까지와는 다른 방법들을 시도해 볼 수 있는 실험의 장이 된다. 집단원들이 제시한 다양한 방법 중에 한두 가지를 선택해서 지금-여기에서 실험해 봄으로써 자기 자신과 자신의 상황을 다른 각도에서 바라보게 된다. 이때 집단원들의 진솔한 피드백이 중요하다. 단, 진솔한 피드백을 빙자한 집단원에 대한 공격이 되어서는 안 된다. 이를 위해서는 자신의 생각이 여러 의견들 중에 하나임을 분명히 밝히고, 그 피드백 수용에 대한 선택권을 집단원에게 줌으로써 안전장치를 할 수 있다. 피드백을 받는 입장에서도 한 사람의 의견을 모두의 의견으로 일반화하지 않도록 주의가 필요하며, 다양한 유형의 사람들에 대한 경험의 장으로 활용한다. 집단 안에서 만난 유형을 집단 밖에서도 만날 수 있고, 집단 밖에서 만난 사람과 유사한 유형의 사람을 집단 안에서도 만날 수 있기에 실험의 장으로 활용함이 효과적이다.

2. 집단 작업단계에서 집단상담사의 역할

이형득 등(2007)은 작업단계에서 자기개방과 감정의 정화, 비효과적 행동패턴 취급 및 바람직한 대안행동 다루기 등을 주요한 과정으로 보았다. 정성란 등(2015)은 집단 응집성 발달 촉진, 하위집단 조치 취하기, 작업 구조 만들기, 성과 산출, 취약한 집단원 보호 등을 제시하였다. 저자는 작업단계에서의 주요한 과정으로 진솔한 자기개방, 집단원들과의 상호작용을 통한 감정 정화와 직면, 변화행동 실험 등을 중점적으로 살펴보고자 한다.

첫 번째는 집단원의 깊은 자기성찰로 인도하기 위한 자기개방을 할 수 있도록 초대하기다. 과도기단계를 지나면서 친밀감과 신뢰감이 단단해지면서 응집력이 생겨 스스로 자기개방을 한다. 과도기단계의 과제를 수행함으로써 생긴 동지애로 인해 단단한 응집력을 기반으로 자기개방의 정도는 그 어느 단계보다 깊이가 깊다 할 수 있다. 물론 자기개방은 집단 시작단계인 도입단계에서도 할 수 있으나 자기개방 정도에 있어서 차이가 있기 때문에 집단발달단계에 따라 자기개방 정도를 조절해 줄 필요가 있다. 가끔은 조급한 마음에 자신과 집단원이 아직 준비되지 않은 도입단계에서 깊은 자기개방을 하려는 경우가 발생하는데, 이때 집단상담사는 집단원들의 신뢰도와 역동 등 준비 정도를 고려하여 자기개방 정도를 조절해 줄 필요가 있다. 아직 준비되지 않은 상태에서의 자기개방은 집단원들이 어떻게 반응해야 할지 몰라 당혹스럽게 할 수 있고, 이러한 반응은 자기개방을 한 집단원에게 이해와 수용을 받지 못한 경험으로 해석할 수 있기 때문에 주의가 필요하다.

작업단계에서 집단원의 자기개방은 다른 집단원의 자기개방으로 확산되게 할 수도 있으나 반대로 오히려 자기개방을 더 소극적으로 반응하게도 한다. 이는 자기개방 정도에 따른 비교로 다른 집단원에 비해 자신의 상황이 작아 보이거나 집단원들로부터 공감과 이해받지 못할 것 같은 우려로 주저하게 되는 경우다. 자기개방 시 어느 정도 위험을 감수해야 하지만, 어떤 이유에서건 주저하는 집단원을 초대하여 지금-여기에서의 자기경험을 표현하게 함으로써 자기개방으로 나아가게 할 수 있다. 간혹 집단원뿐 아니라 집단상담사들조차도 과거의 묵혀 놓은 심각한 상처를 꺼내어 눈물 콧물을 흘려야만 자기개방이 되었다고 생각하는 경우가 있다. 이러한 부담과 무게감으로 지금-여기에서의 경험을 등한시하지 않도록 집단상담사의 개입이 필요하다.

자기개방은 집단원뿐 아니라 집단상담사에게 있어서도 필요하다. 집단상담사의 자기개방은 집단원에게 하나의 모델이 되기도 하고, 신뢰관계 형성을 통해 집단원의 작업을 위해서 필요하다(Corey et al., 2014). 그러나 집단상담사가 자기개방을 자제해야 하는 경우도 있는데, 첫째, 집단원의 전이대상으로 남아 있음으로 작업의 자원으로 활용하기 위함이고, 둘째, 전문가적인 경계선을 유지함으로 치료동맹관계를 견고히 하기 위해서다(Corey et al., 2014). 따라서 집단상담사는 자기개방 시 그 동기를 스스로에게 질문함으로써 그 목적성을 분명히 하여 시기적절한 개입이 되도록 해야 한다. Yalom(2008)은 집단상담사의 자기개방은 집단원들에게 수용과 지지, 격려를 제공해서 자신의 목표에 도달하는 데 도움을 줄 수 있을 때만 선택적으로 사용할 것을 강조하였다. 또한 집단상담사의 과거에 대한 개방보다 지금-여기에서 경험하는 것에 대한 개방이 집단촉진에 더 효과적이라고 하였다.

두 번째, 집단원들과의 상호작용을 통한 감정 정화와 직면이다. 자기개방 시 묵은 감정이 토로되지도 않은 상태인데도 불구하고, 위로로 힘을 주려고 하거나 충고나 조언 등으로 해결방안을 제시하려는 경우가 종종 나타난다. 이는 섣부른 판단으로 표면적인 문제에 초점을 맞춤으로 인해 깊은 성찰과 행동변화로 나아가지 못하게 방해한다. 감정의 응어리가 정화되는 것만으로도 치유효과가 있으나 감정 정화를 통해 자신을 직면할 수 있는 작은 공간이 만들어질 때 성장과 변화가 가능하다. Jacobs 등(2006)은 집단상담에서 가장 많이 나타나는 공통 주제로 인정의 욕구, 자아존중감, 종교, 성(sex) 4가지를 언급하고 있으나 한국 상황에서는 관계, 특히 가족과 관련된 얽힌 주제들이 많은 듯하다. 한국의 정을 매개로 한 가족 중심적이고, 관계 중심적 문화 특성이 반영된 것으로 상황이 발생하는 순간마다 얽힌 감정들을 풀기보다 억압한 채로 참고 살아오기에 감정의 응어리가 한이 되어 막혀 있는 경우가 많다. 집단상담 참석 후, 실컷 울어서 시원하다는 소감을 하는 사람들을 자주 보게 되는데 이 또한 수용받는 공간에서 그동안 막아 두었던 감정을 토해 냄으로써 자신과 마주하는 경험을 통해 가능하다.

아무리 안전한 공간이라 할지라도 처음 보는 사람들 앞에서 자신의 가족 이야기를 하는 것은 쉽지 않다. 그럼에도 불구하고 이를 가능하게 하는 것은 집단원의 공감과 유사한 자기개방이다. 특히 집단원의 유사한 자기개방은 강한 공감의 역할을 하여 안전감과 신뢰감을 갖게 함으로써 더 깊은 자신의 이야기를 할 수 있는 자리로 나아가게 한다. 이때 집단상담사는 집단원들의 이야기를 서로 연결지어 줌으로써 나의 이야기가 우리의 이야기가 되어 서로 간에 깊은 이해와 수용의 자리로 나아가게 할 수 있다. 또한 집단상담사는 집단원이 과거의 '그때-그곳'의 이야기를 현재로 가져와 재경험하게 하고, 사이코드라마를 활용한 역할극이나 빈 의자 기법 등을 통해 감정 정화 작업을 거쳐 '지금-여기'에서의 자신을 통찰하는 자리로 나아가게 할 수 있다. 즉, 이렇게 형성된 숨구멍이 집단원에게 작은 공간을 마련해 줌으로써 타인이나 환경 탓을 하는 것에서 자신을 돌아보고 점검함으로써 행동의 변화까지 초래하게 한다.

이처럼 감정의 정화와 자기통찰을 위해서는 집단원들의 진솔한 공감뿐 아니라 직면과 피드백 등 집단원들 간의 상호작용이 활발하게 일어나도록 집단상담사의 촉진적 개입이 필요하다. 묵은 감정으로 막혀 있을 경우에는 다른 사람들의 직면과 피드백이 들리지 않고, 오히려 공격으로 받아들이는 경우가 종종 있다. 감정 정화 작업을 통해 형성된 작은 마음의 공간은 들을 귀와 마음을 열게 함으로써 직면과 피드백의 효과를 더 높일 수 있다. 감정 정화만으로도 치료효과가 있고, 집단원의 발달단계상 감정 정화가 목적이 될 수도 있지만, 기억할 것은 정화가 목적이 아니라 감정 정화는 행동변화로 나아가기 위한 하나의 과정이다. 즉, 집단상담사와 집단원이 궁극적으로 지향할 것은 자신이 원하는 행동변화다.

세 번째, 감정 정화를 통해 자신을 직면하게 되고, 행동의 변화를 희망할 경우, 자신이 선택한 새로운 변화행동을 실험할 수 있는 안전한 실험공간이 마련되어야 한다. 집단원이 자기개방을 통해 감정 정화 과정을 거쳐 행동변화를 직면하고 수용했을 때, 집단상담사나 집단원들은 그가 실험할 수 있는 대안을 제안할 수 있다. 이때 집단상담사가 가장 적절한 대안을 제안해야 한다는 부담을 내려놓고(집단상담사는 전지전능한 신적 존재가 아니다.), 집단원들의 상호작용을 통해 서로의 경험을 공유할 수 있도록 하여 스스로 선택 후, 실험하도록 한다. 집단원이 실험을 진행할 때 이에 대한 집단원들의 진솔한 피드백이 또 한차례 필요하다. 낯선 실험을 처음 시도하는 것이기에 정도를 가늠하기가 쉽지 않다. 집단원의 실험적 행동에 대해 진솔하게 반응함으로써 스스로 수위를 조절해 보는 경험을 하게 된다. 이러한 경험이 집단 밖에서도 실험이 지속될 수 있도록 윤활유 역할을 할 수 있다. 다음 사례는 지금까지 설명한 것을 한 장면으로 시연한 것이다.

집단상담사 1: 진달래님이 이야기하는 것을 보고 계속 고개를 끄덕이고 계신데 어떤 생각을 하셨는지 여쭤봐도 될까요? (초대하기)

단풍 1: 진달래님의 이야기는 정말 아픈 이야기인데 전 저 정도는 아니어서 별로 할 이야기가 없어서요.

집단상담사 2: 자신의 이야기를 하기가 조금 조심스러운가 봅니다. 혹시 다른 분들은 어떤지요? (공감, 초대하기)

별 1: 저도 비슷해요. 단풍님이 이야기해 주시니……. 저도 무슨 이야기를 해야 할지 모르겠어요.

집단상담사 3: 단풍님과 유사하게 조금 주저되시는 것 같은데 솔직하게 이야기해 주셔서 감사합니다. 또 다른 분은요? (공감, 연결짓기, 초대하기)

동산 1: 저는 단풍님과 별님의 이야기가 궁금한데 조심스러워서 못 물어보고 있었어요.

집단상담사 4: 이야기하기가 조심스러운 분도 있고, 다른 분들의 이야기가 궁금한 분도 있는데 단풍님은 별님 이야기를 들으면서 어떤 생각을 하셨는지 궁금합니다. (연결짓기, 초대하기)

단풍 2: 저만 이런 생각을 하는 줄 알았는데 별님도 비슷한 생각을 하고 있으셔서 조금 편해지긴 했어요.

집단상담사 5: 아마 별님도 단풍님이 용기 내어 말씀해 주셨기에 가능하지 않았나 하는 생각이 듭니다. 어쨌든, 단풍님이나, 별님이나, 동산님이 아니어도 지금-여기에서 자신의 생각과 느낌을 표현함에 있어서 무엇이 또는 어떤 점이 주저하게 하는지 그것에 대해 한번 생각해 보았으면 합니다만 어떤지요? (연결짓기, 지금-여기, 실험의 장으로 초대하기)

3. 집단상담 작업단계에서의 상담 기법

집단상담이 진행되는 동안 지속적으로 사용되는 기법이 공감, 적극적 경청, 반영하기, 의사 확인하기라면 작업단계에서 집단상담사가 유용하게 활용할 수 있는 기법들은 다음과 같다.

첫째, 집단원들의 생각 자극하기다. 동일한 장소에서 동일한 시간 동안 경험했다 하더라도 경험의 정도와 내용은 차이가 있다. 이는 각자 자신의 경험의 시각에서 해석하고 바라보기 때문이다. 집단상담사는 집단원들의 이러한 시각을 통찰할 뿐 아니라 새로운 관점에서 생각하도록 질문을 통한 자극이 필요하다. 이때 질문은 개방형 질문이어야 한다. 평소 자신의 대화 패턴을 분석해 보면 의외로 일상생활 속에서 폐쇄형 질문을 자주 사용하고 있음을 발견하게 된다. 이는 질문의 형태를 가지고 있지만 실제로는 자신의 의도를 질문의 형태를 빌어서 제시하고 있는 것과 유사하다. 이러한 패턴은 집단상담사도 예외가 아니다. 집단원의 생각을 자극하기 위해서는 집단상담사부터 열린 사고를 지향하면서 개방형 질문을 시도해야 한다.

둘째, 집단원들의 이야기 주제 연결시키기다. 작업단계에서는 자기개방이 빈번하게 일어나는데, 한 명의 집단원이 여러 상황을 이야기하기도 하고 집단원들이 각자의 이야기를 하기도 한다. 이때 집단상담사는 이 이야기 주제들의 연결성을 고려하여 개입해야 한다. 즉, 상황은 달라도 유사 감정이나 행동을 중심으로 이야기 주제와 연결시키기를 할 수 있다. 예를 들면, 집단원 A는 아버지의 강압에 의해 자신이 원하는 것을 시도해 보지 못했던 것을 이야기하고, 집단원 B는 자신보다 나이 어린 상사에게 눈치가 보여서 가능한 한 부딪히지 않으려고 하는 이야기를 하고, 집단원 C는 자신에게 계속 심부름시키는 학교 선배에 대한 불편함을 이야기했다면, 이들 각각의 이야기 대상은 모두 다르지만 상대를 어려워하고 불편해하며 두려워하는 유사 감정에 의해 자신이 하고 싶은 이야기를 주저하는 유사 행동을 한다고 볼 수 있다. 집단상담사는 이를 연결 지어서 집단원들 중 이와 유사한 경험이 있는지 확인함으로써 이 주제를 공통으로 작업단계에서 다루어도 되는지를 점검할 필요가 있다.

가끔은 집단원이 용기 내어 자기개방을 시도했는데 다른 집단원들에게는 너무 낯선 경험이어서 어떻게 반응해야 할지 난감한 경우도 있다. 이때도 정도에 따라 차이가 있을 수 있음을 미리 설명을 하고, 유사 감정과 행동에 초점을 두어 연결시키기를 시도할 수 있으나 너무 다른 경험일 경우에는 집단상담사가 자기개방을 통해 모델이 되어 주는 것도 필요하다. 예를 들면, 집단원 모두가 기혼인데 한 명만 이혼을 했고, 그것에 대한 아픔과 외로움을 이야기하면서 자신만이 이혼을 했기에 공감받을 수 없을 것 같다고 이야기했다고 하자. 이때, 집단상담사가 할 수 있는 것은 공감과 자기개방을 통한 연결짓기다. 연결짓기는 집단원 간의 소통이 발생하도록 집단상담사가 한 집단원이 말한 것을 다른 집단원들의 관심사와 이어 주는 방식이다.

집단상담사: 이혼 이야기를 괜히 하셨다고 하는 것을 보니 너무 다른 경험으로 인해 이야기하기가 꺼려지고, 왠지 분위기를 망치는 것 같아 우려되나 봅니다. 제가 이혼을 경험하지 못했기에 ○○님이 이혼으로 인해 겪고 있는 여러 상황을 다 알 수 없지만, 왠지 혼자 남겨진 것 같고, 앞으로 헤쳐 나가야 할 일들이 떡 하니 앞에 버티고 있는 것을 마주하면서 염려가 앞설 것 같습니다. 정도의 차이가 있겠지만 저도 처음 독립해서 생활할 때에 잠도 잘 못 자고, 내 선택에 대해서 책임져야 한다는 생각에 걱정이 많았었는데 ○○님의 이혼에 비하면 작은 염려일 수 있지만 여러분들 중에도 꼭 이혼이 아니어도 이와 같이 유사한 걱정과 염려가 있었던 경험이 있으면 몇 분 나눠 주시면 감사하겠습니다.

셋째, 역할극이다. 작업단계에서의 역할극은 주로 자기인식의 확장과 감정 정화의 목적으로 사용되는 기법이다. 갈등관계에 있는 사람을 대상으로 역할극을 통해 다양한 역할을 해 봄으로써 자신에 대한 새로운 모습을 발견하고 인식하는 경험을 하게 된다. 또한 평소에 하지 못했던 말이나 감정을 표현함으로써 자기 내면의 소리를 들을 수 있고, 억압된 감정을 토로함으로써 감정 정화도 가능하다. 이때 대상 역할은 집단원의 협조로 할 수도 있고, 빈 의자나 소품을 통해서도 가능하며, 감정의 극대화를 위해 사이코드라마 기법을 활용할 수 있다. 구체적인 기법에 대한 자세한 안내는 제9장에서 다루도록 하겠다. 다만, 자신의 감정이 해소되지 않은 상태에서 역할 바꾸기를 통해 상대의 입장을 경험하게 하여 오히려 죄책감에 빠지지 않도록 주의가 필요하다. 또한 집단참여자들의 협조로 역할을 할 경우, 역할의 범위나 대사는 그 집단원이 알려 준 이야기에 준해서 표현되어야 한다. 그 선을 넘어설 경우, 대상과 다름이 확연하게 드러나 몰입하는 데 방해가 되기도 하고, 대상자를 너무 악하게 표현한 것 같은 미안함으로 오히려 불편할 수 있기 때문이다.

넷째, 지금-여기에 초점두기를 활용하여 상호작용 활성화하기다. 도입단계에서부터 지금-여기에 초점두기를 서서히 경험해 왔기 때문에 작업단계에서 상호작용을 활성화하는 데 유용하게 활용할 수 있다. 아무리 지금-여기를 강조해도 작업단계에서 자기개방을 할 경우, 대부분이 과거의 이야기로부터 시작을 하게 된다. 이럴 경우, 무조건적으로 과거를 차단하는 것이 아니라 지금-여기에서 그 많은 자신의 지난 이야기들 중에 이 이야기가 생각나게 한 것이 무엇인지, 또는 과거의 대상을 떠올리게 한 집단원이 누구고, 그 집단원에 대한 현재 나의 감정과 생각은 무엇인지를 경험하고 상호작용을 통해 서로에 대한 경험을 나누게 하는 것이 중요하다. 물론 그 대상자인 경우에는 생각지도 못했던 상황이라 당혹스러울 수 있으나 내 의도와 다르게 상대가 나를 경험하는 과정을 통해 또 다른 자기성찰로 나아갈 수 있다. 일상생활 속에서도 이런 경우는 비일비재하기 때문에 집단에서의 상호작용을 통한 경험을 바탕으로 실생활에서의 대인관계까지 확장해서 적용할 수 있다.

다섯째, 피드백 주기다. 피드백은 상대의 행동이 나에게 어떤 영향을 주는지 또는 어떤 생각을 갖게 하는지를 진솔하게 알려 주는 행위다. 이러한 피드백은 자신의 말과 행동이 타인에게 어떻게 받아들여지고, 해석되는지를 알게 됨으로써 자기점검이 가능하고, 어느 정도 수위로 행동하고 표현할지를 결정하는 데 유용한 근거 자료가 된다. 그러나 대체적으로 긍정적인 피드백보다 부정적 피드백을 할 때는 용기가 필요하다. 자신의 행동을 비판하는 것으로 오해를 받을 수 있기 때문에 굳이 오해받으면서까지 피드백 주기를 하고 싶지 않은 유혹이 있다. 이는 집단상담사가 감수해야 할 몫이지만, 가능한 한 오해가 생기지 않도록 하기 위해서 주의가 필요하다. 피드백 줄 때 기억해야 할 것은 피드백을 받을 마음의 공간이 마련되어 있는지를 확인한 후, 지금 하는 행동을 지속할 때 나타날 수 있는 우려되는 결과에 초점을 맞추고, 최종 선택은 자기 스스로 하도록 하는 것이다. 또한 그 사람의 행동이 나와 직접적인 관련이 있다면 그 행동이 나에게 어떤 영향을 미치고 있는지를 나-전달법을 통해 피드백할 수도 있다. 어떤 방법이 되었건 공통적인 점은 피드백이 모든 사람의 생각이 아니고, 여러 사람 중 한 사람의 의견이기에 다른 관점이 있을 수 있음을 열어 두는 것이다. 피드백을 할 때, 표현은 부드럽지만 내용 자체를 보면 행동을 바꾸지 않을 경우 엄청난 재난이 올 수도 있다는 협박이나 저주가 되지 않도록 단어 선택에 주의가 필요하다.

여섯째, 직면하기다. 작업단계에서의 자기개방을 통해 자기성찰로 나아가기 위해서는 공감과 수용을 바탕으로 한 직면이 필요하다. 앞에서 언급한 피드백 주기와의 차이는 피드백보다 직면이 조금 더 강하다는 점이다. 직면은 주로 언행의 불일치, 이전에 한 말이나 행동과 지금의 것이 다를 경우, 말과 정서적 반응이 다를 경우, 집단원이 인식하는 것과 다른 집단원 또는 집단상담사의 인식이 다를 경우에 사용하는 기법이다. 이를 위해서는 집단상담사의 관찰과 기억력이 필요하다. 기억력이라고 하면 긴장하게 되고, 아이큐가 높아야 가능할 것 같은 부담을 갖게 되는데 이는 훈련을 통해 가능하다. 저자가 처음 집단상담 수업을 들을 때가 생각난다. 집단상담의 대가를 모시고 하는 수업이라 하나라도 더 받아 적으려고 필기준비를 하는 학생들에게, 그분은 책상 위에 있는 모든 필기도구를 가방에 넣게 하고 자신과 '사람' 공부하자는 의미심장한 말씀을 하셨다. 적기 시작하면 그것에 계속 의지하게 되고, 적다 보면 관찰을 놓치게 된다고 하셨다. 어떤 경우에는 내담자들이 상담사가 무엇을 적는지 궁금해하면서 다 적을 때까지 기다려 주기까지 하는 등 내담자의 시간을 비효율적으로 사용할 수 있으니 처음 수련할 때부터 집중해서 관찰하여 이미지를 머리에 새기는 훈련을 하라고 알려 주셨다. 처음에는 집단원들을 모두 기억한다는 것이 너무 힘들고 버거운 작업이며 익숙해지기까지 오랜 시간이 필요했지만, 확실히 효율적이고, 집단

진행에 효과적임을 경험으로 확인하였다. 이 책을 읽는 여러분도 이러한 경험을 직접 체험해 보길 바란다.

마지막으로, 집단의 종결 시기를 집단원에게 알려 주기다. 종결 시기 알리기는 기법이기보다 집단상담사의 주요한 역할이라 할 수 있다. 의미 있고 즐거운 만남이나 모임을 마칠 때에 아쉽고 서운한 느낌을 경험해 보았을 것이다. 집단상담 또한 유사하다. 웃고 울면서 서로 간의 공감대가 형성되고, 자기 자신뿐 아니라 서로 간의 깊고 찐한 만남이 이루어졌기에 헤어짐에 대한 아쉬움이 남는다. 이러한 헤어짐의 시간이 다가오고 있음을 알려서 마음과 생각을 정리하고 이별을 준비할 시간을 갖도록 해야 한다. 또한 종결 회기가 다가오고 있음을 알리는 것은 자기개방을 주저했던 분들 중에 용기 내어 자기개방을 할 수 있도록 촉진하는 역할도 할 수 있다.

4. 집단상담 작업 Q & A

Q1 집단원들을 '지금-여기'에 오게 하는 것이 중요함을 인지할 수 있었는데, 우리가 집단상담사로서 '지금-여기'를 생각하기 훈련을 할 수 있는 팁을 줄 수 있을까요?

A1 일상에서 지금 이 순간 느끼는 생각과 감정을 바로바로 표현해 보는 연습이 가장 쉽게 할 수 있는 방법입니다. 이를 위해서는 먼저 알아차림이 필요합니다. 집단상담사들조차도 자신의 생각과 감정이 무엇인지 잘 모르고 머리의 이야기만 하는 경우가 종종 있습니다. 집단상담은 집단 안에서 이루어지는 것이기에 자신이 속해 있는 일상의 집단에서 함께 학업하는 학우들과 서로 간에 느끼는 감정과 생각을 표현하고 반응을 살피는 연습이 도움이 될 수 있으니 한 번 시도해 보기 바랍니다.

Q2 지나온 상처를 지금-여기로 가져오는 상황이 집단원으로 하여금 엄청난 두려움이나 불안함을 가지게 한다면, 집단상담사로서 그 상황을 어떻게 풀어 가야 할지 궁금합니다. 대부분의 집단원이 효과적으로 작업단계에 들어서고 집단상담이 잘 진행이 되는데, 만약 1~2명의 집단원은 그 단계에 이르지 못해서 적극적인 참여를 하지 못하고 마음속에 두려움과 불안이 있다면 그 집단원을 끌어당길 수 있는 방법이 혹시 있을까요?

A2 과도기단계를 거쳐 작업단계로 진입하기에 어느 정도 두려움이나 불안은 사라지고 집단에 대한 신뢰관계와 응집력이 생긴 상태이지만, 집단원 모두가 작업단계에 진입하지 않을 수도 있기 때문에 집단상담사는 집단원 개개인에 대한 상태를 점검해야 합니다. 만약 집단원이 아직 과도기단계에 머물러 있다면 집단상담사가 무리하게 작업을 하기보다 그러한 불안을 공감으로 수용해 주고, 집단에 대한 신뢰와 응집력이 생길 수 있도록 함이 우선입니다. 단, 두려움이 있어도 집단원 스스로가 자신의 이야기를 하고 싶어 한다면, 이야기를 함에 있어서 주저하게 만드는 방해요인, 즉 지금-여기에서 경험하고 있는 두려움과 불안을 탐색해서 그 부분을 작업하는 것도 한 방법입니다. 이러한 과정을 거치는 동안 집단에 대한 신뢰가 쌓이게 되면 그때 다시 자기개방을 할 수 있음을 알려 주는 것도 필요합니다. 집단상담사는 자신이 참여하는 집단에서 모든 것이 해결되어야 한다는 욕심을 내려놓고, 집단원의 발달 상태와 준비도에 맞는 적절한 개입을 하는 것이 필요합니다. 작업단계로의 초대는 가능하나 선택권은 집단원 개개인에게 있음을 기억하기 바랍니다.

Q3 작업단계에서 본격적으로 피드백과 직면이 이루어지면서 대안행동의 탐색에까지 이르게 되는데, 충분한 지지적 분위기가 조성되지 않은 상태에서 이와 같은 피드백 혹은 직면이 단순히 탐색 혹은 질문, 조언으로만 느껴

질 수 있으리라는 추측이 듭니다. 이럴 경우, 집단상담사는 어떠한 태도와 지도를 통하여 작업단계에서의 피드백 혹은 직면을 유연하게 이끌어 갈 수 있을까요?

A3 작업단계가 시간이 지나면 저절로 만들어지는 것이라 생각할 수 있는데 그렇지 않습니다. 집단상담 중에 과도기단계에서 끝나는 집단이 있을 수 있고, 도입단계와 종결단계만 하고 끝나는 집단도 있을 수 있습니다. 이는 집단의 발달과정상 어느 단계에 있느냐에 따라 개입방법과 다루어야 할 주제가 다른데 집단이 현재 어느 단계에 있는지 모른 채, 단지 회기상 작업단계라 생각하고 무리하게 집단상담사가 진행할 때 가면 대 가면의 만남으로 끝날 수 있으니 주의가 필요합니다. 집단원 모두가 작업단계에 진입하는 것은 아니지만 대체적으로 충분한 지지적 분위기가 형성되었을 때 작업단계라 할 수 있고, 이때 이루어지는 피드백과 직면이 제대로 진행될 수 있기에 집단상담사는 집단 전체에 대한 파악을 하고 있어야 합니다. 다만, 충분한 지지적 분위기는 형성되었으나 기술적인 면에서 훈련이 되지 않아 서툴게 표현되고 있다면 이는 집단상담사가 모델을 보여주고, 집단원 중에 적절한 개입을 하는 사람을 지지함으로써 이를 대처해 나갈 수 있습니다.

Q4 집단상담사의 경우 집단원은 물론 집단상담사 자신의 자기개방 수위를 잘 조절해야 한다고 하는데, 만약 집단상담사가 생각하는 자기개방 수위와 집단원이 생각하는 자기개방 수위가 다를 경우 어떻게 해야 할까요? 예를 들어, 집단상담사가 수위를 벗어났다고 생각하여 집단원을 제지하였는데 집단원이 이에 대해 부정적인 감정을 갖게 되거나, 거절당했다는 느낌을 받지 않을까요? 어떻게 하면 그 적절한 수위를 잘 조절할 수 있을까요?

A4 집단상담사가 수위를 벗어났다고 생각하는 기준이 무엇인가가 중요합니다. 대체적으로 집단원이 자신의 개방 정도를 조정하지만, 집단상담사가 집단원의 자기개방 정도를 조절하는 경우가 발생한다면 그것은 그 집단원을 위함이어야 합니다. 본인은 분위기에 휩쓸려 시도하려고 할 수 있으나 집단상담사는 그 사람의 비언어 메시지나, 언어적 표현 등을 근거로 분위기에 휩쓸려 하는 것인지 아니면 자신의 선택인지 분별할 수 있도록 알아차리게 하는 등 안전장치를 하는 것이 필요합니다. 이것은 그 사람을 위한 것임을 분명히 하고 이 또한 스스로 선택하도록 개입이 이루어진다면 거절에 대한 느낌은 적을 것으로 사료됩니다. 그럼에도 불구하고 거절감으로 받아들이는 것처럼 여겨진다면 이를 표현하게 하고 집단상담사는 이를 수용해 줌으로써 지금-여기에서의 자기개방을 경험하도록 하는 것도 한 방법입니다.

Q5 작업단계에서 집단상담사와 집단원의 역할 구분이 좀 모호한 것 같습니다. 그 구분을 어떻게 봐야 할지가 궁금합니다.

A5 도입단계와 종결단계에서는 집단상담사가 대부분의 주도적인 역할을 하고 있으나 작업단계에서는 집단의 응집력이 단단하다면 집단원의 상호작용이 활발하게 일어나게 되고, 이럴 경우 집단원이 집단상담사의 역할도 할 수 있습니다. 이때 집단상담사는 큰 틀에서 관망하면서 집단이 목표를 향해 가고 있는지만 확인하고, 점검만 한다면 집단원을 믿고 집단원들의 활성화를 활용하는 것이 건강한 집단의 작업단계라 할 수 있습니다.

Q6 집단의 응집력을 방해하는 하위집단 등과 집단의 분열이 우려되는 행동들이 나타날 때 집단상담사는 그때그때 그것에 대해 예방조치를 하는 것이 효율적인가요? 아니면 집단원들이 스스로 문제행동을 다루며 대처하는

방법을 연습하는 기회로 삼기 위해 집단상담사가 자연스럽게 방임하며 지켜보는 것이 더 효율적인지요?

A6 집단의 분열이 우려되는 행동에 대한 안전장치는 도입단계 때 집단규준을 정하면서 설명해야 합니다. 그렇게 했음에도 불구하고 작업단계에서 드러난다면 집단규준을 다시 한 번 언급하여 상기시키는 정도의 개입이 필요합니다. 또한 집단의 분열이 우려되는 행동이 나타나고, 이를 집단원들이 스스로 대처하면서 집단의 장에서 다룬다면 그것은 건강하게 집단이 진행되고 있기에 지켜보면 됩니다. 그러나 그것이 수면 위로 올라오지 않은 채 집단의 응집력을 방해할 우려가 있다면 이를 주요 주제로 집단의 장에 꺼내어 지금-여기에서 다룰 수 있도록 개입해야 합니다.

Q7 집단 작업단계가 진행될수록 대부분의 집단원이 소속감을 느끼며 소외된 집단원은 좀 더 능동적으로 참여할 것을 요구받아야 하지만, 실제 집단상담 현장에서 집단구성원 대다수가 뭉쳐서 (겉으로 드러나지 않는 거리감을 가지고)단 한 사람을 지속적으로 소외시키는 경우(예, 집단 왕따 현상, 청소년 집단이나 기타 종교 집단)가 발생할 수 있는데 이런 경우 집단상담사는 어떻게 대처해야 할지 궁금합니다.

A7 집단구성원이 한 사람을 지속적으로 소외시키고 있다는 것은 집단 작업단계에 돌입했다고 보기 어렵습니다. 그렇다고 집단원 모두가 작업단계에 있어야만 가능하다는 의미가 아닙니다. 집단원마다 집단발달과정에 차이가 있을 수 있기 때문에 그러한 속도의 차이를 인정하고 수용해 주는 것은 필요합니다. 다만, 질문에서는 다수가 한 명을 대상으로 소외를 시키고 있다는 것은 의도적인 행동이고, 이는 집단원 간의 갈등이 해결되지 않은 상태로 과도기단계라 할 수 있습

니다. 이때 집단상담사는 이러한 상황을 집단에 드러내고, 서로 간에 소통함에 있어서 방해하고 있는 장애물이 무엇인지 바라보고 협력하여 대처해 나갈 수 있도록 격려해야 합니다.

Q8 집단원이나 혹은 집단상담사가 특정한 집단원을 무언의 편애를 하여 더 관심을 갖거나, 유독 거부감이 드는 집단원을 기피한다는 것을 알았을 때 어떻게 집단을 이끌어 가야 할까요?

A8 집단 내에서 누군가를 더 편애하거나 기피한다는 것은 인간으로서 자연스러운 현상이기도 합니다. 사람들은 자신과 비슷한 교육 정도, 비슷한 가치관, 비슷한 집단 내 위치 등을 가진 상대방과 유대감을 형성하기 때문입니다. 혹은 자신이 가지지 못한 것을 가진 대상에게 매력을 느낄 수도 있습니다. 그리고 사람들은 자신이 억압한 자신의 부정적인 특성이 투사된 상대방에게 거부감을 느낄 수 있습니다. 하지만 이렇게 다른 사람에 대한 호불호가 자연스러운 현상으로 받아들여지더라도, 이것을 표면화함으로써 다른 집단원들을 향한 노골적인 편 가르기를 한다면 집단 응집성 발달에 치명적인 요소가 될 수 있습니다. 그러므로 집단상담사는 이러한 현상이 감지되었을 경우 이것에 대해 적극적으로 다루어야 합니다. 우선 집단원들이 특정인에 대한 편향된 지지나 거부를 하는 행동을 하지 못하도록 규범화해야 합니다. 그것은 곧 자신도 누군가에게 지지나 거부를 당할 수 있을 가능성을 차단하는 것이며, 그것이 집단발달을 저해하는 요인임을 인식하도록 해야 합니다. 그럼에도 불구하고, 그러한 현상이 집단에서 나타났을 경우, 집단상담사는 그것을 치료적 대상으로 삼아야 합니다. 집단원이 특정 다른 집단원에게 보이는 편애 혹은 거부가 어떤 내면적 욕구에서 기인한 것인지를 추적해야 한다는 것입니다. 그것은 당사자가 자신 안에 숨겨진 욕구 및 감정을 인식할 수 있는 계기가 될 수 있으며, 자신의 그러한 행동이 다른 사람

에게 어떤 부정적인 영향을 주는지에 대해 깨닫게 함으로써 자기 행동을 교정하도록 유도할 수 있습니다.

제8장 집단상담 마무리

1. 집단 마무리단계의 특징

모든 만남에는 시작이 중요하지만 그 끝도 중요하다. 어떻게 마무리를 하느냐에 따라 그동안의 과정이 무의미하고 부정적이 될 뿐만 아니라 자신의 일상으로 복귀한 뒤에도 후폭풍을 맞을 수 있을 정도로 영향력이 크다고 할 수 있겠다. 집단 마무리단계의 특징은 크게 집단 경험 정리 및 이별, 새로운 출발 인식, 평가 등으로 설명할 수 있다.

마무리단계에 접어들게 되면 그동안 집단 경험에 대한 정리와 집단원들에 대한 마음 정리, 즉 이별을 해야 한다. 마무리가 가까이 올수록 첫 만남의 낯섦이 언제 있었나 싶을 정도로 아쉬움이 크게 밀려온다. 그럴 수밖에 없는 것이 혼자 꽁꽁 붙잡고 있던 자신의 내면을 조금씩 풀어 내면서 그동안 알지 못했던 자신과 마주하는 여정에 동행해 준 집단원들이 어느새 소중한 존재로 자리 잡았기 때문이다. 함께 울고 웃으면서 집단원의 자기개방을 통해 알지 못했던 나를 발견하고, 그의 이야기가 나의 이야기가 된다. 이런 과정을 통해 집단원들은 자기 성장의 동지가 되어 서로 하나가 되는 경험을 했기에 헤어짐을 받아들이기가 쉽지 않다. 온전히 내 편이 되어 있는 모습 그대로 수용해 주고, 나의 성장을 위해 용기 내어 표현하기 어려운 피드백도 해 준 집단원들과의 기약 없는 이별은 아쉬움을 갖게 한다. 그러나 이러한 상태로 머물지 않고 이별을 준비할 수 있는 것은 각자의 자리에서 서로를 응원하며 자신들의 실험을 계속해 나갈 것이라는 믿음이 있기 때문에 가능하리라 생각한다. 즉, 이별은 끝이 아니라 새로운 시도를 향한 출발의 의미이기도 하기 때문이다.

지금까지는 집단의 장이라는 안전한 공간에서 시도한 실험들이었지만, 이제는 자신이 속해 있는 사회와 집단에서 실험을 지속해 나가게 된다. 집단과는 다른 현장이기 때문에 이별에 대한 아쉬움으로 눈물을 흘리기보다, 조금 더 용기를 주고 지지하면서 새로운 출발을 축하하고 격려하는 데 에너지를 쏟게 된다. 새로운 출발에 대한 인식이 건강한 마무리단계의 특징이라 할 수 있다. 그렇지 못할 경우, 계속 집단에만 머물려고 하고, 집단 마무리 후에도 집단원들과의 교류에만 집착할 수 있기에 주의가 필요하다.

마지막으로, 평가가 필요하다. 평가는 집단상담 프로그램과 집단상담사에 대한 평가로 집단상담사가 앞으로 집단상담을 진행함에 있어서 중요한 보완 자료로 활용될 수 있다. 이에 대한 자세한 내용은 다음 장에서 다루겠다.

2. 집단 마무리단계에서 다루어야 할 과제

이형득 등(2007)은 마무리단계에서 다루어야 하는 과제로 집단 경험의 개관과 요약, 집단원의 성장 및 변화에 대한 평가, 이별 감정 및 미해결과제 다루기, 피드백 주기, 그리고 작별인사 등을 설명하였다. Corey 등(2014)은 분리감정 다루기, 집단상담의 초기 지각과 후기 지각 비교, 미해결과제 다루기, 집단 경험 뒤돌아보기, 행동변화의 실습, 좀 더 심도 있는 학습 수행하기, 피드백 주고받기, 다짐과 과제, 좌절 극복하기, 주의사항, 집단 경험 평가 등 상세하게 구분하였는데, 저자는 마무리 시 다루어야 할 과제들을 중심으로 5가지로 정리하였다.

첫째, 집단참여 목표달성 확인 및 변화 인식 정리다. 집단 도입단계에서 세웠던 목표달성 여부를 확인함으로써 집단 전 과정에 대한 정리의 시간을 갖는다.

목표달성 여부 확인 자체가 중요하기보다는 자신이 생각하기에 어느 정도 목표를 달성했고, 그렇게 생각하는 근거는 무엇이며, 부족한 점은 어떤 부분인지 등 전반적인 정리의 시간으로 활용하는 것이 중요하다. 또한 목표 이외에도, 집단상담에 참여하면서 다른 집단원들의 이야기를 통해 자신에 대해 알게 되고, 변화한 부분에 대한 정리도 필요하다. 마주하기 버거운 주제일수록 기억의 뒤편에 두고 꺼내지 않는 경우가 종종 있는데 집단상담에서는 집단원의 예기치 않은 이야기들을 통해 인지하지 못했던 자신과 마주하는 경험을 하게 된다. 어렵게 마주한 귀한 경험이기에 이를 정리하고 표현할 시간을 갖게 하는 것은 의미 있다. 이처럼 계획하지 않은 상황에서 자신도 몰랐던 자신의 내면과 마주할 수 있음이 집단의 묘미라 할 수 있다.

간혹 집단 목표를 달성하지 못했다거나 집단에서 적극적 개방을 하지 못했다고 하는 경우조차도 이를 공감하면서 마지막 순간에라도 용기 내어 표현함에 있어서 감사를 표현하고 그 자체를 수용해야 한다. 이 순간만이라도 지금-여기에서 수용받는 경험을 할 수 있다면 그것만으로도 그 사람에게는 의미 있는 시간이 될 수 있기 때문이다. 더 큰 깨달음을 주고자 하는 마음에 욕심이 앞서 집단상담사가 지나치게 지지를 하거나 목표를 달성했다고 설명해 준다면 오히려 어렵게 한 진솔한 자기개방과 수용받는 경험의 순간을 희석시킬 수 있으니 주의가 필요하다.

둘째, 변화행동의 지속적 시도 및 방안 유지 촉구다. Corey 등(2014)도 마지막 단계에서의 과업을 학습의 강화로 보았다. 지금까지 집단 장에서 실험했던 변화행동은 아직 익숙할 정도로 몸에 배지 않았기 때문에 집단 밖에서 지속적으로 시도하고 적용할 수 있는 방안을 계획해야 한다. 또한 이러한 계획 후, 지속적 시도에 대한 결단을 집단에서 선포하고 집단원들의 지지와 격려가 제공될 때 의미 있는 강화가 된다. 집단에서의 변화 경험이 의미 있고, 새로운 경험이었다 할지라도 익숙하고 편한 옛 습관으로 돌아가고자 하는 본능이 우리 안에 내재되어 있다. 이에 대한 안내와 함께 자연스러운 현상임을 수용하도록 하여 작은 변화도 제대로 하지 못하는 의지박약으로 자신을 탓하면서 에너지를 허비하지 않도록 주의가 필요하다.

셋째, 긍정적 피드백 주기와 이별 감정 나누기다. 마무리단계에서 피드백 주기는 작업단계에서의 피드백 주기와는 차이가 있다. 마무리단계에서의 피드백은 집단 전체를 통해 경험하게 된 집단원의 강점을 구체적으로 표현하는 형태로 일종의 강점 세례와 유사하다. 피드백 주기는 긍정적인 것뿐 아니라 부정적인 것도 가능하나 대부분의 사람이 10가지 긍정적인 피드백을 들었다 하더라도 1가지 부정적 피드백을 마음에 담고 힘들어하는 경우가 있다. 부정적 피드백을 보완하는 데 쓰는 에너지를 자신이 가지고 있는 10가지 강점을 온전히 활성화시키는 데 사용하는 것이 효율적이라 생각을 하기 때문에 저자는 긍정적 피드백 주기를 추천한다. 강점을 잘못 사용할 경우에는 약점이 될 수도 있기에 소홀이 여기지 않고 제대로 활용되고 있는지 점검해야 한다.

긍정적 피드백 주기와 병행해서 함께할 수 있는 것이 이별 감정 나누기다. 함께해서 행복하고 즐거웠던 감정, 든든하고 감사한 마음, 헤어짐에 대한 아쉬움 등 집단을 함께하면서 느꼈던 감정들을 서로에게 표현하는 시간이 필요하다. 이별 감정 나누기를 통해 눈물을 흘리기도 하지만, 이 눈물은 슬픔이기보다 함께한 이들에 대한 감사의 눈물이고, 성장과 변화에 대한 축하의 눈물이다. 이러한 감정 나누기는 집단 밖으로 향하는 집단원들에게 강한 지지기반이 된다.

Yalom(2008)은 집단원뿐 아니라 집단상담사도 마무리에 대한 이별 감정을 다루는 것이 필요하다고 하였다. 집단상담사는 집단을 진행하면서 이별을 자주 경험하기에 무덤덤할 것이라 생각할 수 있으나 그렇지 않다. 매 순간 새로운 집단원을 경험하게 되고, 그 속에서 삶의 이야기를 통해 만남을 하기 때문에 한결같을 수가 없다. 특히나 머리와 머리의 만남이 아니라 가슴과 가슴의 만남, 감정과 감정의 만남, 마음과 마음의 만남이기 때문에 언제나 특별하고 새롭다. 어쩌면 부모가 독립해 나가는 자녀를 보내는 마음과 유사하다 할 수 있다. 이로 인해 집단상담사도 집단원들에 대한 이별 감정을 표현하고 자신의 마음을 추스르는 과정이 필요하다.

넷째, 주의사항이다. 집단의 장에서 실험을 통해 변화가능성을 확인했고, 집단원들로부터의 공감과 수용으로 이러한 변화의 원동력이 되었기에 집단 밖에서의 새로운 도전은 두려움도 있지만 기대와 설렘도 크다. 그러나 집단 밖은 집단 장에서의 경험과는 다를 수밖에 없는 현실적 상황을 간과해서는 안 되기 때문에 집단 마무리 시 주의사항 안내는 중요하다.

주의사항 첫 번째는 비밀유지다. 도입단계에서 집단규칙을 정하면서 비밀유지에 대한 안내를 했지만, 마무리 시점에 이에 대한 재설명과 확인이 필요하다. 이는 그만큼 비밀유지가 어렵고 중요하기 때문에 재각인이 필요하다.

주의사항 두 번째는 지속적인 실천의 중요성이다. 변화행동이나 인식의 변화가 아직은 온전히 자신의 것이 되지 않았기 때문에 의식적으로 노력하지 않으면 익숙한 모습으로 되돌아가기 마련이다. 더욱이 집단 밖에서 평소와 다른 모습이다 보니 지지적인 피드백보다 낯설고 어색하다는 부정적인 피드백을 받을 수 있는데 이때 더욱더 위축되어 중단할 수 있다. 집단 밖에서의 반응은 변화행동이 오히려 불편하고 자신들이 취했던 이득을 상실하게 됨으로 인해 변화를 지지하지 않을 수 있기 때문에 상황을 분별할 수 있도록 지속적인 시도를 통해 재검증이 필요하다.

주의사항 세 번째는 자신의 인생에 큰 영향을 미칠 정도로 주요한 결정 같은 경우는 집단 마무리 후 기록해 두었다가 한두 달 후에도 그 결정에 변함이 없다면 그때 행동으로 옮기도록 권한다. 분위기에 휩쓸려 자신의 상황과 자기점검 없이 섣부른 결정이 될 경우 후회할 수 있기 때문에 주의가 필요하다.

주의사항 네 번째는 미해결과제에 대한 안내다. 집단상담을 진행하다 보면 집단원은 집단을 통해 모든 것을 해결할 것 같고, 집단상담사는 모든 것을 해결해 주어야 한다는 생각을 할 때가 있다. 그러나 이런 일은 절대 있을 수 없다. 자신의 삶의 주제에 한 발짝 다가가고, 작은 한 부분과 마주하기도 쉬운 일이 아니다. 이는 그만큼 인생이 단순하거나 간단하지 않기 때문이다. 많은 이야기들 중에 작은 한 부분과 마주하게 되면 그것과 연결되어 있는 또 다른 이야기가 수면 위로 떠오르게 되는데 이것이 미해결과제이다. 이는 자연스러운 현상이며, 이러한 부분이 무엇인지 점검하게 하고 이를 조금 더 깊이 있게 다루고자 할 경우에는 개인상담을 안내하는 것도 한 방법이다.

다섯째, 마무리 의식이다. 의식은 격식을 갖춘 행위로 말로 표현하기보다 행위화가 추가되기에 더욱 의미 있고, 강하게 이미지가 각인될 수 있다. 저자가 일반적으로 집단 마무리 시 진행하는 의식 3가지를 소개하면 다음과 같다.

① 집단에서 경험하고 시도한 실험들을 집단 밖에서 지속하거나 유지하려고 할 때 우려되는 부분들이 있다. 이를 장애물로 형상화하여 극복하는 경험을 마무리 의식으로 활용한다. 장애물을 형상화하는 방법은 다양한데, 예를 들면 집단원 두 명씩 짝이 되어 긴 천을 잡고 막거나 집단원 두 명씩 팔짱을 끼고 막아섬으로써 장애물로 형상화하여 막연하게 불안했던 걱정들을 이미지화하여 이를 뚫어 보는 경험을 한다. 이를 뚫고 지나간 후에 자신에게 해 주고 싶은 말을 듣게 해 줌으로써 또 한 번의 강화를 받게 한다. 이러한 경험은 현실 속에 존재하는 방해요소들이 만만하지 않으나 결코 해결할 수 없는 존재가 아님을 몸으로 느끼게 함으로써 집단 밖으로 나갈 수 있도록 준비할 수 있게 한다.

② 두 번째는 글로 표현하는 방법이다. '나'라는 제목으로 자신을 포함한 집단원들이 돌아가면서 집단원에게 해 주고 싶은 글을 시로 표현하는데, 첫 문장과 마무리는 그 시의 주인이 작성하도록 하는 방법이다. 시를 쓴다고 하면 부담을 갖게 되는데 시적 운율을 신경 쓰기보다 집단상담을 통해 경험하게 되면서 알게 된 점, 그 집단원에게 하고 싶은 이야기를 글로 표현하도록 하여 내가 적은 한 줄이 모여 감동을 주는 한 편의 아름다운 시가 되는 경험도 의미 있다. 모두가 작성한 후, 자신의 시를 자신이 읽거나 다른 집단원에게 읽도록 부탁하여 낭송의 시간을 가짐으로써 마무리 의식

을 진행한다. 다음은 저자가 진행한 집단상담 마무리 시 집단원들에 의해 작성된 어느 집단원의 시다.

제목: 나

고치 속에서 꿈틀대던 나는
빛을 찾아 움직인다, 나만의 빛.

꿈틀대는 나의 모습에서 나를 찾고
부드럽고 온유한 미소 가득한 얼굴을 하고
따뜻하고 넓은 가슴으로
애쓰는 손과 발.
주변을 밝게 희망차게 만든다.

꿈틀… 꿈틀… 부비적…부비적…
촥………..!
무엇인가 나를 감싸던,
피부의 조임을 벗어던지고
한 쪽의 무언가를 펼쳐본다.

조금씩 보이기 시작하는 작은 날개짓!
어디로 향할지 궁금하다.
그래, 나는 나비가 되었다.

③ 두 번째 방법을 조금 어려워한다면 하나의 변형된 형태로 집단에서 불렀던 별칭으로 집단원들끼리 돌아가면서 2행시 또는 3행시를 적게 한다. 동

일한 단어를 가지고 2행시(또는 3행시)를 지은 것이지만 내용은 다르고 감동도 다르다. 모두가 작성한 후, 자신의 글을 읽은 소감을 나누면서 서로 간의 마음을 표현하도록 한다.

3. 집단상담 및 경험에 대한 평가방법

평가(assessment)는 특정 대상의 가치를 양적 또는 질적으로 설명하는 행위이다. 평가 대상에 따라 집단상담사 평가, 집단원 평가, 집단 프로그램 평가 등으로 구분한다. 평가 방식은 양적 평가와 질적 평가로 크게 구분되고, 양적 평가는 심리검사나 척도를 활용하거나 행동 관찰 등을 통해 진행된다. 질적 평가는 인터뷰 형태로 진행된다. 집단상담 평가방법은 대상, 내용, 방법에 따라 다양하다. 누가 평가의 주체인지, 평가 내용은 무엇이고, 그것을 어떤 방법으로 하느냐에 따라 달라질 수 있다. 집단상담 평가 목적에 중점을 두고, 집단원의 변화 내지 경험 정도 평가와 집단상담사가 앞으로 집단을 진행함에 있어서 고려할 수 있는 정보 수집 목적의 평가, 2가지를 중심으로 살펴보고자 한다.

먼저, 집단원이 집단상담을 참여하면서 경험하게 된 자신의 변화 정도에 대한 평가다. 객관적 평가방법으로는 심리검사나 척도 질문지를 통한 양적 평가로 대체적으로 집단상담 사전과 사후에 실시하여 평가하나, 회기 중간에 또는 집단상담 마무리 후 어느 정도 시간이 지난 다음에 추후평가를 진행하기도 한다. 수치화를 통해 확인이 용이하나, 평가에서 측정하고자 하는 도구 선택이 어려울 때가 있다. 평가 도구 외에 자기경험보고서 형태로 기술하는 방법도 있다. 이는 회기마다 진행될 수 있는데 주로 집단을 경험함으로써 자신에 대해 알게 된 점(자신이 어떤 사람이고, 어떤 감정을 경험했고, 무엇의 영향인지 등)을 기록하여 제출하면 집단상담사는 그것에 대해 공감뿐 아니라 조금 더 자신을 더 깊이 있게 경험할 수 있도록 하는 통찰 질문 등을 기록한 후 돌려준다. 이는 집단이 진행되는 동안 자기 내면뿐 아니라 집단원 간의 만남을 촉진하여 자기이해와 타인이해로 나아가게 할 수 있다. 또한 글로 남겨져 있기 때문에 집단 마무리 시 자신의 변화 정도를 재확인하는 근거자료로 활용할 수 있다. 저자가 상담을 공부할 무렵 집단상담을 참여했을 때 집단상담사가 피드백해 준 경험보고서를 아직도 가지고 있다. 지금도 한 번씩 보면서 그 당시 어떤 생각을 하였고, 그때의 경험이 현재 나에게 어떤 영향을 미쳤는지 등 나의 변화를 확인할 뿐 아니라 집단원의 성장과 깨달음을 위한 집단상담사의 정성과 사랑을 다시 느끼게 된다. 이 경험이 있었기에 지금도 집단원의 경험보고서에 그들의 성장과 변화를 기대하며 피드백을 적곤 하는데 쉬운 작업은 아니지만 의미 있는 시간이다. 이외에 녹음이나 녹화를 하거나, 관찰자에 의한 관찰 등의 방법이 있다. 그러나 집단원들이 관찰자에 의한 부정적 평가로 불이익을 당할 수 있다는 생각 때문에 집단상담에 소극적으로 또는 가식적으로 참여할 수 있어서 상담현장에서 사용하기에는 한계가 있다.

두 번째 평가는 집단상담 보완을 위한 정보수집 목적으로 집단상담 자체에 대한 평가다. 주로 질문지를 사용하거나 포커스 그룹을 활용한다. 질문지든 포커스 그룹의 형태이든 질문을 통해 진행되는데, 알고자 하는 정보가 무엇이냐에 따라 질문의 내용은 달라지고, 서술형이 아니라 수치로 표시할 수도 있겠으나 일반적으로 다음과 같은 질문을 사용할 수 있다.

- (긍정적이든, 부정적이든) 가장 인상에 남는 프로그램(또는 회기)은 무엇입니까? 그 이유는 무엇입니까?
- 집단상담 장소와 분위기는 어떻다고 생각합니까?
- 집단상담 시간은 어떻다고 생각합니까?
- 집단상담사의 진행은 어떻다고 생각합니까?
- 본 집단상담을 다른 사람에게 권유하고 싶으십니까? 그 이유는 무엇입니까?
- 본 집단상담에서 보완되어야 할 점은 무엇입니까?

- 집단상담사에게 건의하고 싶은 이야기는 무엇입니까?

4. 집단상담 마무리 Q & A

Q1 집단 마무리단계에서 집단원이 해결하지 못한 과제가 있다면 집단상담사가 이를 어떻게 해야 하는지 궁금합니다.

A1 집단상담이든 개인상담이든 몇 번의 만남으로 그 사람의 모든 문제를 해결하는 것은 불가능합니다. 상담사는 전지전능한 신이 아니고 집단원과 함께하는 동반자입니다. 당연히 미해결과제가 있을 수 있습니다. 자신의 무능력으로 자책하거나 모든 것을 해결하려고 무리한 개입을 시도하는 것은 조심해야 합니다. 다만, 미해결과제가 있음을 집단원이 알고 있는지 확인하고, 앞으로 발생할 수 있는 상황에 대해 대처할 수 있는 안내를 통한 안전장치가 필요합니다. 집단상담에서 실험한 것을 지속적으로 해 보길 권하고, 그럼에도 불구하고 혼자서 대처하기에 버거울 경우에는 집단상담이나 개인상담을 통해 적극적 대처를 하도록 권유하기 바랍니다.

Q2 집단 마무리 시, 대다수의 집단원들이 집단 안에서 부정적인 감정경험도 하고, 아직 미해결된 문제가 남아 있음에도 '긍정적인 피드백'을 하게 되는 경우가 많은 것 같습니다. 이때, 집단상담사는 집단원들의 솔직한 감정을 어떻게 이끌어 낼 수 있을지 궁금합니다.

A2 집단원이 경험하고 있는 부정적 감정과 미해결과제가 있다고 해서 긍정적 피드백이 솔직한 감정이 아니라고 볼 수는 없습니다. 모든 것이 해결되어야 긍

정적 피드백이 가능한 것은 아닙니다. 물론 모든 것이 해결되는 것도 불가능합니다. 사람에겐 누구에게나 긍정적인 면이 있기에 작은 씨앗을 찾아 표현하게 함이 중요합니다. 다만, 부정적인 감정에 쌓여서 긍정적 피드백을 주저하게 만든다면 질문을 통해 이를 한 번쯤 생각해 보게 해야 합니다. 생각해 보게끔 하라고 하는 것은 마무리 회기이기 때문에 그 주제로 작업을 하는 것보다 미해결과제로 알려 줌으로써 다음 기회를 준비하게 하기 위함입니다.

Q3 집단 경험을 해 보니까 집단 경험이 좋았던 만큼 헤어짐의 아쉬움도 깊더라구요. 찡하면서도……. 끝이 시작이 될 수 있는 구체적인 활동 몇 가지 더 알 수 있을까요?

A3 헤어짐의 아쉬움을 피하거나 덮으려고 하기보다 이를 있는 그대로 경험하게 함이 중요합니다. 어떤 면에 있어서는 헤어짐에는 아쉬움이 남기 마련입니다. 모든 것을 해결하거나 해피엔딩이 되도록 애쓰기보다 집단원이 감당해야 할 몫은 그들에게 맡기는 것도 집단상담사가 해야 할 역할입니다. 그럼에도 불구하고 집단 마무리 시 할 수 있는 활동을 하나 더 소개하면, 자신에게 보낼 편지를 쓰게 하는 방법입니다. 집단을 경험하면서 자신에 대해 발견한 것, 자신이 세운 계획이나 자신과의 약속 등을 중심으로 자신에게 하고 싶은 이야기를 적어서 집단상담사에게 제출하면, 집단상담사는 3~6개월 후에 그 편지에 짧은 안부 인사를 적어서 집단원에게 우편으로 발송해 줍니다. 휴대전화나 SNS로 소통하는 요즘 시대에 받는 손편지는 또 다른 의미 있는 경험이 되니 한번 시도해 보기 바랍니다.

Q4 집단상담을 다 마친 후 집단상담을 통해 공감과 치유를 받은 내담자가 다른 집단원들과의 접촉으로 오히려 집단 밖 공동체(가정 학교 사회 등)로

부터 더 고립되고 분리될 수도 있지 않을까 싶습니다. 이를 예방하기 위해서는 어떻게 해야 하나요?

A4 집단에서 공감과 수용을 받다 보면 현실로 나아가기보다 집단 장 안에 머물려고 하는 경우가 있고, 주기적으로 집단상담에 참여하면서 의존적 성향을 보이는 경우가 가끔 있습니다. 농담처럼 집단 약발이 떨어져서 충전하러 왔다는 표현을 하기도 합니다. 개인상담에서 내담자를 의존적으로 하지 않도록 주의를 해야 하듯이 집단상담도 마찬가지입니다. 특히 센터를 운영할 경우, 이렇게 주기적으로 참여해 주는 집단원이 고맙기도 하고(물질적 유혹일 수 있습니다.), 집단상담사가 의존적 성향이나 불안이 있는 경우에 집단원과 융합되어 이를 강화시킬 수 있기에 주의가 필요합니다. 집단상담사는 집단원이 집단 장에서 충분히 실험하도록 수용하면서 일상으로 복귀할 수 있도록 도전도 해야 합니다. 이렇게 했음에도 불구하고 집단 밖으로 나아감에 있어서 주저함이 있다면 이를 직면시켜 무엇을 주저하고 두려워하는지, 집단에서의 안주가 자신에게 어떤 영향을 주고 있는지 등 자신을 돌아보게끔 상담적 개입이 필요하기 때문에 생각할 질문을 던지거나 더 깊은 개입이 필요할 경우, 개인상담을 권하기 바랍니다.

Q5 집단상담 마무리 시 피드백을 서로 주고받을 때 집단구성원끼리만 하는 경우가 있던데 평가지로 하는 것 이외에 집단상담사에게 집단원이 피드백하지 않는 특별한 이유가 있나요?

A5 일반적으로 집단상담사는 지도자이면서 집단원이기에 상호 간에 피드백이 자연스럽고 필요합니다. 다만, 시간적 제약이 있을 때는 집단상담사에 대한 피드백을 평가지 외에 집단원 2~3명만 하거나, 집단 마치고 개별적으로 표현하도록 양해를 구하거나 또는 생략할 경우도 있습니다. 이럴 경우 개인적으로는 아

쉬움이 남습니다. 집단에서의 집단상담사의 모습을 집단원들의 피드백을 통해 확인하고 재점검할 수 있는 기회이기 때문에 욕심이 나기도 하지만, 가끔은 집단원에게 양보해야 할 때도 있으니 참고하기 바랍니다.

Q6 마무리 회기에 경계해야 할 집단상담사의 태도는 무엇입니까?

A6 아쉬움이 남을수록 마무리 회기에 조금 더 뭔가를 해결해 주려는 유혹이 생기기도 하고, 마무리 회기에 자신의 주제를 꺼낸 경우에도 해결에 대한 부담을 갖게 되는 경우가 가끔 발생합니다. 그러다 보면 무리하게 개입을 해서 충분히 다루지도 못한 채 마쳐야 하는 경우가 발생하는데 이를 다음 기회로 넘기는 여유가 필요합니다. 시간적 압박감에 서둘러 개입하다 보면 오히려 압력으로 여겨지거나 무리한 개입을 할 수 있기 때문에 주의가 필요합니다.

Q7 집단이 끝나고 나서 집단상담사 자신의 마인드 컨트롤이나 스스로에 대한 뒷수습과 상실감은 어떻게 관리해야 하나요?

A7 집단에서의 찐한 만남을 하고 나면 헤어짐에 대한 아쉬움과 공허감이 남을 수 있습니다. 이는 자연스러운 현상이나 이러한 상태가 일상생활을 방해할 정도라면 교육분석 등을 통한 점검이 필요합니다. 또한 자신만의 정리하는 방법을 찾는 것도 필요합니다. 개인적으로 사용하는 방법은 집단이 끝난 후, 그때의 느낌을 글로 정리하거나 기도를 하며 정리하는 시간을 갖는데, 여러분도 자신만의 방법을 한번 찾아보길 바랍니다.

제9장 사이코드라마와 집단상담

1. 사이코드라마의 주요개념 및 기본 요소

1) 주요개념: 역할론, 창조성, 자발성

(1) 역할론

인간은 자신의 삶 속에서 타인과의 관계를 맺음을 통해 다양한 역할을 부여받아 존재한다. 자기 삶의 이야기에서 자신을 주인공으로 자신의 이야기를 스스로 만들어 가며 여러 역할을 창조해 간다. Moreno(Dayton, 2015에서 재인용)에 따르면 역할은 '자기(self)가 취하는 구체적 형태'로 역할을 통해 그 사람의 생각과 감정을 접촉하며 무의식과의 만남이 가능하게 된다. 사이코드라마는 지금까지 주어진 역할과는 다른 역할을 시도해 봄으로써 나를 확장시키는 실험의 장이 된다. 이러한 자기확장은 관계 속에서 상호작용을 통해 관계의 확장으로 연결된다. 다양한 역할 실험은 창조성과 자발성에 의해 자유자재로 경험하게 된다. 이러한 실험이 자연스럽게 이루어지지 않고 내적 · 외적 요인에 의해 한두 역할에 매이게 될 때, 자신을 과소평가 내지 과대평가하게 된다. 이미 익숙해져 있기 때문이기도 하지만, 타인에 대한 의식과 낯선 자신과 마주하기를 일상생활 속에서 시도해 보기는 쉽지 않기 때문에 안전한 역할 실험장이 필요한데 그것이 바로 사이코드라마다.

(2) 자발성

Moreno는 자발성을 습관적이거나 고정관념에 사로잡히지 않고 기존 상황에 새롭게 반응하는 힘으로 정의한다(Moreno, 1953; 최헌진, 2010에서 재인용). 이러한 관점에서 볼 때, 정형화되지 않고 늘 새롭게 반응하고 자유롭게 표현하는 아이들에 비해 나이가 들어 감에 따라 어른들의 자발성은 점점 사라지고 있는 듯하다. 아이들에겐 자연스러운 현상인데 어른들에겐 어쩌면 새로운 도전이기에 용기가 필요하다. 뿐만 아니라 자발성을 끌어올리기까지 사람마다 속도의 차이가 있기 때문에 속도 조절의 선택권을 본인 스스로 갖도록 해야 한다. 다만, 잠들어 있는 내면의 자발성이 깨어나 다시 자연스럽게 표출될 수 있도록 상담사가 함께하는 것은 중요하다. 특히 상담사가 기존의 사회에서 경험한 것과 다른 반응을 보일 때 틀을 해제하고 자발성을 표현할 시동을 걸게 한다. 이러한 시도를 통해 새로운 반응과 새로운 나를 경험하게 한다.

상담사의 기다려 줌과 다름이 안전하고 수용적인 분위기 속에서 사회가 규정해 놓은 역할로서가 아니라 있는 그대로의 나와 마주하게 한다. 이것을 가능하게 하는 힘이 바로 인간에 내재된 자발성이다. Dayton(2008)에 의하면 자발성을 3가지 유형으로 설명하는데, 첫째, 병적 자발성으로 적절하지 않은 반응이고, 둘째, 진부한 자발성으로 적절하기는 하지만 새로움과 창조성이 없는 반응이고, 셋째, 진정한 자발성은 새로움과 창조성을 갖춘 반응이다. 이를 통해서 알 수 있듯이 자발성은 창조성과 밀접한 관련이 있다.

(3) 창조성

심리학 분야뿐 아니라 대부분의 영역에서 중요하게 생각하는 개념 중 하나가 창조성이다. 인간의 창조성은 타고난 것이지만, 이것이 계속해서 발현되기보다는 점점 무뎌지고, 심지어 창조성을 개발하기 위해 교육을 받기까지 한다. 무엇이 이러한 결과를 초래한 것일까? 인간의 타고난 창조성은 그것이 성과지향적인 결과물로 재탄생되기 전까지는 특이함과 유별남으로 명명되어 가볍게 취급되는 경향이 있다. 이러한 경험이 하나씩 쌓이게 되면서 나의 색깔을 드러내기보다는 사회가 요구하는 모습을 나로 여기며 살아가고 있다. 정형화되고 틀에 박힌 사회적인 역할 요구로 인해 인간의 자발성마저 퇴색한다. Moreno는 인간이 자신의 창조적 힘을 자각하여 창조성과 자발성을 회복해야 함을 강조하였다.

창조성의 회복은 정형화된 틀에서 벗어나 평소와 다른 행동, 익숙한 것에서 벗어나 경험해 보지 않은 행동들을 시도해 봄으로써 가능하리라 여겨지며 일상생활 속에서 작은 실험들을 통해서도 가능하다. 예를 들면, 자가운전을 하는 사람이라면 한 번쯤 자동차를 집에 두고 가까운 거리는 걸어 본다면 자동차 속도감으로 보지 못했던 작은 들꽃과도 마주할 수 있고, 운이 좋으면 도심 한복판에서 새소리를 들을 수도 있다. 이러한 경험이 자신의 생각과 감정에 어떤 영향을 주는지 느껴 보고, 내 생각과 감정을 주체적으로 만들어 간다면 이 또한 창조성의 회복이라 할 수 있다. 사이코드라마는 자기 삶의 이야기를 스스로 주인공이 되어 새롭게 창조함으로써 실험할 수 있는 안전한 경험의 장을 제공해 준다.

2) 기본 요소: 주인공, 보조자, 디렉터, 집단

사이코드라마의 기본 요소는 주인공, 보조자, 디렉터, 집단이다. 이 요소들을 집단상담의 요소들과 관련하여 살펴보고자 한다.

(1) 주인공

주인공은 사이코드라마 진행에 있어서 중심이 되는 인물로 자발성에 의해 자원하여 주인공의 자리에 나아가게 된다. 주인공으로 선택되면 자신의 자발성에 따라 자신이 하고 싶은 이야기를 풀어 가기 시작한다. 사이코드라마에서의 주인공은 게슈탈트 집단상담에서 뜨거운 자리(hot seat)에 앉은 사람과 유사하다고 볼 수 있다. 주인공의 이야기를 중심으로 장면을 만들고 행위화를 통해 자신을 탐색할 수 있도록 연출하는 것은 디렉터의 역할이지만, 행위화를 하는 것도 집단원들에게 역할을 배정하는 것도 주인공의 역할이다. 또한 주인공이면서 디렉터와 보조자의 역할을 할 수도 있고, 다시 집단원으로 돌아갈 수도 있다. 주인공에게 자유로운 선택권이 주어질 때 진정한 자발성과 창조성이 발현되기 때문에 이는 중요하다. 스스로의 선택에 의해 주인공이 되었다 할지라도 모두가 보는 앞에서 자신만의 춤을 춘다는 것은 쉬운 일이 아니다. 자기 스스로도 어떤 모습과 마주할지 모르는 상태에서 그러한 모습이 타인들에게 보여질 때 어떻게 인식될지 우려하는 것은 자연스러운 일이다. 그러나 이러한 염려와 불편감이 지속될 때 창조적 실험이 진행되기 어렵기 때문에 디렉터와 주인공은 이를 해결하고 자발성을 높이기 위한 준비작업이 필요하다.

(2) 보조자

보조자는 주인공의 이야기 속에 등장하는 역할을 재연하는 존재로 사람뿐 아니라 감정, 동식물, 무생물, 심지어 상상 속의 존재일 수도 있다. 보조자는 일반적으로 주인공에 의해 선택되며 주인공의 의식적 또는 무의식적 느낌에 의해 선택된다. 역할연기가 서툴러도 괜찮다. 보조자에게 가장 중요한 것은 주인공과 함께하려는 마음이고, 이것이 곧 만남이다. 보조자의 역할은 주인공이 알려 준 정보에 근거해서 수행되며 보조자가 이를 응용할 수 있으나 주인공이 알려 준 범위 내에서 가능하다. 그 선을 벗어날 경우, 주인공의 자발성은 떨어지고, 역할몰입에 방해를 받을 수 있기 때문에 주의가 필요하다. 특히 보조자가 자신의 이야기와 혼동하여 주인공의 이야기를 벗어나는 경우가 있는데 디렉터는 이를 조율하여 보조자의 역할을 할 수 있도록 권하여 주인공이 바뀌지 않도록 해야 한다. 보조자는 주인공이 부여한 역할을 수행하면서 또 다른 자기 경험을 할 수 있으나 자신의 보조자임을 잊어서는 안 된다. Z. T. Moreno(1987)는 보조자가 주인공이 알려 준 역할 범위를 넘어섬으로써 초점이 주인공에게서 벗어날 수 있음을 경고하였다. 주인공의 이야기와 자신의 이야기를 혼돈한 보조자에게는 나누기 시간을 통해 자신의 감정과 생각을 표현할 수 있도록 기회를 제공하여 이를 조금이라도 해소할 수 있도록 한다.

(3) 디렉터

Moreno(1977)는 디렉터의 역할을 연출자, 촉진자, 조력자, 관찰자, 분석가 등으로 설명하고 있다. 주인공의 자발성과 창조성을 촉진하고, 주인공을 관찰하고 분석하여 자기만의 춤을 출 수 있도록 조력하고, 자신의 이야기를 행동으로 표현할 수 있도록 연출한다. Dayton(2008)에 의하면 디렉터의 역할은 주인공이 이끌리는 곳으로 가도록 허용해 주면서 그가 이끄는 대로 따르는 것이라고 하였다. 즉, 디렉터의 역할은 주인공이 풀어 내는 이야기들을 재연하고 새로운 자신의 이야기를 창조할 수 있도록 함께하는 것이다. 주인공의 자발성과 창조성을 활성화시키되 스스로 선택하도록 하여 자신뿐 아니라 타인과 진정으로 마주하는 경험을 해 보는 기회가 되도록 조력한다. Blatner(1996)는 디렉터의 역할을 주인공의 벽을 허물지 않으면서 주인공이 많은 문을 두드려 보고, 어떤 문을 여는지 지켜보는 것으로 묘사하고 있다. 이를 위해서 디렉터는 주인공의 표정 하나 몸짓 하나도 놓치지 않도록 주의 깊게 관찰하고 그를 따라가야 한다. 주인공이 앞으로 나아갈 수 있도록 지지와 자극을 하지만, 나가고 멈춤을 스스로 선택하기까지 기다림이 필요하다.

사이코드라마에서의 디렉터의 역할은 집단상담에서 집단상담사의 역할과 유사하다. 개인상담과 달리 집단에서 자신의 이야기를 할 때에는 알지 못하는 타인들에 대한 의식으로 위험부담이 더 커서 신뢰에 대한 확신이 더 필요하다. 집단상담사가 집단원의 자발성 속도에 맞춰 집단원을 관찰하고, 집단의 장에서 자신을 실험할 수 있도록 촉진하고 조력하는 역할을 한다. 집단상담에서 집단원들 간의 상호작용 활성화가 중요하듯이 사이코드라마에서도 주인공과 집단 간의 연결을 통한 상호작용이 중요하며 이때 디렉터의 역할이 중요하다. 집단상담에서 집단상담사가 집단원 전체의 역동을 파악하고 있어야 하듯이 사이코드라마에서도 주인공에게만 집중해서는 안 되고, 집단과 소통하고, 상호작용할 수 있도록 연결짓기 역할을 수행해야 한다.

(4) 집단

집단은 일반적으로 관객이라고도 말하는데 관객은 구경하는 사람 또는 관찰자의 의미가 담겨져 있기 때문에 오해의 소지가 있다. 사이코드라마에서의 집단은 구경꾼이나 관찰자가 아니다. 집단은 잠재된 주인공이면서 보조자들의 모둠이다. 자발성에 따라 주인공도 될 수 있고, 주인공의 느낌에 따라 보조자도 될 수 있으며, 주인공의 이야기에 반응하고, 함께하는 사람들의 집합체다. 주인공은 집단을 의식해서 자발성이 떨어질 때도 있지만, 온전히 자신의 춤을 추고 무대를 내려올 수 있는 것은 집단이 함께하는 힘에 의해서 가능하기도 하다. 주인공의 이야기에 반응하다 보면 주인공의 이야기는 내 이야기가 되어 어느새 우리는 하나가 되어 있다. 이것이 만남이다. 특히 주인공의 행위화를 통해 자신의 울림을 발견하고 이를 나누기 때 표현함으로써 집단과 주인공은 또 다시 만남을 경험하게 한다. Dayton(2015)은 이러한 나누기 작업을 몸과 몸, 마음과 마음의 동일시라고 하였다. 이러한 만남이 이루어지기 위해서는 디렉터가 집단을 적절히 활용하고, 반응을 할 수 있도록 중간 역할을 해야 한다.

집단상담에서는 사이코드라마처럼 처음부터 한 명의 주인공이 선택되어 진행되기보다는 집단의 전반적인 분위기가 하나의 주제로 모이는지 확인이 필요하다. 한 주제에 대해 집단에서 공감대가 형성되고 암묵적인 주인공이 드러날 수 있지만, 이 또한 스스로 선택하고, 집단에서 결정되도록 해야 한다. 집단상담사는 이러한 공감대가 집단에 형성되었는지를 파악할 수 있어야 하고, 이를 확인할 필요가 있다. 사이코드라마와 집단상담은 모두 집단과 함께 진행되기 때문에 집단의 상호작용과 역동을 파악하고 활용하는 것은 중요하다.

2. 집단상담에서의 사이코드라마

집단상담과 사이코드라마는 다른 듯하면서도 닮아 있기 때문에 집단상담에서 사이코드라마를 상보적으로 활용할 때 시너지 효과가 크다. 먼저, 집단상담과 사이코드라마의 발달과정은 유사하다. 집단상담은 도입단계, 과도기단계, 작업단계, 마무리 단계로 나뉘고, 사이코드라마는 준비(워밍업)단계, 행위화단계, 마무리단계로 구분된다. 집단상담에서 도입과 과도기단계가 사이코드라마에서 준비(워밍업)단계와 유사하기에 발달과정이 유사하다 할 수 있다. 특히 집단상담의 한 회기마다 도입, 활동, 나누기로 크게 구조화되어 있는 점도 맥락을 같이할 수 있는 이유이기도 하다.

집단상담과 사이코드라마에서 다루는 시점이 지금-여기(here-and-now)이다. 과거가 의미 있는 것은 현재에 영향을 미치기 때문이고, 이러한 현재들이 모여 또다시 미래에 영향을 미치기 때문에 지금-여기에서의 만남은 중요하다. 그러나 대부분의 사람은 현실을 직면하기 두려워하기 때문에 과거나 미래로 도망가기도 한다. 그렇다고 과거를 이야기하지 말라고 할 수도 없다. 과거 또한 나의 일부이기 때문이다. 지금-여기를 다룬다는 것은 과거의 이야기를 지금-여기로 가지고 와서 재연을 통해 재경험토록 하는 것이다. 머릿속에서 수만 번을 재연했던 것을 멈추고, 실제로 집단원을 활용하여 지금-여기에서 행위화할 때 과거의 상황이 현재 자신에게 어떤 영향을 미치고 있는지 온몸으로 경험할 수 있다.

과거의 경험이 지금 이 순간 벌어진 상황처럼 온전히 경험될 수 있는 것은 행위화를 통해 경험되기 때문이다. 행동치료나 게슈탈트치료에서도 행위화를 통한 재연이 있지만 사이코드라마의 그것과 다르다. 사이코드라마에서의 행위화는 과거의 상황을 그대로 재연하여 단순한 재경험의 차원을 벗어나 확대나 축소를 통해 주인공의 자발성을 준비시키면서, 짧은 시간에 그 상황 속으로 몰입할 수 있도록 극화시켜 주인공의 경험을 확장시킨다. 이러한 이유로 사이코드라마는 강하고 세다는 인상을 받게 되는지도 모르겠다. 일반적으로 집단상담의 한 회기 시간이 1시간 30분~2시간 정도임을 감안할 때 주인공의 자발성과 집단원의 공감대가 형성된다면 사이코드라마적 행위화가 집단상담에서 효율적으로 활용될 수 있다. 집단상담에서 활용할 수 있는 사이코드라마 기법에 대해서는 다음 절에서 자세하게 다루기로 하고, 행위화와 관련 있는 카타르시스에 대해 살펴보고자 한다.

사이코드라마에서의 카타르시스는 고대 그리스의 아리스토텔레스로 거슬러 올라가는데 카타르시스는 감정의 방출로 영혼을 정화하는 것으로 묘사되고 있다. Dayton(2015)은 카타르시스를 해소(abreaction)의 카타르시스와 통합(integration)의 카타르시스로 구분하고 있다. 해소의 카타르시스는 무언가에 대한 감정의 분출이라면 통합의 카타르시스는 이렇게 표현된 감정을 관찰하고 그 근본적 원인에 대한 통찰을 통해 더 깊은 자기이해를 통한 통합의 자리로 나아갈 때 가능하다. 일반적으로 카타르시스라고 할 때 막대기에 감정을 실어 소리를 지르고 내리치면서 억압된 감정을 표출하는 것으로 생각하는 경우가 종종 있다. 특히 한국인들의 경우 화나 슬픔 등을 부정적 감정으로 생각하고, 이를 표현할 경우 자기관리를 못하는 사람으로 보는 경향이 있기에 대체적으로 감정을 억압하는 경우가 많다. 그래서 이러한 감정을 쏟아 내어 해소의 카타르시스가 필요하긴 하지만 이것이 주목적이 아니다. 감정표출을 통해 막혀 있는 감정이 뚫려 숨 쉴 수 있는 공간이 만들어지면, 자기통찰을 통한 통합의 카타르시스로 갈 수 있다. 이러한 맥락에서 볼 때 집단상담에서 사이코드라마를 활용할 수 있는 근거가 마련된다.

3. 집단상담에서 활용할 수 있는 사이코드라마 기본 기법

1) 역할 바꾸기

사이코드라마에서 역할 바꾸기는 주요개념이면서 기본 기법이다. 역할 바꾸기는 다른 관점에서 자기를 바라보고, 인식의 전환을 통해 새롭게 자기를 이해하게 한다. Dayton(2008)은 역할 바꾸기를 잠시 자기를 떠나는 연습을 할 기회를 제공하는 것이라고 하였다. 자기 자신을 가장 잘 아는 사람이 자신일 것 같지만 사실은 가장 잘 모르는 사람일 수 있다. 늘 익숙한 동일한 관점에서 생각하고 느끼며 행동하기 때문에 인식의 전환은 쉽지 않다. 이때 역할 바꾸기를 통해 타성에 젖어 있는 자신을 잠시 떠나 제3자의 입장에서 바라보고 재해석함으로써 자기에 대한 이해가 확장되는 경험을 할 수 있다. 예를 들어, 심한 우울로 늘 자기 방에서만 생활하는 주인공에게 그 방에 있는 가구나 물품들과 역할 바꾸기를 함으로써 자신을 되돌아보게 한다. 이를 통해 자신이 무엇을 원하고 어떤 삶을 바라는지 자신이 원하는 삶을 살기 위해 어떻게 해야 하는지에 대한 통찰을 얻게 된다. 자기통찰을 통한 경험의 확장은 자발성과 창조성을 자극하여 새로운 실험과 도전을 가능케 한다.

역할 바꾸기는 주인공에 의해 선택된 보조자가 자신이 맡은 역할을 어떻게 해야 하는지 보여 주기 위해 사용된다. 보조자가 맡은 역할에 대해 말로 설명하기보다 주인공이 역할 바꾸기를 통해 보여 줌으로써 어떤 말을 어떤 식으로 표현해야 할지가 명확해진다. 또한 역할 바꾸기를 통해 타인에 대한 입장에 서게 됨으로써 타인에 대한 이해로 나아갈 수 있다. 다만, 덮어 두고 마주하지 않았던 자기감정에 대한 해소와 자기통찰을 통한 자기이해가 되지 않은 상태에서의 타인이해는 죄책감을 갖게 할 수 있기 때문에 주의가 필요하다. 특히 대상이 부모일 경우에 효라는 개념과 연결되어 자기 탓으로 돌리며 자신의 노력 부족 등과 같이 일상에서 익숙한 역할로 돌아가 자신을 객관적으로 경험하는 데 오히려 걸

림돌이 될 수 있다.

이외에 정보 수집 목적으로 역할 바꾸기를 사용하기도 한다. 관계 속에 얽혀 있는 수많은 이야기를 말로 듣기에는 시간이 부족하고 지루할 수도 있다. 이때 역할 바꾸기를 통해 필요한 정보만 수집하여 활용할 수 있다. 이러한 목적으로 가볍게 사용할 때는 역할 바꾸기 자체가 사이코드라마의 행위화를 준비시키기 위한 워밍업이 되기도 한다.

역할 바꾸기는 주인공과 보조자의 자리바꿈을 통해 역할이 바뀌었음을 알려 줌으로 시작된다. 처음 할 경우에는 자신이 상대가 되었다는 것을 헷갈려 하는 경우가 있기 때문에 상대역할임을 알려 주기 위해 역할을 이름처럼 불러 주는 것도 한 방법이다. 예를 들어, 아버지로 역할 바꾸기를 했다면 "○○의 아버지 시죠?"라든지, 침대 역할이라면 침대라고 불러 줌으로써 자신의 역할이 바뀌었음을 인식하도록 한다. 또한 집단상담사도 주인공과 대화할 때와는 다른 말투나 태도를 취하여 역할이 바뀌었음을 주인공이 상황적으로 느낄 수 있도록 만들어 주는 것도 필요하다.

2) 이중자 기법

이중자는 주인공의 내면적 자아를 수행하는 보조자다. Blatner(2005)는 이중자 기법의 목적을 3가지로 설명하고 있다. 첫째, 주인공의 이야기를 강조하거나 과장함으로써 주인공의 심리적 경험을 충분히 드러내도록 자극한다. 다만, 이중자가 주인공의 이중자임을 망각하고 자신의 감정에 빠져 개인적 감정을 표출하는 수단이 되어서는 안 된다. 또한 이중자가 주인공을 조정하거나 압도하지 않도록 주의가 필요하다(Moreno, Blomkvist, & Ruetzel, 2000). 둘째, 주인공이 새로운 경험 속으로 들어가도록 지지해 준다. 주인공이 생각하지 못했거나 인식하고 있지만 표현하지 못하고 있는 것 등을 이중자가 표현함으로써 주인공이 자신의 또 다른 측면을 발견하고 경험하도록 한다. 셋째, 효과적인 제안과 해석을 통해 주인공이 조금 더 쉽게 마음을 열기 위함이다.

이중자는 일반적으로 크게 세 유형으로 설명된다. 하나는 지지자의 역할로 주인공에게 힘과 용기를 제공하고, 또 다른 유형은 자극자로 주인공이 의식적이든 무의식적이든 꽁꽁 숨겨 두었던 자신의 내면이 드러나도록 도발하는 역할을 한다. 이때 이중자는 주인공이 선택한 보조자가 이를 수행하기도 하지만, 집단원을 활용해서 반은 지지자, 나머지 반은 자극자의 역할을 할 수도 있다. 주인공이 어느 정도 힘이 있는데도 불구하고 주저하는 모습이 보인다면 집단 전체를 자극자로 활용할 수도 있다. 마지막 유형은 양가적 이중자다. 주인공 내면에 양가적인 면을 이중자를 활용해서 드러내는 것이다. 예를 들어, 부모를 이해해서 용서해야 한다는 마음도 있는가 하면, 자신을 방치한 부모에 대한 원망하는 마음도 있을 수 있다. 이때 양가적 이중자를 이용해서 양가감정을 드러내게 하고, 하나씩 선택하여 재경험면서 이를 통합해 나가도록 한다.

이중자의 위치는 주인공의 뒤편에 서게 하고 손을 어깨 위에 올려서 주인공과 연결되어 있음을 상징화한다. 또한 이중자의 표현에 있어서 주인공이 생각하기에 자신과 다른 면이 있을 경우에는 그것을 표현하도록 하여 주인공에게 선택권이 있음을 알려 주는 것도 필요하다.

3) 행위화 기법

(1) 확대와 축소

자신의 감정과 접촉해서 표현하는 것도 서툴지만 이를 행위화하는 것은 더 어색해한다. 어떻게 행동으로 옮기고, 행동으로 표현했을 때 '이상하면 어쩌나.'와 같이 여러 생각들로 복잡하여 행위화를 방해하는 경우가 종종 있다. 이때 평소와 다르게 큰 목소리로 표현하게 하거나 반대로 작은 목소리로 말하게 함으로써 소리에 집중하게 하여 행위화하도록 준비시킬 수 있다. 확대와 축소는 목소리뿐 아니라 자세나 사람 간의 거리 등에도 적용할 수 있다. 목소리나 행동을 확대함에 있어서 주저할 경우, 주인공이 생각하는 지지자 내지 힘의 상징물을 보조자에게 역할을 부여함으로써 활용할 수도 있고, 집단원 중에서 시범을 보이게 하여 모방학습을 시키는 것도 한 방법이다. 만약 집단원들에 대한 의식으로 행위화가 주저된다면, 집단원들을 모두 동물이나 식물로 역할 바꾸기를 통해 주인공이 행위 확대를 할 수 있도록 준비해야 한다.

(2) 빈 의자 기법

빈 의자 기법은 Moreno에 의해 고안되었으나(Lippitt, 1958), 게슈탈트치료에서 주요기법 중 하나로 사용되고 있다. 빈 의자 기법은 일종의 역할 바꾸기인데 대상과 마주할 준비가 되어 있지 않거나 어떤 이유에서건 주인공이 보조자를 활용하고 싶지 않아 할 경우에 사용한다. 빈 의자 기법은 주인공이 어떤 대상에 대한 감정을 표현하기 시작할 때 빈 의자를 놓고 디렉터가 "여기에 그 사람이 앉아 있다고 생각하고, 하고 싶은 이야기를 표현해 보세요."라고 하여 하지 못했던 말들을 표현하게끔 한다. 디렉터는 주인공의 표현 정도를 관찰하면서 지지자의 역할을 하기도 하고, 자극자의 역할도 하면서 주인공이 충분히 표현할 수 있도록 촉진시킨다. 다만 표현하기를 주저하는 주인공에게 디렉터가 상대의 역할을 할 경우에는 주인공의 자발성을 떨어뜨릴 수 있으니 주의가 필요하다. 빈 의자 기법을 통해 주인공의 표현 정도를 보고, 이를 극대화시켜 행동으로 표현하게 할 것인지를 타진하게 되는데, 이런 점에서 빈 의자 기법은 행위화를 위한 하나의 워밍업이라고 할 수 있다.

(3) 시간 및 공간 기법

자신이 살아온 긴 시간을 짧은 시간에 표현하기는 어렵다. 상담사나 집단의 이해를 돕기 위해 너무 세밀하게 이야기하거나 또는 이야기의 초점이 흐려질 때도 있다. 긴 이야기를 모두 듣기에는 실제로 시간이 짧을 수 있고, 가끔은 건너뛰어도 되는 이야기도 있기 때문에 이때 시간 압축을 통해 인터뷰 형식으로 필요한 부분의 정보만 파악하고자 할 때 사용할 수 있다. 또는 긴 삶의 여정을 어떻게 보냈는지 나이대별로 중요한 사건이나 상황을 스펙트럼 형식으로 나열할 때도 사용할 수 있다. 긴 천으로 나이를 표현하여 현재 자신이 어느 지점에 와 있는지 시각화하여 볼 수 있도록 하는 것도 한 방법이다.

공간 기법은 주인공이 집단을 의식하거나 다른 이유들로 인해 몰입을 하지 못할 때, 또는 깊은 몰입으로 에너지가 고갈되어 더 이상 진행이 어려울 때 잠시 공간을 빠져나와 자신만의 공간을 만들 때 사용된다. 주인공이 좋아하고 가고 싶어 하는 곳으로 이동하여 그곳에서 자신이 하고 싶은 이야기를 독백으로 표현하기도 하고, 일상에서 경험해 보지 못했던 것들을 누려 보는 경험을 할 수도 있다.

사이코드라마의 세계에서는 시간과 공간 이동은 어떤 형태로든 가능하다. 시간을 늘릴 수도 있고, 줄일 수도 있으며, 공간은 산이나 바다뿐 아니라 우주공간이든 가상세계이든 어디나 가능하다. 주인공이 원하는 시간과 공간을 디렉터가 창의적으로 꾸미는 것이 중요하지만, 그렇다고 부담을 가질 필요는 없다. 주인공이 원하는 시간과 공간은 주인공이 가장 잘 알고 있기 때문에 디렉터는 주인공과 함께하면서 장단만 맞춰 주어도 주인공 스스로 자신이 원하는 방식으로 꾸밀 수 있기 때문이다.

(4) 의인화, 상징화

사이코드라마에서 모든 것이 가능한 것은 의인화와 상징화 기법 때문이다. 사이코드라마는 행위화가 중요한데, 이를 위해서는 주인공의 이야기가 구체화되거나 시각화되어야 한다. 사람과 소통하지 않고 자신의 방에서만 지내는 경우, 이 주인공에 대한 정보를 얻을 수 있는 대상을 사람만으로 국한하면 한계가 있다. 이때 주인공과 늘 함께하는 가구나 창문이나, 창문 너머로 비치는 가로등이든 주인공이 묘사한 것들을 의인화하여 말을 할 수 있게 할 때 행위화로 이끌 수 있다. 또한 주인공이 그동안 자신을 짓눌러 왔던 삶의 무게감을 이야기할 때, 이를 말로만 표현하는 것에서 무거운 의자나 가방 등을 이용하여 상징화함으로써 인생의 무게감을 온전히 몸으로 느끼게 할 수 있다. 이처럼 순간순간 주인공이 표현하는 것들을 창의적으로 의인화 내지 상징화하기 위해서는 주인공의 표현을 알아차려 시각화할 수 있는 디렉터의 민감성과 창조성이 중요하다.

(5) 장애물 극복

삶 속에서 장애물과 맞닥뜨리는 경험은 누구나 하기 마련이다. 그것을 직접적으로 뚫는 사람도 있지만, 못 본 척하거나 둘러 가거나 그 앞에 가만히 서 있기도 한다. 이러한 모습은 우리의 일상에서뿐 아니라 행위화를 하지 못한 채 자발성이 가로막혀 있는 상황처럼 사이코드라마에서도 나타날 수 있다. 이때 이러한 장애물을 집단이나 소품을 활용한 상징화를 통해 현실에서와는 다른 방법으로 부딪혀 보게 한다. 이때 상징화는 주인공이 장애물에 대해 표현한 동사를 활용할 때 몰입도가 더 깊어진다. 예를 들면, '무엇인가가 막고 있다.'고 했다면 주인공 앞에 집단원을 활용해서 사람을 겹겹이 세워 앞을 가로막고 있는 것처럼 형상화해서 뚫어 보게 한다. 또는 '무엇인가가 나를 감싸고 움직이지 못하게 한다.'고 했다면, 집단원들이 서로 팔을 끼고 만든 원 안으로 주인공을 들어가게 하여 움직이지 못하도록 꽉 쪼이는 느낌을 갖도록 형상화한 후, 그곳에서부터 벗어나도록 한다.

(6) 거울기법

거울기법은 말 그대로 이중자를 통해 주인공이 행위화한 자신의 모습을 보게 하는 방법이다. 주인공이 행위화를 하고 있으면 자신이 어떤 형태로 하고 있는지 알 수가 없다. 디렉터와 집단원들은 전혀 힘을 쓰지 않고 있다고 표현하는데 주인공은 온 힘을 다해 열심히 하고 있다고 생각하거나, 타인과의 접촉을 못하거나 또는 어떤 이유에서든 시각의 전환이 필요할 때 거울기법을 사용한다. 거울기법은 아주 강력한 자기직면과 유사하기에 적절한 개입시기와 주인공의 준비도 등을 파악해서 조심스럽게 사용해야 하는 기법이다. 자존감이 낮거나 자기

공격적인 성향 내지 무력감을 가진 경우에는 사용되어서는 안 된다. 거울기법을 적절하게 사용할 경우, 자기성찰을 촉진시킬 수 있으나 자기직면이 준비되지 않은 주인공에게 실시될 경우 오히려 수치심, 자괴감 내지 무력감을 더 강화시킬 수 있기에 주의가 필요하다.

(7) 유머

사이코드라마는 주인공이 경험하고 있는 상황을 극대화시켜 행위화를 통해 온몸으로 재경험하도록 하기 때문에 긴장의 연속이다. 이는 주인공뿐만이 아니라 함께 참여하고 있는 집단원도 마찬가지다. 오랜 시간을 긴장하고 있으면 탈진이 오기도 하고 자발성도 떨어져 몰입도가 떨어질 수 있다. 이때 집단상담사의 유머는 분위기 전환과 함께 숨 쉴 수 있는 산소의 역할을 한다. 이러한 작은 숨구멍은 에너지를 재충전하게 하고, 다시 바라볼 수 있는 여유로운 공간을 만들어 줄 뿐 아니라 주인공과 집단을 연결시켜 주는 역할을 하기 때문에 집단 작업에서는 필요하다. 다만, 적절한 시기가 아닌 상황에서 하거나 디렉터의 불안으로 너무 남발될 경우에는 오히려 흐름을 방해할 수 있기 때문에 주의가 필요하다.

4) 나누기 기법

나누기 기법은 여러 가지가 있지만, 저자가 자주 사용하는 방식은 이야기치료(White, 2010)에서의 외부증인에 의한 정의예식(definitional ceremony)을 활용하는 방법이다. 외부증인은 사이코드라마에서 집단과 유사한 성격으로 다음과 같은 4가지 질문에 답하는 형식으로 나누기가 진행되는데 이러한 방법이 섣부른 조언이나 충고를 예방할 수 있다.

① 표현 질문: 주인공의 행위화를 통해 개인적으로 마음에 와닿은 것이나 관심이 가는 단어나 문장 또는 감정표현 등을 중심으로 나눈다.

예) 주인공의 이야기를 들으면서 마음에 와닿았던 표현이나 어떤 느낌이 들었는지를 나눠 주시겠습니까?

② 이미지 질문: 주인공의 행위화를 통해 떠오르는 이미지를 나눈다.

예) 주인공의 이야기를 들으면서 떠오르는 이미지가 있다면 표현해 주시겠습니까?

③ 공명 질문: 주인공의 행위화를 통해 자신의 삶의 어떤 울림이 있었는지를 나눈다. 즉, 자신의 삶과 어떤 점이 유사하게 연관되는지를 나눈다.

예) 주인공의 이야기와 유사한 경험이 있다면 나눠 주시겠습니까?

④ 이동 질문: 주인공의 행위화를 통해 마음이나 생각의 움직임(이동)이 있었는지를 나눈다.

예) 주인공의 이야기를 통해 자신의 마음이나 생각에 변화가 있다면 나눠 주시겠습니까?

나누기는 말로만 하는 것이 아니라 행위로 표현하기도 한다. 예를 들면, 안아주거나, 업어 주기 등 주인공의 동의하에 행동으로 표현할 수 있다. 가끔은 말보다 행동으로 표현하는 나누기가 더 찐한 울림을 울리게 하기도 한다.

4. 사이코드라마와 집단상담 Q & A

Q1 사이코드라마로 계획된 집단상담이 아니라 일반적인 집단상담을 하다가 사이코드라마 기법을 활용할 수 있는지, 있다면 사이코드라마에서 중요한 단계인 워밍업은 어떻게 해야 하는지, 집단상담사는 집단의 흐름을 해치지 않으면서도 집단원들에게 도움이 되도록 사이코드라마를 어떻게 실시할 수 있는지 그 방법과 주의할 점 등이 궁금합니다.

A1 사이코드라마에서 워밍업이 필요한 것은 행위화로 진행하기 위한 준비작업입니다. 워밍업은 주인공과 집단 모두가 사이코드라마의 장이 신뢰롭고 수용적인 안전한 공간임을 인지하고 자발성을 서서히 준비시켜 나가는 단계입니다. 이는 집단상담의 도입단계 및 과도기단계와 유사하다고 생각하면 됩니다. 즉, 집단상담에서 도입단계와 과도기단계를 거쳤다면 그 자체가 워밍업이 되었다고 볼 수 있습니다. 또는 사이코드라마의 워밍업기법을 집단상담 도입단계에서 활용할 수도 있고, 심층 워밍업기법은 작업단계에서 자신의 내면의 깊은 통찰을 할 때도 활용 가능합니다. 그러나 대체적으로 집단상담에서 사이코드라마를 활용할 경우에는 집단상담 작업단계에서 집단원의 공감대가 형성된 한 집단원의 이야기를 한 장면 사이코드라마로 진행하거나, 필요시 행위화 기법을 사용합니다. 한 장면 사이코드라마는 장소, 등장인물, 상황을 중심으로 행위화를 통한 재연으로 새로운 관점에서 자기실험을 가능케 합니다.

한 장면 사이코드라마를 할 경우 주의할 점은 집단원의 공감대가 형성되어야 하고, 주인공을 할 집단원의 자발적 동의가 있어야 합니다. 집단원의 분위기에 휩쓸려 원하지 않는 역할을 하지 않도록 집단원의 준비도를 점검하고 동의를 구해야 합니다. 또한 집단원들이 참여할 수 있도록 상호작용과 연결짓기를 통해 주인공과 집단이 서로 소통할 수 있도록 해야 합니다.

Q2 집단상담사가 정신병리를 다룰 수 있는 경험, 역량, 지식을 갖추어야 한다고 하는데 역량을 높일 수 있는 방법이나 프로그램이 있는지 궁금합니다.

A2 정신병동에서 집단치료나 사이코드라마를 진행할 경우에는 더욱더 정신병리를 다룰 수 있는 역량이 중요합니다. 교과서적인 답변일 수 있으나 가장 기본이 되는 것은 이상증상에 대한 지식 습득입니다. 그러나 기본적인 지식 기반을 갖추었다 하여도 실제로 이들에 대한 경험이 없다면 죽은 지식에 불과합니다.

즉, 아는 만큼 보이긴 하지만 실제로 이를 다룰 수 있는 것은 또 다른 문제입니다.

가능하다면 정신병동에서 진행하는 집단치료나 사이코드라마에 참여해서 직접 몸으로 경험해 보는 것이 가장 중요합니다. 저자도 사이코드라마 수련 때 정신병동에서 매주 진행하는 사이코드라마를 6개월 정도 참여한 적이 있습니다. 매주 지방에 내려가는 것이 힘든 과정이었지만, 그때의 그 경험은 돈으로 살 수도, 책에서 배울 수도 없는 몸으로 체득한 산 경험이었습니다. 상담이라는 것 자체가 사람 공부이기에 사람과 직접 부딪히는 경험이 무엇보다 소중함을 기억하고 현실적인 어려움이 있겠지만, 꼭 필요한 것이라 판단이 들 경우에는 시간과 물질과 에너지를 투자하길 바랍니다.

Q3 주인공이 집단 중에서 보조자를 선택했으나 그 사람이 정말 연기를 못해서 거절할 경우 신뢰로운 분위기가 깨질 것 같은데, 이때 상담사는 어떻게 개입해야 합니까?

A3 주인공이나 보조자든 그 어느 누구든 간에 참여의 선택권은 본인에게 있습니다. 그만큼 자발성이 중요하기 때문입니다. 대체적으로 집단의 공감대가 형성되어 진행되기 때문에 연기를 잘하고 못하고를 떠나 함께하려는 마음이 크다 보니 거절하는 경우는 그리 흔치 않습니다. 또한 보조자가 연기를 하는 것이 아니라 주인공에 의해 주어진 역할을 하는 것이기 때문에 연기 능력이 그렇게 중요하지 않음을 준비(워밍업)단계에서 경험을 통해 인식할 수 있도록 해야 합니다. 그러나 가끔 거절하는 경우도 발생하는데, 이때 디렉터는 역할을 함에 있어서 어떤 점이 우려되는지를 표현하게 하여 주인공에 대한 불편감이 아님을 주인공이 알게 되면 다른 보조자를 선택함으로써 무리 없이 진행이 됩니다. 이러한 과정을 통해 주인공뿐 아니라 집단도 자율적으로 선택할 수 있음을 경험하게 되면서 오히려 뭔가 중요한 역할을 해야 한다는 부담에서 자유로울 수 있습니다.

Q4 사이코드라마가 과거의 억압되어 있는 감정이나 갈등을 해방하고 통합하는 것을 경험하게 한다고 하였는데, 이러한 카타르시스적 감정의 해방이 극 안에서의 짧은 마무리 단계를 통해 감정의 통합으로 이어져 현실에서 문제가 해결되는 과정까지 가는 것이 가능할까라는 생각이 들었습니다. 사이코드라마의 제한점에서도 완벽한 문제 해결은 어렵다고 하셨는데, 그럼 이후에 이런 감정의 통합이나 문제의 해결을 위해 내담자(주인공)에게 적용할 수 있는 다른 기법들이나 특별히 교육이나 설명해야 할 것들이 있다면 알려 주셨으면 합니다.

A4 늘 억압했던 감정이 표출되고 자유롭고 해방된 경험을 하고 나면 모든 것이 해결된 것 같은 기분을 느끼게 됩니다. 집단상담조차도 만병통치약처럼 생각하는 사람이 있기도 한 것을 보면 새로운 경험이 그만큼 강하고 집단의 지지와 공감이 큰 힘이 되기 때문일 것입니다. 그런데 현실은 그렇지 않습니다. 그동안 매여 있었던 올가미가 이렇게 간단하게 풀린다면 그렇게 오랜 시간을 힘겹게 살지는 않았을 것입니다. 저자는 이러한 경험을 작은 숨구멍으로 묘사합니다. 너무나 불편하게 숨을 쉬던 것에서 벗어나 작은 숨구멍은 조금 더 편안하게 호흡하게 하고 이는 여유 공간을 만들어 에너지를 비축할 수 있게 합니다. 이 힘으로 자신의 상황을 새롭게 재조명하면서 하나씩 마주하게 됩니다. 즉, 사이코드라마나 집단상담에서의 경험은 하나의 새로운 시작을 알리는 종과 같습니다. 집단상담사는 이러한 설명을 통해 지금-여기에서의 경험을 만끽하고 소중하게 여기되 인생 전체가 분홍색으로 변하리라는 기대나 환상을 갖기보다 현실을 준비할 수 있도록 안내가 필요합니다.

Q5 사이코드라마에 어떤 역할을 하지 않아도 참석하는 것만으로도 어떤 효과가 있는 것 같았습니다. 이 부분에 대한 설명을 조금 더 해 주시면 감사

하겠습니다.

A5 정도의 차이가 있겠지만 삶의 이야기는 비슷합니다. 주인공의 이야기에서 나 자신뿐 아니라 내 부모를, 내 형제를, 내 아내를, 내 남편을, 내가 알고 있는 그 누군가를 만나게 됩니다. 이를 통해 내 이야기가 너의 이야기가 되고 또 우리의 이야기가 되어 만남이 이루어집니다. 이는 집단치료요인 중에 보편성에 해당됩니다. 이러한 보편성으로 인해 어떤 역할을 하지 않아도 느끼고 생각하고 깨닫게 됩니다. 예상치 못한 소중한 깨달음이기 때문에 주인공의 행위화에 마음으로 지지를 보내고 함께 울고 웃으면서 그 자리를 지키게 됩니다. 그렇게 애써 준 주인공이 고맙고 그와 함께한 시간이 소중하기에 나누기를 통해 마음을 표현하기도 합니다. 이것이 집단의 힘이고 매력입니다.

Q6 주인공 외에 보조자의 경우 주인공이 그 역할에 맞다고 생각되는 관객을 선택한다고 하는데 혹시 집단상담사도 주인공이 원하는 경우에 보조자가 될 수 있는지 궁금합니다.

A6 주인공이 집단상담사를 보조자로 선택할 수는 있습니다. 다만, 집단원 중에 누군가가 디렉터 역할을 하거나 주인공이 스스로 디렉팅을 할 능력이 있어야만 가능합니다. 그렇지 않다면 주인공이 행위화나 표현에 있어서 난감해할 수 있고, 집단상담사가 보조자 역할을 겸할 경우, 산만하고 몰입에 방해가 될 수 있기 때문에 정중히 사양하고 다른 사람을 선택하도록 권유합니다.

Q7 사이코드라마를 진행하다 보면 감정이 격해지거나 특수집단의 경우 위험한 상황이 발생할 수도 있을 것 같은데, 이럴 때를 대비하여 집단상담사가 어떠한 준비나 개입을 할 수 있을지 궁금합니다.

A7 아무리 의미 있고 필요한 경험이라 할지라도 안전이 확보되지 않을 경우에는 차라리 안 한만 못합니다. 첫째도 안전이고, 둘째도 안전이고, 셋째도 안전입니다. 그래서 예방이 중요합니다. 이를 위해 디렉터는 사전에 장소를 확인하고, 꼭 필요한 소품들 외에는 아무것도 두지 않고 안전한 공간을 확보해야 합니다. 또한 감정이 격해져서 들고 있던 바타카(종이 뭉치로 만든 방망이)를 던질 수 있는데, 이때 사람에게 던지거나 보조자에게 상해를 입히지 않도록 주의를 주어야 합니다. 감정이 격한 상태에서는 디렉터의 말이 잘 들리지 않을 경우가 있기 때문에 간단명료하면서도 정확하게 해서는 안 되는 행동을 알려 주어야 합니다. 디렉터는 주인공의 에너지와 감정의 정도를 살펴 보조자와의 물리적 안전거리를 확보하여 유지시키면서 행위화를 하도록 안내해야 합니다.

Q8 사이코드라마는 '자발성'과 '즉흥성'을 중히 여기는 것 같은데, 전문배우가 아닌 일반인들이 참여할 때 적극적인 분위기를 조성하는 데 중요한 집단상담사의 역할은 무엇이 있을지 궁금합니다.

A8 인간에게는 기본적인 흥이 있고, 어린아이와 같은 놀이의 본능이 내재되어 있습니다. 그러나 평상시 이를 자주 사용하지 않기 때문에 내면 저 깊은 밑바닥에 잠자고 있는 유희본능을 깨워야 하는데 이 작업이 준비(워밍업)단계입니다. 놀이에는 구경꾼이 없습니다. 짝이 맞지 않을 경우에는 깍두기 역할을 두어서라도 함께 참여하게 합니다. 사이코드라마에서의 워밍업도 마찬가지입니다. 워밍업을 할 때는 디렉터부터 솔선수범해야 하며, 어느 누구도 예외를 두어서는 안 됩니다. 모두가 어우러져서 함께 참여할 수 있는 워밍업을 진행하면 이를 통해 자발성이 서서히 준비되면서 사이코드라마의 실험장이 열리게 됩니다. 워밍업을 통해 디렉터 자신의 자발성도 점검하고, 참여한 집단의 자발성 정도를 관찰하고 파악하여 진행 속도와 개입방법을 결정합니다. 이를 판단하기 위해서는 디렉터의 민감성과 직관력이 필요한데, 이는 사이코드라마나 집단상담에 참여하여

몸으로 경험함이 중요합니다. 몸으로 익힌 것은 오랜 시간이 지나도 기억되고, 생각보다 더 빠르게 반응함을 경험을 통해 알고 있을 테니 참고하기 바랍니다.

Q9 사이코드라마의 주인공과 주변 인물들, 상황들과 같은 초기 세팅을 결정하는 주된 결정권이 디렉터에게 있는 것인지, 아니면 주인공 역할을 맡기로 한 사람에게 있는 것인지 궁금합니다. 디렉터가 주인공을 돕는 역할을 하는 문으로 기능하고 주인공에게 결정권이 있다면 주인공이 디렉터의 의견과 충돌할 때 조율을 어떻게 하게 될지 궁금합니다.

A9 주인공이 나오기까지 초기 준비작업은 디렉터에 의해 진행되지만, 주인공이 결정되고 난 다음부터는 주인공에게 선택권이 있습니다. 가끔 디렉터와 의견이 충돌될 경우가 있는데, 이 경우 주인공에게 선택권이 있어야 자발성이 유지되면서 참여가 가능합니다. 다만, 주인공이 회피하거나 방어적 태도를 취하는 것이라면 디렉터가 일단 수용해 주고 장애물을 제거하도록 한 후, 기회를 봐서 한 번 더 권할 수도 있습니다.

Q10 "현실에서 한 번도 일어나지 않았고, 일어나지 않을 것이며 또는 결코 일어나지 않을 장면들이 실연된다고 한다."라는 문구가 계속 해결되지 않고 남아 있습니다. 저는 이 사이코드라마 작업을 통해서 과거나 현재에 일어났지만 아직 해결이 안 된 문제를 재연을 통해 해결됨을 경험할 수 있고, 또 앞으로 실연될 것들을 미리 작업해 보는 것이라고 생각을 했습니다. 제 의문에 대해 어떻게 생각하시는지 답변 부탁드립니다.

A10 초심 상담사들이 제일 많이 고민하는 것 중에 하나가 무엇인가를 해결해 주어야 하고, 삶의 현장에서 지속적으로 시도해 보게 해야 한다는 부담을 갖고 있는 것입니다. 그러나 사이코드라마에서는 현실에서 한 번도 일어나지 않았고,

일어나지 않을 것이며 또는 결코 일어나지 않을 장면들, 즉 생각조차 못했던 새로운 시도들을 새로운 관점에서 실연함으로써 자신도 몰랐던 또 다른 나를 경험하게 됩니다. 어떤 이는 현실에서 시도해 볼 수도 있겠지만 이러한 시도를 앞으로 또 할 수도 없을 수도 있습니다. 다만, 이것을 시도해 보고 이것을 통해 몰랐던 것을 깨달은 것만으로도 의미 있고, 소중한 경험입니다.

Q11 많은 사람 앞에서 감정을 풀어 낼 때 본인도 인식하지 못할 만큼의 깊은 억눌렸던 심각한 감정과 느낌들, 때론 욕설 등이 표현된 후 미처 자기도 예상하지 못한 노출로 인한 심리적 부담감(일종의 자책, 수치감 등)을 느낄 경우 어떻게 사후처리과정을 해야 하는지 궁금합니다.

A11 누군가의 권유가 아니라 자신의 자발성과 선택에 의해 진행된 경우에는 심리적 불편감을 느끼는 것은 드문 현상입니다. 그렇기 때문에 주인공의 자발성에 따라 표현될 수 있도록 함이 예방적 차원에서 중요합니다. 다만, 간혹 분위기에 휘말려서 또는 시키는 대로 하는 순종형일 경우 거절을 하지 못한 채 하고 나서 심리적 불편감을 호소할 수 있습니다. 그 순간이라도 그렇게 표현한 것에 대해 감사를 표현하고, 지금-여기에서 정말 하고 싶은 것을 시도해 보도록 하는 것도 한 방법입니다. 가끔은 디렉터의 탓으로 돌리면서 욕을 하는 경우도 있는데 주인공을 위해 필요할 경우 이를 수용해 주고 그 순간만이라도 자신의 자발성대로 할 수 있도록 경험하게 한다면 그것만으로도 의미 있는 경험의 시간이 될 수 있습니다. 디렉터는 가끔 욕먹을 각오도 해야 한답니다.

Q12 사이코드라마는 워낙 순식간에 내면 깊은 곳의 정서적인 부분까지 탐색하여 들어가다 보면, 사이코드라마 작업 중 보조자나 다른 집단원들이 주인공을 보면서 잠재되어 있던 상처가 건드려짐으로 인해 미처 예상하지 못

한 연쇄적인 전이나 역전이가 심각하게 일어날 경우, 집단상담사는 어떻게 대처해야 하는지 궁금합니다.

A12 대집단에서 사이코드라마에 참여했을 때 이런 유사한 일이 발생한 적이 있었습니다. 그때는 다른 디렉터들이 곳곳에 있었기에 주변에 가까이 있는 사람들 중심으로 안전을 확보한 후, 디렉터의 지도를 받아 그들을 사이코드라마의 장으로 나오게 해서 주인공의 동의하에 주인공과 함께 집단으로 행위화를 하게 하는 장면으로 이어졌습니다. 이러한 경우에는 한꺼번에 진행되기 때문에 디렉터 한 사람이 모든 사람을 주의 집중하여 디렉팅하기에는 어려움이 있습니다. 다른 디렉터의 협조가 필요합니다. 그러나 집단상담에서는 집단상담사가 모두를 관찰할 수 있는 인원이라 할지라도 이들 모두가 행위화를 하게 하기보다는 언어적 수단을 사용하여 표현하게 함으로써 진정시킬 필요가 있습니다. 혼자보다는 집단의 힘이 강력하기 때문에 돌발 상황에 대한 대처가 적절하지 않을 수 있으므로 안전 확보를 우선적으로 고려한 후, 각자의 감정을 추스려서 자기통찰로 나아갈 수 있도록 개입해야 합니다.

제 10 장 특수집단

1. 아동 · 청소년 집단

청소년상담복지센터나 Wee센터 등과 같은 청소년을 위한 상담기관뿐 아니라 학교에 상담교사가 배정되면서 이전에 비해 아동 및 청소년들이 상담을 경험할 기회가 많다. 그러나 많은 학생들에 비해 상담사가 상대적으로 적어서 개인상담을 진행하기에는 어려움이 있고, 또한 예방과 발달과 성장을 목적으로 개인상담보다 집단상담이 상담현장에서 많이 진행되고 있다. 아동 및 청소년을 위한 집단상담은 성인 집단상담과 비교해 볼 때 발달특성상 조금 다르게 접근해야 하는 점이 있는데 그 부분을 중점적으로 살펴보고자 한다.

먼저, 집단의 크기와 기간은 집단원의 연령을 고려해서 결정해야 한다. 연령이 어릴수록 집단의 크기는 작고, 회기도 짧게 하는 것이 효율성을 높일 수 있다. Jacobs 등(2006)은 아동집단의 경우 인원이 많을 경우 그들에게 초점 두기가 어렵기 때문에 4~6명이 가장 좋은 인원수라고 하였다. 청소년 집단 크기는 6~8명이 적당하고, 회기 당 40~90분 정도 진행 가능하며, 남녀 혼성 집단으로 진행할 경우 이성에 대해 학습할 기회가 되기도 하지만 집단에 방해가 되기도 한다. 서로에게 잘 보이기 위해 적극적으로 임하기도 하지만, 자신의 부족한 모습은 보이지 않기 위해 소극적인 자세를 취하는 경우도 있기 때문에 집단상담에서 에너지를 효율적으로 사용하여 자신의 내면에 집중하고, 타인과의 상호작용을 활성화하기 위해서는 성별을 분리하는 것이 더 효과적이다.

집단참여를 활성화시키기 위해 1회기 집단상담 규칙을 정할 때부터 자신들이 지킬 규칙을 자발적으로 함께 정할 수 있도록 한다. 이는 성인집단에서도 유사하게 진행되지만 가끔 아동 및 청소년 집단에서는 집단상담사를 난처하게 만들기 위해 장난으로 규칙을 만들기도 한다. 이때 집단상담사는 조정이 되는 것과 안되는 것을 명확하게 하면서 진지하게 자신들이 지킬 규칙을 스스로 만들 수 있도록 반응해야 한다. 또한 아동 및 청소년 경우, 집단상담 참여는 대체로 비자발적이어서 학교기관이나 부모에게 집단상담에서 나눈 정보를 제공해야 할 상황이 발생할 수 있는데 사전에 이를 알려서 스스로 이야기할 것을 조절하도록 한다. 특히 집단상담 참여가 참여자의 신상에 큰 영향을 미치는 경우에는 이에 대한 득과 실을 분명하게 파악할 수 있도록 이야기를 나누고 인지한 상태에서 집단상담에 임하도록 한다.

아동 및 청소년 대상으로 집단상담을 진행함에 있어서 어려움 중의 하나가 참여자들의 눈높이에 맞춰서 설명하고, 이해 정도를 확인하는 것이다. 아동기와 청소년기를 지나왔지만, 그때와 지금은 차이가 있고, 집단상담사는 이미 성인이 되어 자신의 가치와 신념이 하나의 도식으로 자리 잡고 있기 때문에 자신을 지키면서 참여자의 눈높이를 맞춘다는 것은 쉬운 일이 아니다. 아동 · 청소년기의 발달특성 이해는 필수고, 그들의 문화와 은어 등에 대한 이해도 필요하다. 다만, 아동 · 청소년들이 사용하는 은어에 있어서 그 의미를 파악하고 있어야 하지만, 친밀감을 이유로 동일한 표현을 구사할 경우 아동 · 청소년이 은어 사용을 합리화할 수 있기 때문에 주의가 필요하다. 오히려 적극적 경청이 더욱더 중요하고 집단상담 참여자들에게는 지금까지 경험한 성인과 다른 경험을 할 수 있도록 반응해야 한다. 예를 들면, 집단원을 존중하는 의미로 경어를 사용하는 것도 한 방법이다. 친밀감을 이유로 하대할 경우, 집단원들이 지금까지 경험해 온 어른들과 다름을 알아차리기는 쉽지 않다. 처음에는 낯설더라도 존중받고 수용받는 느낌이 어떤 것인지 경험할 수 있도록 자신만의 방법을 찾는 것도 필요하다. 간혹 상담사들이 학생들에게 하대해도 된다고 동의를 얻었고, 학생들도 좋아한다고 하는 경우도 있다. 그런데 어른이 이렇게 질문했을 때 "안 됩니다."라고 반응할 수 있는 학생이 몇 명이나 있을까? 부부싸움을 할 때도 존댓말을 할 때 서로에게 감정적인 반응을 덜 하게 되는 것처럼 아동 및 청소년들에게도 경어를 사용할 때 말을 더 조심하게 되고, 표현법이 달라지면 마음 자세도 존중으로 변화될 수 있기 때문에 이 방법을 권장한다. 다만, 새로운 반응은 집단원들로 하여금 자신들을 유인하기 위한 의도로 파악하여 진정성을 시험할 수 있다. 그래서 방법이나 전략도 중요하지만 무엇보다 중요한 것은 집단원들을 이해하고 함께하려는 진실된 마음이고, 진실된 마음이 전달될 때까지 인내심을 갖고 지속적으로 할 수 있는 것이어야 한다.

아동 및 청소년을 대상으로 집단상담을 진행함에 있어서 인내심이 필요하다. 앞에서도 언급한 것처럼 평소 접하는 성인들과 다른 태도를 보이는 집단상담사의 모습은 자신들의 참여를 유인하기 위한 기법으로 오해하여 진실성을 테스트하는 경우가 종종 있다. 침묵뿐 아니라 계속되는 질문하기, 옆 친구랑 장난하기, 게임이나 다른 놀이를 하자고 떼쓰기 등 여러 형태로 끊임없이 테스트를 하게 된다. 이로 인해 어떤 집단상담사는 성인집단보다 아동 및 청소년 집단이 몇 배의 에너지가 더 필요하다고 한다. 계속되는 테스트를 통과하고 진솔한 만남을 위해 인내가 필요하기 때문에 에너지 소모가 많을 수밖에 없다. 이러한 행동은 집단상담사를 싫어해서가 아니라, 훈계하고, 지적하고, 잔소리하는 어른에 대한 경험과, 다른 모습을 보여도 오래가지 못할 것이라는 생각으로 방어적인 태도를 취하는 것이다. 인내심을 갖고 테스트를 통과했다 하더라도 성인과 어떻게 관계를 맺어야 하는지 서툴다 보니 어리광이나 떼쓰기의 모습이 어느 정도 지속되는 경우도 있기 때문에 인내심을 갖고 함께하는 마음을 갖는 것이 중요하다. 또한 집단원들이 집단상담사를 부모로 생각하여 테스트하는 경우가 있다(Jacobs et al., 2006). 일종의 전이인데 집단상담사에게서는 성인 집단에서처럼 역전이를 경험할 수도 있기 때문에 이에 대한 알아차림이 있다면 이로 인한 방해를 덜 받게 된다(Corey, 2015). 이를 위해 집단상담사는 자기점검을 소홀히 해서는 안 된다.

인내심을 가지고 집단원들의 테스트를 통과했다고 해서 집단원들이 집단에 적극적으로 참여하는 것은 아니다. 집단상담에 참여한 아동 및 청소년들의 마음을 사로잡아 적극적 참여를 유도하기 위해 학교나 부모에게 적대적인 표현을 하는 집단원들의 편을 들어 주는 것은 주의가 필요하다. 특히 집단원들 앞에서는 학교 기관이나 부모에 대한 적대적 표현에 대해 편들기를 하고, 학교 기관과 마주할 때 웃는 모습으로 이야기하는 모습을 집단원들이 본다면 속았다는 생각을 갖게 되고, 집단에 임할 때 소극적 태도나 지나친 적대적 태도를 취할 수 있기 때문에 주의가 필요하다. 공감과 편드는 것이 다름을 숙지하기 바란다. 또한 학교 기관과 부모의 협조하에 진행하도록 사전 협의가 중요하기 때문에 집단원과 주최기관과의 관계에서 중립적인 태도를 취하고, 이에 대한 안내가 정확하게 전달되어 상호 이해하에 진행되어야 에너지 낭비를 줄일 수 있다.

주최기관과의 상호 협력하에 진행할 때 집단에 필요한 것들을 요청하여 효율적인 진행이 되도록 할 수 있는데 그중에 하나가 간식이다. 단, 간식이 집단참여를 유인하기 위한 목적이 아니라 집단참여 시간이 대부분 오후 3시 이후이기에 간식을 통해 기본적인 욕구를 해결하기 위함이다. 이것이 해결되어야 집단에 적극적으로 참여할 수 있다. 간식이 집단상담에 참여시키기 위한 협상의 도구로 사용될 경우 집단상담에 대한 기대보다 간식에 대한 기대가 더 커지고, 자신들이 원하는 간식을 요구하면서 협상의 주도권을 쥐고 집단상담 참여를 방해할 수도 있기 때문에 목적을 분명히 할 필요가 있다. 이러한 경험을 한 번 하고 나면 다른 집단에서도 간식이 무엇인지부터 확인하거나, 집단상담 끝나고 나면 어떤 선물을 주는지 등을 물으면서 집단분위기를 흐리는 경우가 종종 있는데 이것은 엄연히 집단상담사들의 잘못된 개입으로 인한 것이기 때문에 주의가 필요하다.

Jacobs 등(2006)은 아동 집단을 진행할 때는 다양한 형식의 접근을 사용할 수 있으나, 목적을 명확히 해서 진행되어야 한다고 하였다. 무엇보다 중요한 것은 집단상담사가 무엇을 허용하고 어떤 것은 중지할지를 명확하게 알고 일관성 있게 진행하는 것이다. 다만, 너무 많은 목적이나 규칙을 만들게 되면 자율성은 떨어지고, 다양한 새로운 경험을 함에 있어서 한계가 있을 수 있기 때문에 중요한 몇 가지만 기억하고 일관성 있게 유지하는 것이 필요하다. 예를 들면, 집단 장안에서 머물기, 다치지 않게 서로 배려하고 보호하기, 소수의 의견도 표현하게 하고 들어 주기, 합의하에 정한 규칙은 지키기 등이다. Veach와 Gladding(2007)은 집단원의 대화를 촉진하기 위해 음악, 미술, 드라마 등과 같은 창조적인 예술활동을 권한다. 이러한 예술매체는 다양한 자극을 제공하여 새로운 경험을 할 수 있고, 나아가 개인 작업 이외에 집단활동을 통해 사회성을 경험할 수 있는 적절한 도구이기 때문이다. 다만, 이러한 도구만을 사용하다 보면 집단상담이기보다는 집단활동에 머물게 되고, 집단상담사는 상담사로서의 역할보다 레크리에이션 강사의 역할로 머물게 되어 집단원뿐 아니라 집단상담사에게도 유익하지 않기 때문에 적절한 사용이 필요하다. 도구를 자주 사용하다 보면 도구에 지나치게 의존하게 되어 도구 없이는 무엇을 어떻게 개입하고 반응해야 할지 몰라 난감해할 수 있기에 도구 사용 시 목적성을 가지고 집단상담에서 어떻게 활용할지를 고민하여 사용하길 권한다. 또한 도구를 준비하기보다 집단상담이 진행되는 장소에 있는 도구들을 활용해서 집단원들이 응용하여 창의적인 활동을 하고 서로의 경험을 나누며 상호작용을 하게 하는 것도 하나의 방법이다.

청소년 집단에서 학교 교실에 걸려 있는 거울을 계속 힐긋힐긋 보는 집단원이 있어서 거울을 가져와 오히려 활용해서 거울 앞에서 자세를 취해 보기도 하고, 자신의 비친 모습이 어떤지, 다른 집단원은 그 모습이 어떻게 보이는지 거울에 비친 자신에게 한마디하게 하는 등의 활동을 했던 적이 있다. 무엇이든 못하게 하기보다 어떻게 하면 허용적으로 활용해서 집단상담과 연결시킬까를 고민하여 창의적이고 순발력 있게 대처한다면 집단원들에게 의미 있는 경험이 될 것이라 생각된다.

Corey 등(2014)은 비자발적이고 저항적인 청소년 집단원을 작업할 때 유용한 방안으로 4가지를 제안하였는데 그것에 저자의 방법을 덧붙여 살펴보고자 한다.

첫째, 개별적인 초기 만남을 통해 그들의 태도와 상황에 대한 탐색이다. 이때 주의할 것은 특정한 집단원만을 대상으로 진행하기보다 모든 집단원을 대상으로 진행해서 낙인화가 되지 않도록 한다.

둘째, 강제로 참여하게 된 마음을 표현할 기회를 제공해 준다. 공감을 통해 불편한 마음을 표현할 수 있도록 허용해 주고, 집단 장에서 자신이 하고 싶은 것을 집단원과 함께할 수 있는 기회 제공도 필요하다. 그러나 계속 저항적이라면 떠나도록 허용하는 것을 고려해야 한다. 단, 이때 집단을 떠날 경우 자신에게 발생할 수 있는 득과 실이 무엇인지 생각해 보게 하고 알려 주어서 알고 선택할 수 있도록 개입해야 한다. 특히 징계로 집단상담에 참여했을 때, 집단상담을 떠남으로 인해 또 다른 형태의 징계가 있을 수 있음을 알려 주어서 스스로 알고 선택하도록 안내가 필요하다. 또한 집단을 떠남에 있어서 학교 기관과 사전 협의가 되어 있어야 하고, 기관의 허락이 없을 경우, 집단 장에서 자신이 하고 싶은 것을 다른 집단원에게 방해되지 않는 범위 내에서 허용하되 언제든 참여할 수 있음을 알려 주어서 공간을 열어 두어야 한다.

셋째, 참여에 대한 어떤 압력도 제공하지 않고 관찰자로 참관하도록 허용하는 방법이다. 아무것도 안 하고 있는 것처럼 보이지만, 보고 듣고 생각하게 되면서 그것만으로도 의미 있는 시간이 될 수 있기 때문에 강제로 참여시키기보다는 참관을 허용하는 것이 더 효율적일 수 있다. 다만, 직접 참여가 더 많은 것을 경험하게 되기 때문에 집단원 전체가 참관을 선택하는 분위기가 되지 않도록 정확한 안내가 필요하다.

넷째, 관심 어린 직면으로 반응하는 방법이다. 모든 것을 허용하는 분위기보다 사랑이 담긴 직면이 어떨 경우에는 더욱 큰 사랑으로 경험될 수 있다.

지금까지 Corey의 제안에 저자의 경험을 보완해서 살펴보았는데 이외에 저자는 3가지를 더 추가하고자 한다.

첫째, 관찰을 통해 작은 변화 씨앗을 찾아 표현해 주기다. 집단원들이 가지고 있는 가능성을 발견하고 이를 알아차릴 수 있도록 반영해 주어야 한다. 이는 참여하는 집단원뿐 아니라 저항적인 집단원에 대한 불편한 감정을 가질 수 있는 집단상담사에게도 새로운 시각을 갖게 하므로 선입견을 내려놓는 데 도움이 된다. 가끔 슈퍼비전 시간에 집단원이나 내담자의 강점이나 변화 씨앗이 무엇이냐고 물었을 때, "없다."라고 말하는 슈퍼바이지가 있으면 혼을 낸다. 내담자의 변화를 가장 민감하게 알아차려야 하는 사람은 바로 상담사인데 이에 둔감하다는 것은 선입견을 가지고 내담자를 이해하지 못한 채 상담을 진행할 가능성이 높기 때문이다.

둘째, 무엇보다 진정성을 가지고 진솔하게 대하기다. 특히 아동 및 청소년을 상담할 때 그들의 문화를 이해하고 준비해야 함은 필수적이지만, 그렇게 준비했다 해도 모르는 상황이 발생할 수 있다. 이때 '아는 척'하기보다 모름을 인정하고, 상담사에게도 집단을 진행함에 있어서 힘들고 어려움이 있음을 진솔하게 표현하는 용기가 필요하다. 모름을 인정하고 설명을 요청할 때 아동 및 청소년 집단원들은 오히려 신나게 설명을 해 주면서 어떤 역할을 했다는 생각에 뿌듯해하는 경우도 있다. 일방적인 상하관계가 아니라 이러한 상호 간의 역할이 있고, 집단원뿐 아니라 집단상담사도 진솔하게 표현할 때 집단원들에게는 새로운 의미 있는 경험이 될 수 있다.

셋째, 아동 및 청소년대상으로 집단상담을 진행할 때는 상담사가 할 수 있는 만큼만 한다. 물론, 이는 성인 집단에서도 마찬가지고, 자신의 능력 범위 내에서 진행하는 것은 윤리에서도 반드시 지켜야 하는 점이기도 하다. 그러나 할 수 있는 만큼이라고 해서 늘 하던 것에 익숙해서 안주하는 것은 이 또한 적절하지 못하다. 할 수 있는 만큼 한다는 것은 자신이 할 수 있는 능력을 지속적으로 발전시키기 위해 학습하고 익혀서 성장시켜 나가야 한다는 의미도 내포하고 있다. 자격증 취득하기가 어렵다 보니 2급을 취득하거나 1급 취득 후 새롭게 배우고 익힘에 있어서 손을 놓는 경우가 종종 있다. 심한 경우, 2급 자격증으로 직장생활도 하고 있기 때문에 더 이상 수련에 전념하지 않는 경우도 있다. 그러나 이러한 기간이 지속될수록 그동안 배웠던 것들은 바닥을 드러내 보이게 되고, 연차가 올라갈수록 어려운 사례를 맡게 되지만 준비되어 있지 않음으로 인해 자신의 실력이 드러날 수밖에 없다. 또한 수련을 통해 자신의 능력이 향상되면 내담자의 문제 상황을 10점 만점에 7점 정도의 성과를 낼 수 있는 개입을 할 수 있으나, 그렇지 않음으로 인해 3점 정도의 성과를 내고도 내담자가 만족한다는 이유로 상담을 잘한다고 생각하는 것은 직무유기에 해당된다고 할 수 있다. 만약 그 내담자가 지속적인 수련 중인 상담사를 만났다면 동일한 시간과 비용과 에너지를 투자하고도 7점 정도의 성과를 얻을 수 있기 때문이다. 무엇보다 상담은 예술이기 때문에 배우고 익히지 않으면 실력이 드러나기 마련이다. 아무리 힘든 과정이라 할지라도 지속적인 배움의 시간을 소중히 여기며 상담사의 길을 가길 바란다.

2. 노인 집단

노인인구가 급격하게 증가하면서 남은 삶을 좀 더 건강하고 행복하게 보내길 소망하고, 건강하게 삶을 마무리할 준비를 원하는 사람들도 늘어나고 있다. Well-Being뿐 아니라 Well-Dying에 대한 관심이 증가하는 것도 이러한 현상의 한 단면이라 하겠다. 이러한 준비를 혼자서 하기보다 유사한 연령의 사람들로 구성된 집단상담으로 진행될 때 혼자가 아니라는 생각을 갖게 되면서 죽음에 대한 불안과 염려도 조율할 수 있게 될 뿐 아니라, 소외되고 외로운 노인들에게는 서로가 의지의 대상이 될 수 있기에 노인 대상으로 한 집단상담에 대한 관심이 증가하고 있다.

Corey 등(2014)은 정서적 지지와 상호작용이 가능하면서 경제적 부담도 적은 집단상담을 노인들에게 효과적인 상담방법으로 제시하였다. 집단상담 중에서도 특히, 회상을 활용한 지지적 형태의 집단상담에 대한 관심이 증가하는 이유는 다른 세대에 비해 희생과 헌신을 많이 한 노인들에게 지지가 필요하고 (Surtherland & Murphy, 1995), 특히 과거의 성공적인 자신의 삶을 회상함으로써 현재의 삶에 대해서도 긍정적인 인식의 변화를 가져올 수 있기 때문이다(김문영, 2003; 배강대, 2006; Soltys & Coats, 1994). 그렇다면 노인대상으로 한 집단상담은 어떤 점을 유념해서 준비하고 계획해야 할까?

먼저, 아동 및 청소년 대상과 마찬가지로 노인에 대한 발달특징과 노인 문화에 대한 이해가 필요하다. 특히 노인들도 일반 성인 못지않게 다양한 요구가 있고, 이것을 표현할 장이 필요하다는 사실에 대한 이해와 수용적 자세를 가져야 한다. 집단상담은 노인들의 요구를 표현할 수 있는 장의 역할을 할 수 있다(Jacobs et al., 2006). 노인들에게 주요한 주제는 외로움, 거절감, 죽음과 죽음에 대한 두려움, 가까운 사람들의 죽음에 대한 애도, 과거에 대한 회상과 후회 등인데 이러한 주제 외에 삶의 의미, 삶을 통해 터득한 지혜, 후손들을 위한 희생과 애씀에 대한 존중 등을 재확인하고 정리하는 시간으로 활용한다면 의미 있는 만남의 시간이 될 것으로 사료된다.

이러한 다양한 주제를 중심으로 노인들의 요구를 표현할 수 있는 다양한 방안을 모색할 필요가 있다. 특히 노인들의 다양한 요구를 충족시킬 수 있는 노인 맞춤형 집단상담 프로그램 개발이 필요하다. 이때 구조화된 집단상담 프로그램은 단순하게 구성해야 한다. 특히 어두운 주제들일 경우 무겁게 다루지 않으려고 재미 위주로 가볍게 프로그램을 구성하는 경우도 있는데 죽음이나 노화와 마주하는 자세가 두려움이 아니라 담대하고 진지하게 마주할 수 있도록 프로그램을 구성할 필요가 있다. 예를 들면, 죽음을 다룰 때 바로 죽음의 주제로 가서 유언장을 쓰거나 묘비를 작성해서 나누기보다 자신의 삶을 돌아보고 즐겁고 행복했던 순간들을 떠올려 보게 한 다음, 자신이 후손들에게 어떤 사람으로 기억되길 바라는지를 생각해 보게 한다면 죽음이 사라짐이 아니라 기억됨으로 인식변화하게 되어 죽음을 담대하게 마주할 수 있다.

노인대상의 집단상담은 비슷한 유형의 동질집단으로 구성하는 것이 더 적절하다. 특히 치매와 같은 질환이 있는 경우에 그렇지 않은 분들과 함께 진행할 경우 효과적이지 않다. 가끔은 건강한 노인들이 질환을 앓고 있는 분들을 돌보면서 집단을 구성해서 진행하는 경우도 있는데 저자의 생각으로는 이와 같은 멘토나 돌보미 역할은 지지자 역할을 할 수 있는 힘이 있는 청년이나 중년들이 집단 구성원이 되어 진행하는 것이 더 효율적이라 생각한다. 건강한 노인들이 치매와 같은 질환을 앓고 있는 분들을 돌볼 때 서로 선한 영향을 미치기보다 오히려 더 우울해지거나 자신의 미래로 개인화하여 불안을 야기시킬 수 있기에 주의가 필요하다. 또한 집단상담이 정보전달이나 교육 중심의 집단교육 형태로 진행될 경우에는 학습할 수 있는 능력을 가지고 있는 분들로 구성하는 것이 효율적이다. 가끔 글을 읽지 못하거나 학습 능력이 떨어지는 분들이 함께 구성될 때 집단상담사는 이분들에게 한 번 더 설명하거나 알려 드려야 하는 상황 발생으로 학습 능력이 있는 분들은 소외감을 경험하게 되거나 불만을 표출할 수도 있기 때문에 목적에 따라 집단 구성이 달라져야 한다.

노인들은 외로움과 소외감을 가지고 있고, 특히 만날 대상이 적거나 혼자 살 경우에는 접촉에 대한 강한 욕구가 있다. 저자가 매주 하는 사회활동 중에서 노인들로 구성된 모임이 있는데 이분들 댁을 가끔 방문하게 되면, 특히 할머니들이 손을 잡고 놓아 주질 않는 것을 종종 경험하게 된다. 처음에는 어색하고 불편함이 있었지만, 이분들에 대한 이해하는 마음으로 바라볼 때는 이분들의 마음이고 사랑임을 안다. 아마도 그만큼 사람이 그리워서일 것이다. 노인 집단에서도 집단상담사가 편안하게 수용할 수 있는 가능한 범위 내에서 신체 접촉을 시도하고, 집단원 간에도 표현할 수 있도록 개입할 때 친밀감 형성에 도움이 될 것으로 사료된다. 다만, 이러한 신체 접촉을 성적인 욕구 표현으로 잘못 이해하지 않도록 그리고 오남용하지 않도록 주의가 필요하다(Corey et al., 2014).

노인들을 대상으로 집단을 진행함에 있어서 세대 간의 차이로 인한 가치충돌이 일어날 수 있다. 그들의 시대에는 보편적이었던 거대담론이 현 세대에서는 가치충돌의 근원이 될 수 있는데, 이러한 가치충돌을 표면화시키기보다 그들의 삶을 인정하는 지혜가 필요하다. 그들의 가치를 바꾸려고 시도하거나 집단상담사의 의견을 제시하면 세대 간의 논쟁으로 치닫게 될 수 있으니 주의하기 바란다. 개입에 있어서도 직면을 통해 바꾸려고 하기보다는 경청과 공감적 자세로 개입하는 것이 효과적일 수 있다. 또한 60~70년 이상 살아온 삶의 이야기를 집단상담 시간에 모두 다루기에는 한계가 있다. 더욱이 이분들은 이야기할 대상을 갈망하고 있고, 들어 줄 대상이 눈앞에 있기 때문에 서로 앞다투어 자신의 삶의 이야기를 쏟아 내기도 하고, 혼자 독점하려고 다투기도 한다. 한꺼번에 쏟아 내는 많은 이야기를 모두 이해하고 담아내기는 아무리 전문가라 할지라도 한계가 있다. 모름을 인정하고 알려 달라고 요청할 뿐 아니라 모든 주제를 다루기에는 한계가 있음을 설명하고 서로 조율해서 정해진 주제에 국한하여 이야기할 수 있도록 안내가 필요하다. 이때 원리원칙을 내세우기보다 애교나 유머를 사용하는 것도 한 방법이다.

나이가 들수록 어린아이가 된다고 하는 말이 있지만, 그렇다고 해서 노인들을 어린아이처럼 대하는 것은 주의해야 한다. 후세대를 위해 애쓰고 노력한 그분들의 삶을 존경하는 마음으로 존중하는 자세가 필요하다. 존중은 상대가 원하는 것이라고 생각하는 것을 일방적으로 제공하는 것이 아니라 의견을 여쭙고 원하는 것을 할 수 있는 범위 내에서 시행하는 것이라 생각한다. 이런 맥락에서 볼 때 호칭을 정할 때도 어떻게 불리길 원하는지 의견을 여쭙고 의논해서 정하는 것이 필요하다. 또한 진행 속도에 있어서도 존중이 필요하다. 프로그램 구성할 때부터 이를 반영해야겠지만 진행하다 보면 예기치 않은 상황이 발생할 수 있는데, 이때 시간이나 프로그램에 맞추려 하기보다는 집단원들의 속도에 맞추어 프로그램을 조정할 수 있는 유연성이 필요하다.

노인 대상으로 한 집단을 진행함에 있어서 아동 및 청소년 집단 못지않게 에너지 소모가 많다. 노인 집단이 전반적으로 의욕이 없거나 무기력한 상태로 참여하는 경우가 종종 있기 때문에 집단상담사의 에너지를 기반으로 해서 이분들의 에너지도 어느 정도 끌어 올리기 위해 열정적인 진행이 필요하다. 에너지를 가지고 열정적으로 즐기면서 진행하는 것도 중요하지만 소진되지 않도록 자기점검 하는 것은 필수다. 집단상담사 자신의 자발성 정도를 알아차릴 수 있어야 하고, 자발성을 어느 정도 선까지 유지하는 자신만의 방법을 가지고 있어야 한다. 저자가 자주 사용하는 방법은 self-talk와 기도다. 집단상담 진행 중에 자발성이 떨어지는 경우가 있기 때문에 그 순간 자신을 지지하고 응원하는 메시지를 스스로에게 보내고, 경우에 따라서는 집단 장에서도 직접적으로 표현하여 다루기도 하지만, 이는 집단상담사를 위함이기보다는 집단상담사의 자발성이 떨어짐으로 인해 집단에 미치는 영향이 표면화될 경우에 한해서다. 집단상담사가 최우선으로 생각해야 할 대상은 집단원의 복지임을 명심하자.

노인 대상 집단상담을 진행함에 있어서 집단상담사의 에너지 소모와 관련하여 필요한 것은 인내심이다. 육체적으로 심리적으로 그리고 인지적인 측면에서도 집중의 범위가 적고, 반영하는 속도가 느려질 수 있다. 이에 대해 기다리고 속도를 맞출 수 있는 인내심이 필요하다. 그러나 이보다 더 중요한 것은 노인들의 끊이지 않으면서 계속 반복되는 긴 이야기를 들을 수 있는 인내가 필요하다. 한 평생의 삶의 이야기보따리를 풀어놓으면 1인당 한 달씩 밤낮으로 들어도 다 못 들을 정도일 것이다. 더욱이 들어 줄 사람도 대화할 사람도 없었기 때문에, 이분들과 함께 열심히 들으면서 공감해 주는 집단상담사는 천사와 같은 존재일 수 있다. 이를 위해 집단상담사의 인내가 필요하다. 그러나 인내하는 마음으로 듣기만 한다고 해서 문제가 해결되는 것은 아니다 이 기회를 놓칠 리가 없기 때문에 더 많은 이야기를 서로 쏟아 내려고 하다 보면 다툼이 일어날 수도 있다. 노인 대상으로 집단상담을 진행함에 있어서 인내가 분명하게 필요하지만, 이를 온전히 수용함에 있어서 한계가 있음을 진솔하게 표현하고 조율할 때 서로 많은 이야기를 하려는 다툼이나 논쟁을 피할 수 있다. 이때 앞에서도 언급한 것처럼 진솔한 자기개방과 함께 애교나 유머를 사용해서 분위기를 전환하는 것이 필요하다.

3. 다문화 집단

다문화는 단순히 국가와 인종적 측면에서 이해되는 협의의 개념과 성별, 연령, 종교, 사회경제적 지위 등까지도 포함하는 광의의 개념으로 구분된다. 협의적 개념이든 광의적 개념이든 다문화상담에서 중요시하는 점은 다양성이 존중되지 않음으로 인해 발생하는 차별의 주제를 최소화하려는 노력이다. Pedersen(1997)에 의하면 다문화적 관점은 복잡한 사회의 다양성을 자각하면서 그들을 서로 연결하는 공통적인 주제가 있음을 이해하는 개념적 틀을 갖게 한다고 하였다. 그는 한 인간의 행동의 의미를 정확하게 이해하기 위해서는 집단적 차이와 개인적 차이를 동시에 이해하는 것이 중요하다고 강조하였다.

집단상담사 또한 소속된 문화가 있고, 그 문화 집단에서 경험한 것들이 묻어나기 마련이다. 동일한 장소에서 동일한 시간 동안 만났다 할지라도 그 경험의 차이가 발생하는 것은 각자 자신의 경험에 의해 의미를 해석하고 표현하기 때문이다. 집단상담사는 다문화 집단을 진행하기 위해 자신의 신념과 가치관, 인간관 등을 점검하고, 자신의 경험이 어떤 영향을 미칠 수 있는지에 대해 파악하고 있어야 한다. 또한 다문화에 대한 지식적 측면뿐 아니라 세상을 경험하는 방식의 다양성을 인정할 수 있어야 한다. Ivey, Pedersen 그리고 Ivey(2008)는 집단에서의 다문화적 의도성(multicultural intentionality)에서 우리는 맥락적 · 문화적 존재이기 때문에 신체적, 정서적, 영적, 사회경제적 지위 등 그 사람을 둘러싸고 있는 전반적인 문화 · 환경에 대한 인식하에 개입해야 함을 강조하였다. 상담사 자신이 속해 있는 문화적 · 환경적 요인들에 대해 먼저 이해하고, 자신의 관점이 집단을 운영함에 있어서 어떻게 영향을 미치고 있는지를 점검해야 한다. 집단상담사의 관점이 아니라 집단원의 문화와 가치 범주 내에서 회복을 위한 자원과 방안을 찾는 것이 중요하다(김종운 외, 2012). 집단상담사는 이러한 문화적 다양성을 인식하고 자율성을 존중하면서 이를 수용할 뿐 아니라 집단원 간에 어떻게 소통하고 상호작용하게 할 것인가를 고민해야 한다. 무엇보다 상담사로서 다양한 문화경험이 필요하지만, 모든 것을 경험할 수 없음을 인정하고 자신의 한계를 파악하는 것도 중요하다. 이러한 맥락에서 집단상담사는 자신의 다문화 역량 점검은 필수라 하겠다.

DeLucia-Waack과 Donigian(2004)은 집단상담사가 자신의 다문화 역량을 점검하기 위해 생각할 과제를 제시하고 있다. 여러분도 다음 질문들에 대해 스스로 답해 보길 바란다.

① 개인적 가치, 신념은 무엇이고, 타인과 관계 맺을 때 무엇을 중요하게 여깁니까?
② 집단상담에 대한 이론적 접근에 있어서 자신이 중요하게 여기는 가치는 무엇입니까?
③ 다문화 집단에 참여해서 효과적인 개입방법을 직접 경험해 보았습니까?
④ 자신의 가치나 신념이 다문화 사람들의 가치와 갈등하는 상황을 알 수 있습니까?
⑤ 집단상담사의 가치관을 집단원에게 강요하지 않습니까?
⑥ 문화적 충돌로 내담자를 의뢰해야 할 상황이 인식됩니까?
⑦ 자신의 편견이나 선입견 때문에 슈퍼비전을 받아야 하는 상황을 알 수 있습니까?
⑧ 집단상담과 관련된 다문화와의 갈등에 대한 정보를 얻을 수 있는 자원목록이 있습니까?

이 질문들에서 공통적으로 중요시하는 것은 자기통찰이 어느 정도 가능하고, 그런 상황 발생 시 적절한 대처를 할 수 있는 준비가 되어 있는가다. 문화적으로 무엇이든 수용 가능하다고 자기확신에 찬 사람은 자기점검이 되지 않아 오히려 무엇을 실수했고 놓쳤는지에 대해 파악하기 어렵다. 적절한 긴장은 자신을 돌아보게 하여 문제 상황 발생 시 대처할 수 있기 때문에 자기통찰은 그만큼 중요하다 할 수 있다. 또한 문화적 차이로 인한 가치충돌이 일어남을 인지했음에도 불구하고 내담자 확보라든지 기관 운영을 위해 경제적 이유 등과 같이 상담사 자신의 유익을 위해 이를 무시하고 상담을 진행하는 것은 윤리에 어긋나는 행위다. 상담에서 가장 우선시되어야 하는 것은 내담자 복지이기 때문이다. 그러나 현실적으로 이러한 유혹이 올 수 있기 때문에 상담사의 자기점검은 그만큼 중요하다. 그렇다고 해서 모든 내담자를 의뢰하라는 의미는 아니다. 오히려 불안이 높거나 회피적 성향을 가진 상담사들 같은 경우, 가치충돌을 인지하자마자 내담자를 의뢰하거나 심지어 조기마무리를 조장하는 경우도 있다. 성급한 의뢰보다는 교육분석이나 슈퍼비전을 통해 적절한 지도하에 안전하게 진행하는 것이 내담자를 위해서도 상담사를 위해서도 필요한 과정임을 기억하기 바란다.

상담사 스스로 초심 자리에 머물러 있기를 선택하지 않는 한 상담사 발달 단계상 초심 상담사로 멈추지는 않는다. 상담사가 성장하면서 다양한 집단원을 만나게 되는데 이를 대비하기 위해서도 상담사에게는 다문화적 역량 강화가 필요하다. Comaz-Diaz(2011)는 유능한 상담전문가의 핵심적 역할로 자각, 존중, 수용뿐 아니라 문화적 다양성에 대한 이해, 즉 다문화적 역량 강화를 강조하였다.

Corey 등(2014)은 집단상담사가 다양성의 역량을 갖추기 위해서, 첫째, 자신의 문화 이해하기, 둘째, 차이를 이해하는 것에 대한 개인적 관점을 파악하기, 셋째, 다양성 역량 개발하기 위한 개념적 틀을 개발시키기, 넷째, 집단원들이 자신의 문화에 대해 이야기할 수 있도록 초대하기를 제안하였다. 특히 Corey(2015)는 다문화적 역량 강화를 위해 다문화에 대한 지식과 기술 습득도 중요하지만 이보다 자각과 개방적 태도를 더 강조하였다. 지식적으로는 알고 있다 할지라도 차이로 인해 발생하는 상황들을 자각하지 못하고, 또는 자각한다 할지라도 이에 대한 개방적 태도를 취하지 못한다면 아무런 소용이 없기 때문이다.

Arredonodo 등(1996)은 다문화상담 역량 강화를 위해 신념과 태도에 대한 자각, 지식, 기술을 강조하였다. 특히 집단상담사는 자신의 가치관, 인간행동에 대한 철학 등을 자각하여 자신의 신념이 다문화 집단원과 상담을 진행할 때 방해 요인으로 작동하지 않도록 해야 한다. 다문화상담을 위해 지식과 기술 습득을 위해 노력해야 하지만, 모든 것을 숙지할 수 없기 때문에 자신의 한계를 자각하는 것도 중요하다. 이러한 맥락에서 Ivey 등(2008)은 자각, 지식, 기술 외에도 겸허함, 자신감, 회복기술 등의 필요성을 강조하였다. 완벽하게 하기보다 유연하게 허용적으로 진행할 때에 실수를 통해서도 배움이 있을 수 있다. 이처럼 문화가 다른 경우 각 문화에 대한 경험과 학습이 필요하나 이에 대한 대비가 미처 되지 못했다면 집단원에게 어떻게 다른지 설명을 요청할 수 있다(Earley, 2005). 이런 면이 바로 지식과 기술을 뛰어넘어 상담사가 갖추어야 할 자질 중 하나인 진정성과 연결된다고 볼 수 있다. 진정성을 가지고 개방적 태도를 취하지 않은 채 지식적으로 안다는 것은 영혼 없는 기법에 불과하다.

4. 군인 집단

군 조직은 집단의 특수성으로 인해 군 조직에서 발생하는 상황들이 사회에 표면적으로 잘 드러나지 않았으나 최근 군대 내에서의 예기치 못한 상황들로 인해 인명사고가 발생하는 등 문제가 하나씩 드러나고 있다. 특히 엄격한 통제와 규율로 인한 부적응과 스트레스뿐 아니라 군 입대 전부터 지속되어 온 대인관계의 갈등, 우울, 불안 등과 같은 정신건강 문제 등이 표면화되면서 특수한 상황에 있는 군인들을 어떻게 상담적으로 개입할 것인가에 대한 고민이 깊어지고 있다.

이에 대한 대안적 방안 중 하나가 보호관심 병사 관리제도다. 군 조직 적응에 있어서 어려움을 경험하고 있는 병사를 보호관심 병사로 분류하여 군 조직 문화에 적응을 통해 무사히 제대하거나 적절한 조치를 취하기 위한 제도로 2005년부터 시행되었다. 그러나 2015년 국방부는 보호관심 병사 관리제도가 오히려 문제 병사로 분류되어 인권침해 소지가 있다라는 지적을 받아 모든 장병 대상으로 한다는 의미에서 명칭을 '장병 병영생활 도움제도'로 변경하게 되었다(국민일보, 2015; 국방부, 2015). 그동안 문제가 되었던 사항들을 반영하여 변경하게 되었는데 그중에서 특히, 비밀유지를 위해 병력결산심의위원 외에는 자료를 비공개하도록 하는 등 보안대책을 한층 더 강화하였다.

군상담은 병영생활 부적응 병사는 물론이고 전 장병을 대상으로 사고 예방과 개인의 잠재력을 발휘할 수 있도록 지원할 뿐 아니라 군 조직의 효율성 증진을 목적으로 해야 한다(김무영, 2009). 이런 특수한 목적이 있기 때문에 군상담을 진행함에 있어서 어려움이 발생한다. 첫째, 상담 내용에 대한 비밀유지의 한계가 있다. 군 특성상 보고체계가 의무화되어 있기 때문이다. 병사들이 상담받기를 꺼려 하는 이유 중 '비밀보장이 되지 않아서'가 21.8%에 달하는 것을 볼 때 이를 확인할 수 있다(김완일, 2016). 그러나 새로 도입한 장병 병영생활 도움제도로 인해 비밀보장이 한층 강화되어 해결할 수 있는 실마리가 보이기 시작했다. 둘째, 군 특성상 개인 못지않게 군 조직 유지가 중요하기 때문에 내담자 문제 해결에 있어서 제한적일 수 있다. 이로 인해 상담 만족도가 낮다. 병사들이 상담받기를 꺼려 하는 이유 중 39.4%로 가장 높게 나타난 것이 '현실적인 도움이 되지 않아서'인 것으로 볼 때 상담에 대한 만족도가 낮음을 알 수 있다(김완일, 2016). 셋째, 병사들이 편한 보직이나 부대 이동, 휴가 등을 목적으로 거짓으로 문제를 호소할 가능성이 있다. 상담사와 내담자 신뢰관계를 훼손시키지 않으면서 상담사는 이를 분별할 수 있어야 한다.

국방부(최혜란, 2011에서 재인용)에서 발간한 육사생도 특별인권교육 자료에는 군 복무 중 병사들의 위기의식 유발요인으로 다음과 같이 10가지를 제시하였다.

① 부모와의 이별
② 상관에 의한 질책
③ 상급자나 동료로부터의 인격 무시
④ 시설환경의 열악함으로 인한 위기

⑤ 여자 친구와의 이별

⑥ 군 생활에 대한 염증으로 인한 위기

⑦ 학업 및 진로 문제

⑧ 상급 병사에 의한 스트레스

⑨ 자신의 어려움이나 고민을 말할 수 없을 때

⑩ 전우들에 의한 따돌림

앞에서 제시한 병사들의 위기의식 유발요인 10가지 중 6가지가 인간관계에 의해 기인되고 있다. 병사들의 군 부적응의 원인으로 군대 내 환경, 부조리한 군대문화, 과다한 업무, 가치관의 갈등, 인간관계 갈등 중 인간관계 갈등이 가장 큰 원인이라는 보고가 있다(서혜석, 2006). 국가인권위원회는 군 복무 부적응의 주요요인으로 부적응 집단과 적응 집단 병사들로 분류하여 실시하였다. 그 결과 부적응 집단 병사들은 '선임병과의 갈등' '비합리적인 군대문화' '고된 훈련' '부당명령 및 처벌' '제대 후 진로 부담' 순이었는데, 적응 집단 병사들은 '제대 후 진로부담' '비합리적인 군대문화' '열악한 근무환경' '선임병과의 갈등' 순이었다. 정도의 차이는 있지만, 두 집단 모두 대인관계와 군대 환경 및 문화를 주요요인으로 선택하였다.

군 생활 적응에 영향을 미치는 요인에 대한 연구들(구승신, 2004; 김옥란, 김완일, 2014; 유성윤, 2012; 정민화, 1998)에서 제시하고 있는 군 생활 적응의 구성개념은 개인의 성격, 심신 상태, 가족 및 이성관계 등과 같은 개인적 환경과 군에서 맡게 되는 직무, 동료 및 상하관계 등 입대 후 경험하게 되는 부대환경으로 나눌 수 있다. 최혜란과 박숙희(2009)의 연구에 의하면, 군 생활 적응에 있어서 위험요인으로는 강박증이 높게 나타났고, 보호요인으로는 군 구성원의 지지가 가장 높게 나타났다. 이러한 연구들을 볼 때 집단상담을 통해 응집력을 경험하여 서로 간에 지지자의 역할을 해 줄 때 병사의 군 생활 적응에 의미 있을 것으로 사료된다. 특히 군 병사를 대상으로 진행한 집단상담 연구 결과를 통해서도 이를 확인할 수 있다(고현종, 2013; 김유덕, 2016; 양원영, 2014; 최혜란, 2011; 홍경심, 2017)

도움 및 배려 병사는 본인 스스로 어려움을 호소하는 경우도 있지만, 내무반을 함께 사용하는 병사나 선임 또는 주임원사의 권유로 중대장급 지휘관(자)에 의해 최초 분류하되, 최종 분류는 병영생활전문상담관, 군의관 등이 포함된 대대급 부대의 '병력결산심의위원회'에서 결정되어 필요한 경우 상담을 받게 된다. 대체적으로 군 조직 부적응을 호소하지만, 부적응의 원인이 군 조직에서의 구타 및 가혹행위나 내무 부조리로 인한 것만은 아니다. 군 입대 전부터 가지고 있던 대인관계의 어려움이나 가족 갈등, 우울증과 같은 정신질환, 인터넷 게임 중독 등이 엄격한 통제와 규율을 중요시하는 군 조직에서 그것이 더 확대되어 나타나는 현상도 무시할 수 없다. 이를 예방하기 위해서는 군 입대 전부터 신체 검사뿐 아니라 정신적 검사를 강화할 필요가 있다. 외부 요인으로 인해 발생한 스트레스를 부대 안에서 해결할 수 없는 제한이 있기 때문에 스트레스는 더 극한 상황으로 치달을 수 있다. 군 입대 전에 여과되지 않은 상태로 입대를 했을 경우에는 군부대와 협력 관계에서 상담적 개입이 필요하다. 특히 군 조직이 상하관계가 뚜렷하고 군 조직 특수성으로 인해 명령과 복종이 유지되어야 군 조직의 목적과 임무를 달성할 수 있기 때문에 이에 대한 비중을 무시할 수 없다.

군상담의 필요성은 절실하지만, 늘 한 공간에서 함께 생활하다 보니 그들과 동일한 일정에 참여하는 것이 아니라 열외로 상담을 받는다는 것이 쉽지 않고, 누군가 자신 때문에 업무를 대신해야 하는 상황까지 겹치게 되면 마음 편히 상담을 받기가 어렵다. 게다가 상담받는다는 것을 알리고 싶지 않을 수도 있음에도 불구하고 일상을 공유하고 있기 때문에 상담받고 있음이 노출되어 자신이 불이익을 당하지 않을까 하는 염려로 꺼리는 경우도 있다. 이런 상황을 예방하기 위해서는 신병 훈련 때 집단상담을 통해 신병들의 정신건강 상태를 재점검하고, 군 생활을 함에 있어서 우려하고 있는 점들을 파악하여 군 적응에 있어서의 장애물을 최소화하고, 심층적인 상담이 필요한 대상자들을 조기 발견하여 예방적 개입을 하는 것이 사고를 방지하는 대안일 수 있다. 이때 상담사의 부족과 시간적 한계 등으로 개인상담을 진행하기보다는 집단상담을 통해 도움 병사 및 배려 병사를 조기선별하고 군 생활에서 위기상황 시 어떻게 대처해야 하는지 등에 대한 예방적 접근이 중요하다. 최혜란(2011)은 개인상담과 달리 집단상담을 통한 개입이 부적응 병사뿐 아니라 일반병사들까지도 동반 성숙효과를 높일 수 있다고 보고하였다. 24시간 함께 생활하는 동료들의 인식변화가 동반될 때 상담의 효과성이 높아질 뿐 아니라 일반병사들도 자신을 객관적으로 통찰할 수 있기 때문이다. 또한 군 전문상담가의 부족한 상황에서 이를 대체할 수 있는 대안으로 분대장이나 군종병, 상담학이나 교육학 등을 전공한 일반병사들 중에서 동료상담사 훈련을 통해 군병사들을 위한 자조집단을 만들어 활용하는 것도 한 방안이다.

5. 자조집단

자조집단은 공통의 문제를 가진 사람들로 구성된 모임으로 서로 간의 유사한 경험을 나누고, 문제를 함께 대처하기 위해 모인 자발적인 집단이다. 자조집단은 전문가가 참여하기도 하지만 대체적으로 유사한 경험을 가진 사람들을 중심으로 모이고, 일상에서 겪게 되는 여러 현상들을 적절하게 대처할 수 있도록 서로 간의 사회적 지지를 제공한다. 강진령(2013)은 자조집단의 치료적 요인의 핵심을 증언으로 보았다. 어떤 특정 문제를 먼저 경험하여 회복된 사람으로서 다른 집단원들에게 증인 역할로 그들에게 희망을 갖게 한다. 초창기 자조집단은 중독자들이 중독요인을 중단하거나 줄이기 위한 목적으로 만들어진 자조집단이 주를 이루었으나 지금은 암, 당뇨, 비만과 같은 만성질환자들의 자조집단뿐 아니라 발달장애인 자조집단, 한부모 자조집단, 치매 자조집단, 다문화 자조집단 등 다양한 유형의 자조집단이 한국에서도 운영되고 있다.

자조집단과 상담집단의 중요한 차이는 상담집단에서 상호작용은 중요한 치료요인이지만 자조집단에서는 덜 중요하게 여긴다. 자조집단에서는 해석과 직면은 거의 없고, 긍정적이고 지지적인 표현 중심으로 진행된다. 외부전문가보다 집단 내에서 경험을 공유한 사람이 전문가로 신뢰받고, 심리적 지지자의 역할을 한다.

Lloyd와 David(1992, 나은영, 1996에서 재인용)는 자조집단의 특징을 8가지로 설명하고 있는데, 이것을 근거로 해서 자조집단을 설명하고자 한다. 첫째, 같은 경험을 공유한다. 같은 경험을 공유하지 않은 사람은 가족이라도 참여할 수 없다. 가족은 가족끼리 공유한 경험이 있기 때문에 이들은 분리해서 모임을 가진다. 둘째, 타인의 경험을 교육기회로 삼는다. 모든 것을 경험을 통해서 배울 수는 없기 때문에 타인의 경험을 자신의 교육기회로 삼아 변화의 씨앗을 마련하는 동기부여가 된다. 셋째, 집단원 중 리더를 정하고 민주적으로 집단을 운영한다. 동일한 경험을 했고 누구나 실수와 재발을 반복하면서 집단에 참여하고 있기 때문에, 자신이 뛰어나거나 특별하다고 생각하는 사람들은 거의 없다. 경험을 통해 서로를 알기에 서로 존중하며 집단을 운영하게 되는 것은 자연스러운 듯하다. 넷째, 집단원 개개인이 자신에 대한 책임성을 가진다. 그 어느 누구도 변화를 강요하지 않고 질책하지 않는다. 온전히 자신에 대한 책임은 자신만이 가질 수 있다. 다섯째, 단일한 집단의 목표를 가진다. 여섯째, 자발적인 가입과 탈퇴가 보장된다. 자조집단은 자발성이 중요하기 때문에 강요나 체면 때문에 유지되는 집단이 아니다. 이는 자신에 대한 책임성을 개개인이 가진다는 항목과 연결된 주요한 특징 중 하나다. 일곱째, 개인적인 변화를 도모한다. 자조집단은 개인적인 변화를 위해 존재하는 집단이다. 그렇다고 해서 변화를 강요하거나 지시적으로 교육하지 않는다. 온전히 개인 스스로 변화의 씨앗이 발아되어 싹이 틀 수 있도록 함께할 뿐이다. 여덟째, 익명성과 친밀성이 보장된다. 이름을 밝히지 않고, 이름을 묻지도 않는다. 오직 서로를 구분하기 위해서 거주하는 지역을 성에 붙여서 사용한다. 예를 들어, 신촌에 거주하는 김 아무개일 경우 '신촌 김씨'라고 부르며 서로의 익명성을 보장한다. 서로를 보호하고 비밀을 철저하게 지키는 것은 아마도 같은 경험을 공유하고 있기 때문이 아닌가 하는 생각을 해 본다. 또한 이들의 친밀성은 가족 못지않게 돈독한데, 이 또한 힘겨운 과정을 함께 극복하면서 보낸 동지애가 있기 때문에 서로에 대한 친밀함이 더 클 것 같다.

6. 특수집단 Q & A

Q1 아동대상으로 한 집단상담은 예상치 못한 돌발 상황이 많이 발생할 수 있을 것 같습니다. 예를 들면, 갑자기 화장실에 가고 싶다거나 집단활동이 아닌 다른 활동을 혼자서 하겠다는 경우인데 이럴 때 집단상담사는 어떻게 해야 하나요?

A1 아동대상일 경우에는 돌발 상황이 발생하는 경우가 종종 있습니다. 유연하게 대처하는 것이 필요한데, 예로 들어 준 것을 가지고 설명을 하면, 화장실은 시작 전에 모두 갔다 오도록 안내를 해서 이런 일이 발생하지 않도록 예방을 하는 것이 필요합니다. 화장실과 같이 예방이 가능한 것은 사전에 대처할 수 있도록 합니다. 그런데 생리적인 현상이 예방한다고 해서 모두 예방이 되지 않은 경우가 있습니다. 그래서 코리더나 스태프가 필수적으로 필요합니다. 아동을 집단장에서 혼자 벗어나게 하면 안전 등의 문제가 발생할 수 있기 때문에 동행해서 가도록 합니다. 두 번째 예처럼 집단활동이 아닌 독단적인 다른 활동을 하려고 할 경우에는 어떤 생각과 기분인지를 표현하도록 하고, 그것이 본인의 선택이라면 허용할 수 있습니다. 이때도 집단 장 안에서 공간을 마련해 주어서 하도록 하고, 언제든 집단에 함께하고 싶을 때는 참여할 수 있다고 알려 주어서 참여할 수 있는 여지를 마련해 주어야 합니다. 그리고 집단상담사는 틈틈이 관찰해서 참여를 희망하는 메시지를 확인하는 것도 필요합니다. 집단에 함께하고 싶으나 언제 어떻게 말을 해야 할지 몰라 주저하고 있을 수도 있기 때문에 적절한 때에 초대를 하는 것도 필요합니다. 이때 공개적으로 하기보다는 집단원들이 활동을 하고

있을 때 잠시 그 곁에 가서 관심을 표현해 주면서 확인하면 덜 부담을 가지고 자신의 생각을 표현할 수 있으니 참고하기 바랍니다.

Q2 다문화 상담을 할 때에, '내담자가 호소하는 문제의 궁극적인 해결방법은 내담자 자신의 문화적 가치와 생활양식의 범주 안에서 해결의 실마리를 찾는 것이 가장 바람직하다.'라고 알고 있습니다. 그들의 민족적 인종적 관습을 중시해야 한다는 것이 주 내용인 듯한데요. 만약 한국 상황에 적응을 하지 못해서 상담을 온 경우에는 어떻게 해야 할까요? 그 안에서 해결의 실마리를 찾을 수 있을까요?

A2 문화적응에 관한 이론은 다른 문화와의 접촉을 학습경험으로 보는 문화학습(Culture learning) 이론, 문화적 이동을 스트레스 사건으로 보고 이를 극복하기 위한 자원과 대처반응이 필요하다고 보는 스트레스 대처(Stress and coping) 이론, 인지적 측면을 강조한 사회정체감(Social identification) 이론, 그리고 문화적응 이론으로 크게 구분할 수 있습니다(김영경, 2008). 이 이론들 중 Berry의 문화적응 이론은 2가지 차원으로 문화적응을 설명하고 있습니다. 차원 1은 자신의 문화적 가치와 특성을 유지할 것인가의 문제고, 차원 2는 다른 집단과의 관계를 유지할 것인가의 문제입니다. 2가지 차원을 기준으로 해서 문화적응 유형 4가지를 제시하고 있습니다. 첫째, 통합(integration)은 자국의 문화도 유지하면서 새 문화도 수용하는 유형입니다. 둘째, 동화(assimilation)는 새 문화만 수용하는 유형입니다. 셋째, 분리(separation)는 자국의 문화만 유지하는 유형입니다. 넷째, 주변화(marginalization)는 자국의 문화도 유지하지 못하고 새 문화도 수용하지 못하는 유형입니다(Berry, Kim, Minde, & Mok, 1987). Berry의 이론은 문화적응을 이주자가 이주문화에 동화되는 일방향적인 과정으로 보는 일차원적인 과정에서 벗어나, 새로운 문화를 수용하면서도 자국의 문화 정체성을 유지하는 이차원적인 관점에서 문화적응에 관심을 가지도록 하였습니다.

대부분의 문화적응 프로그램은 현지 문화에 적응하는 데 초점이 맞추어져 있는데 Berry의 이론은 두 문화에 유능하게 적응할 수 있도록 문화적응에 변화를 가져왔다고 할 수 있습니다. 앞의 질문도 이러한 맥락에서 살펴볼 수 있습니다. 다문화 상담을 요청한 내담자 중, 특히 적응에 어려움을 호소할 경우, 상담사는 단순히 한국 적응에 필요한 정보와 한국식 사고와 생활양식을 주입하여 익히는 데 주력하는 경우가 종종 있습니다. 처음에는 모방을 통해 배우고 익히는 듯하나 시간이 지날수록 정체성의 혼란으로 더 힘들어하는 경우가 종종 발생합니다. 이를 예방하기 위해서도 집단상담 시 자신의 정체성에 대해 통찰할 수 있도록 하면서 다름에 대해 이해하고 수용하여 자신의 정체성을 유지하면서, 스스로를 존중하고 상대도 존중할 수 있는 방안을 모색하는 것이 필요합니다.

Q3 다문화 집단을 이끄는 특별한 기술로 다문화 정체감 증진, 다문화적 민감성 증진이라는 키워드를 제시하셨는데, 실제 현장에서는 보다 실질적인 문제를 다루는 구체적인 기술이 더 필요할 것입니다. 예를 들면, 집단원들의 한국어 사용 능력의 차이를 어떻게 다룰 것인가? 결혼이민자 혹은 이주노동자로서 한국에 살며 겪는 한국인과의 갈등이 집단 안에서 드러난다면, 한국인인 집단상담사는 그것을 어떻게 다룰 것인가? 다문화 정체감을 증진시키는 것이 상당히 중요하지만 실제 삶에서는 한국인이 되기를 강요하는 남편과 시댁 식구들과 함께 살아야 할 때 집단상담사는 어떻게 해야 하는가? 등의 문제를 생각해 볼 수 있을 것입니다. 이것들을 효과적으로 다루기 위해 집단상담사가 어떻게 해야 하는지 구체적인 방법을 제시해 주시면 감사하겠습니다.

A3 다문화 집단상담 시 소통을 위해 기본적인 의사소통이 가능해야 하는데 한국어 구사 능력의 차이가 집단 역동에 영향을 미칠 수 있기 때문에 가능하면 한국어 구사 능력이 유사한 집단으로 구성하는 것이 집단원뿐 아니라 집단상담사

에게도 효율적입니다. 현격한 차이가 날 경우에 집단상담 진행 시 한쪽으로 치우칠 수 있고, 그랬을 때 집단참여의 저해요인으로 작용할 수 있기 때문입니다. 특히 유사한 실력을 갖춘 사람들끼리 집단이 구성되었을 때 한국어를 자연스럽게 연습할 수 있는 장의 역할도 가능하기 때문입니다. 그러나 이렇게 구성했다 하더라도 자국어가 아닌 한국어로 표현하기에는 불편함이 있을 수 있기 때문에 한국에 오래 거주해서 적응을 잘하고 있는 사람들을 멘토로 집단에 함께 참여시킬 경우, 언어장벽을 해소할 뿐 아니라 모델링의 역할을 함으로써 적응에 더 효과적일 수 있습니다. 저자가 한국 대학에 입학한 재외국민 대학 신입생들을 대상으로 대학생활 적응을 위한 집단교육을 진행할 때, 한국어능력 정도를 기준으로 집단을 구성하고 재외국민 선배들을 helper로 집단에 참여시켜 선배 1명당 신입생 3명 정도 배정해서 집단교육을 실시한 적이 있습니다. 집단교육 평가에서 신입생뿐 아니라 선배들도 집단교육 참여에 대한 만족도가 높았고, 낯선 곳에서 도움을 받던 입장에서 벗어나 도와주는 역할을 할 수 있었다는 것만으로도 보람 있었다고 보고하였습니다. 신입생들도 집단교육 자체도 유익했지만, 학기가 시작되어서도 선배들과 계속적인 유대관계를 가짐으로써 학교에 아는 사람이 있다는 것만으로 의지가 되고 든든하다는 보고를 볼 때 서로에게 유익한 시간이었던 것으로 보입니다.

두 번째 질문에서는 한국인 집단상담사가 갈등을 경험하고 있는 한국인의 편이 되어 이미 내 편과 네 편이 나뉘어져 있음을 내포하고 있는 듯합니다. 이민자 혹은 이주노동자가 아니어도 인간관계에서 갈등은 자연스러운 현상이고, 이러한 주제는 집단상담에서 자주 등장하는 단골 주제이기도 합니다. 그것이 자국민이냐 혹은 외국인이냐에 따라 집단원의 이해 정도에 따른 차이로 인해 집단상담사의 개입방식은 달라질 수 있으나 태도가 달라진다는 것은 어쩌면 집단상담사의 역전이일 수 있기 때문에 이에 대한 자기분석이 필요합니다.

세 번째 질문은 함께 생활하는 가족들의 이해 부족으로 인해 발생하는 어려움이라 할 수 있습니다. 다문화는 외국인들만이 자기정체성을 점검하고 타문화에 대한 적응을 준비하는 것이 아니라 한국인들도 이에 대한 의식의 변화가 필요합니다. 이는 한국에서도 단일민족이라는 단어가 이미 사라진 지 오래되었고, 더불어 함께 사는 사회로의 변화가 급속도로 일어나고 있기 때문입니다. 이를 위해서는 다문화상담에서도 가족 중심의 집단상담이 필수적이라 할 수 있습니다. 일방적인 강요가 아니라 서로에 대한 올바른 이해에 근거한 양방향적인 노력과 협조가 있어야만이 문화적응의 한계를 극복할 수 있기 때문입니다. 문제는 가족이 상담을 거부할 경우에 어떻게 할 것인가입니다. 모두가 자발적으로 참여하면 이보다 좋을 수 없지만, 그렇지 않을 경우 여러 어려움이 있더라도 의식을 가진 사람부터 시작해서 점차 변화의 흐름을 확산시켜 나가는 것도 한 방법입니다. 그러므로 너무 조급하게 생각하지 않고 서서히 작은 시도부터 해 나가는 것이 장기적으로 볼 때 안전할 수 있으니 참고하기 바랍니다.

Q4 군상담과 같은 위계적 특수집단의 경우 자발성도 떨어질뿐더러 군대체제라는 거대한 힘에 압도당해 이중적 태도를 취하게 되는 경우가 불가피할 것 같습니다. 만일 제가 병사라면 보고체계를 아는 이상 비밀보장에 대해 안심할 수 없을 것 같은데 효과적인 상담이 가능하려면 일반 상담에 비해 어떠한 특수 기술이 필요할지 좀 더 구체적인 포인트가 궁금합니다.

A4 2015년 '장병 병영생활 도움제도'로 변경되면서 그동안 문제시되었던 개인신상 비밀보장을 위해 병력결산심의위원 외에는 자료를 비공개하도록 하는 등 보안대책을 한층 더 강화하였습니다. 그러나 자료는 보안대책이 마련되었다 할지라도 상담받는 것 자체에 대한 비밀보장을 받기에는 한계가 있습니다. 내무반에서 거의 24시간을 함께 생활하고 있기 때문에 상담받는 것에 대해 보호를 받기는 어렵습니다. 이로 인해 혹시 피해를 받지 않을까 하는 생각에 상담받는 것 자체를 주저하는 경우도 있습니다. 특히 상담의 주제가 선임이나 내무반을 함께 사용하는 동료병사와의 갈등일 경우에는 상담에서 나눈 이야기가 흘러들어 가

지 않을까를 놓고 늘 노심초사하며 눈치를 보게 됨으로 인해 오히려 더 문제를 악화시키는 경우가 발생할 수도 있습니다. 이를 예방하기 위해서는 동일한 계급으로 구성된 집단상담을 통해 상담이 문제병사로 낙인화하는 것을 예방하고 상담이 예방, 발달, 성장의 목적이 있음을 경험하게 하여 상담에 대한 인식의 변화가 우선적으로 필요합니다. 더 나아가 병장, 하사, 소대장 등 계급과 무관하게 계급별로 집단을 구성해서 자기이해와 타인이해를 위해 집단상담이 의미 있고 필요한 작업임을 모범적으로 보여 주는 것도 필요합니다. 이러한 과정을 통해 상담문화에 대한 의식의 변화가 선행되어야 할 것으로 사료됩니다.

상담 장면에서는 병사가 상담받음에 있어서 주저하게 하고 불편하게 하는 요인이 무엇인지를 파악해서 상담 초반에는 이에 대한 마음을 조금이라도 낮출 수 있는 방안을 모색하는 데 함께 힘을 쏟는 것이 필요합니다. 단, 단순히 겉으로 드러난 문제가 아니라 병사가 우려하는 불안의 근원적인 부분을 탐색하고 자기이해가 가능하도록 개입해야 합니다. 또한 상담참여 경험이 있고, 계급과 무관하게 인간 대 인간으로 집단상담에 참여할 수 있는 선임병사들을 선별하여 또래상담사 교육을 통해 건강한 관계 경험을 하게 하는 것도 한 방법이나 이를 위해서는 군부대별로 군상담사가 파견이 되어야 하는데 현실적으로 그렇지 못하기 때문에 어려움이 있습니다. 학교 상담처럼 군상담도 군부대에 군상담사가 한 명씩 배치되어 조금 더 적극적으로 개입할 수 있길 기대해 봅니다.

Q5 자조집단은 구성원 중에서 리더를 정하고 민주적인 방식으로 운영된다는 원칙을 보면 외부의 압력이나 지도 없이 스스로 자발적으로 서로를 돕는 집단의 특징을 잘 설명하고 있는 듯 여겨집니다. 그러나 한편, 우려되는 것은 비슷한 수준으로 아픈 사람들이 서로를 돕는 것이 위로는 될 수 있지만 간혹 눈 먼 자가 눈 먼 자를 인도하는 꼴이 될까 하는 것입니다. 자조집단의 자발성을 유지하면서도 건강한 성장을 위한 구성으로 어떠한 형태가 있을지 궁금합니다.

A5 질문의 전제가 자조집단의 구성원 중 인도자 역할을 하는 구성원을 눈 먼 자로 보고 있다는 것입니다. 자조집단은 치료집단과는 다릅니다. 치료집단은 치료할 수 있는 전문가가 필요하지만, 자조집단은 치료를 목적으로 하지 않습니다. 그래서 이들은 조언이나 문제 해결이나 피드백을 하지 않고 지지적 반응을 중요하게 여깁니다. 유사한 경험을 한 사람들이 모여 서로의 변화를 위해 노력하고 그러한 가운데 변화를 경험한 분들이 첫 출발선에 서 있는 분들을 위해 경험을 공유하고 서로를 이해하며 그 과정을 잘 견딜 수 있도록 함께 버텨 주는 것입니다. 자조집단에 참여하는 분들이 전문가는 아닐지 몰라도 적어도 경험자라는 것만으로도 최소한 눈 먼 자라고 보기는 어렵다고 생각합니다. 그 과정을 거친 사람들로서 버겁고 힘든 과정임을 알기에, 수시로 실수하여 번복할 수밖에 없음을 누구보다 잘 알기에 억지로 강요하거나 재촉하지 않고 기다려 주면서 옆에서 함께해 주는 역할을 하는 것입니다. GA(도박중독자들의 자조모임)에 참여하는 분 중에 한 분은 자조 모임 회원이 새벽에 전화를 걸면 자다가도 받아서 통화를 한다고 들었습니다. 그때 전화를 받지 않으면 그동안 노력했던 단도박의 마음이 사라질 수 있기 때문에 붙잡아 주어야 한다는 사명감으로 전화를 받는다고 하였습니다. 이는 자신의 단도박 의지 표명이기도 합니다. 때와 장소와 무관하게 걸려 오는 전화를 정성을 다해 받는다는 것이 과연 쉬운 일일까요? 내담자들이 시도 때도 없이 연락하여 자신을 힘들게 할까 염려해서 연락처를 알리기 주저하는 상담사가 얼마나 많습니까? 물론 이를 책망하는 것이 아니라 서로의 역할이 다름을 인정할 수 있길 바라기 때문입니다. 자조집단의 회원들은 경험자로서 그만큼 어려운 과정임을 알기에 절박한 마음을 이해하고 이를 행동으로까지 옮길 수 있지 않나 하는 생각을 하게 됩니다. 그들도 자신들이 전문가가 아님을 인정하고, 전문적인 도움이 필요할 경우에는 자조집단에 전문가를 초대해서 교육을 받기도 하면서 자신들에게 필요한 것들을 채워 나가고 있고, 자신들도 또 넘어지고 실수할 수 있다고 생각합니다. 그렇기 때문에 10년 이상을 자조집단에 참여하면서 자신들을 늘 점검하고 살피는 작업을 하는 모습을 보면 참으로 놀랍

고 귀하게 여겨집니다. 개인적으로는 자조집단의 회원들을 상담사들과 협력해서 회복을 위해 함께하길 바라는 또 다른 영역의 전문가로 생각합니다.

Q6 집단상담사가 없는 AA모임에서는 '직접적인 질문, 제안, 충고, 피드백, 비판, 판단이나 비난 등의 교차대화(crosstalk)'의 금지가 중요한 원칙으로 작용한다고 하였는데요. 남용이나 의존단계를 넘어 중독의 특징인 내성이나 금단의 증상인 불면증, 불안, 짜증, 분노, 불쾌감이 동반하는 알코올 중독자들에게 이것이 과연 자발적 규칙에 의해 잘 지켜질 수 있을지 의문입니다. 이해를 돕기 위한 방법적인 설명, 또는 구체적인 사례가 있다면 부탁드립니다.

A6 상담도 과정이 중요하다고 하듯이 자조집단도 처음부터 이 모든 것이 가능하지는 않습니다. 처음 참석부터 싫어하는 분들도 있고, 가족이나 상담사의 권유로 어렵게 참석하고 나서 자조집단 회원들에게서 자신이 싫어하는 알코올중독자의 모습을 보고 홧김에 더 술을 마시는 분들도 있고, 참여를 권유했던 사람들에게 폭언을 하며 다시는 참여하지 않겠다고 선언하는 사람들도 있습니다. 그러니 자발적인 규칙을 처음부터 잘 지켜 나가기는 쉽지 않을 것입니다. 다만, 워낙 오랫동안 참여한 분들이 중심을 잡아 주고, 이러한 모습조차 그대로 수용하고 버텨 주기에 서서히 하나씩 변화를 경험하게 되는 듯합니다.

Q7 저는 자조집단 중 AA에 대해서 궁금한데요. 교차대화를 허용하지 않는다는 것은 집단원 간 역동을 저지하는 것은 아닌지가 궁금합니다.

A7 자조집단과 치료집단의 차이에서도 언급한 것처럼 자조집단에서는 집단의 상호작용을 통한 역동보다는 지지적 반응이 더 중요합니다. 집단의 역동을 파악하고 적절한 개입을 하기 위해서는 숙련된 집단상담사도 어려운 과정이기

때문에 쉽게 할 수 있는 것이 아니고, 이들의 역할이라고 생각하지도 않는 듯합니다. 그러한 맥락에서 조언이나 해결방안을 제시하거나 피드백을 하는 것조차도 삼가고 있는 것입니다. 집단 역동을 활용한 상담이 필요하다면 집단상담사가 진행하는 집단상담을 권유함이 더 효과적인 결과를 얻을 수 있을 것으로 사료됩니다.

제 11 장 집단상담 프로그램

1. 성인 집단상담 프로그램: 성숙하고 행복한 내 이야기 만들기

1) 중년기 교인들의 전인적 안녕 모형[1)]

중년기 교인 10명의 삶의 이야기를 내러티브 분석한 결과, 중년기 교인들의 전인적 안녕을 위한 발달과제로 도출된 주제는 가족, 자아존중감, 대인관계, 자기효능감, 신앙 등이다. 연구 참여자들의 삶의 이야기 속에 나타난 전인적 안녕에 근원이 되는 발달과제는 원가족의 이야기다. 중년들의 원가족 이야기에는 힘듦과 어려움으로 인한 부정적인 이야기들이 대부분을 이루었다. 특히 부모 됨의 부재로 적절한 돌봄을 받지 못함에 대한 원망과 서운한 감정들은 오랜 시간이 지난 현재에도 그들의 가슴속에 남아 있었다. 그들이 기억하고 있는 부모의 이미지는 '무책임하고 힘없는 아버지' '술 취한 사람' '술 먹고, 도박하고 외도만 잘하는 아버지' '자신의 딸보다 다른 사람을 더 생각하는 이해할 수 없는 아버지' '늘 아픈 어머니' '맞는 어머니' '자식에게는 인색한 어머니' '히스테리가 강한 어머니' 등이었다. 강하고 권위적인 아버지와 약자고 희생자인 어머니, 그러한 어머니로부터 화풀이 대상이 되어야 했던 이들은 충분히 좋은 부모상이 정립되지 못한 채 원가족으로부터의 도피적 방법으로 결혼을 선택하였다. 자신의 원가족에

1) 이 모형의 상세한 내용은 저자의 Ph. D. 학위논문인「중년기 교인들의 목회상담을 위한 전인적 안녕 모형」을 참고하기 바란다.

대한 원망과 분노로 인해 분별력을 잃은 상태에서 홧김에 결혼을 했다고 보고한 B도 원만한 부부관계를 이루지 못하였고, 해결되지 않은 감정이 현 가족에도 계속해서 영향을 미치고 있었다. 이는 개인이 자신의 원가족과 해결되지 못한 정서적 문제가 현재의 부부문제나 부모-자녀 문제를 일으키는 원인이 된다는 연구 결과들과 유사하다(김현정, 김명자, 1999; 전춘애, 1994; Bandura, 1973; Bowen, 1985; Bowlby, 1980). 그러나 원가족으로부터 받은 부정적 영향과 반대되는 양육 패턴을 보이는 사례도 있다. 가부장적이고 권위적인 아버지로부터 행동과 생활에 제재를 받음으로 부적절한 양육을 받은 B는 자신의 자녀들에게는 그들의 가능성과 의지 여부에 따라 많은 경험의 기회를 주고자 하였다. 이는 부부가 자신의 원가족과 유사한 가정을 이루거나 원가족에 대한 반발로 정반대의 가정을 이루기 쉽다고 한 Olson과 Hawley(1992)의 연구 결과와 유사한 것으로 보인다.

원가족과의 경험은 현 가족뿐만 아니라 본인의 자아존중감, 대인관계 및 자기효능감에도 영향을 미치는 것으로 나타났다. A와 J는 원가족으로부터 존중받거나 이해받지 못했을 뿐만 아니라 부모님의 남존여비사상과 가부장적 사고, 아버지의 자기중심적이고 보수적인 행동패턴과 어머니의 열등감과 자기비하는 사회나 부모님에 대한 분노뿐 아니라 자신의 자아존중감에도 부정적인 영향을 미친 것으로 보고하였다. 이는 가족이 표현한 비난, 적대감, 온정, 긍정적 발언, 정서적 과다관여 등과 같은 가족 내 표현된 정서가 자아존중감에 영향을 미친다는 연구 결과들과 유사한 것으로 보인다(김경연, 1993; 박선영, 도현심, 1998; 손화희, 윤종희, 1990; 이인영, 이회자, 1998).

이러한 현상은 대인관계에도 영향을 미치고 있었다. A는 권위적이고 강압적인 아버지로부터 사람과 세상에 대한 피해의식이 생겼고, 이로 인해 새로운 환경에 대한 두려움과 대인공포로 대인관계에 있어서 어려움을 호소하였다. 또한 어머니로부터의 정서적, 신체적 학대 경험을 받은 I는 타인과의 만남을 기피하게 되었고, 내성적이고 소극적인 성향을 부정적으로 강화시키는 요인으로 작용하고 있었다. 이는 아동기 정서적 학대경험이 대인관계에 영향을 미친다는 조은

정(2004)의 연구와 유사하다.

원가족은 자기효능감에도 영향을 미치고 있다. Bandura(1999)에 의하면 초기 자기효능감 경험이 부모로부터 학습되기에 부모는 자기효능감 형성에 주요 변인이라 할 수 있다. D는 "적당히 만족하면서 살라."는 부모의 메시지를 '네 분수를 알라'는 의미로 해석하고, '할 수 있다'는 자기확신으로 새로운 것에 도전하기보다 현실에 안주하는 패턴으로 굳어 있었던 지난 시간들에 대한 후회를 표현하였다. 이는 진로를 결정함에 있어서도 시도해 보지 않고 부모님 중심적으로 결정했던 것에 대한 아쉬움이다.

중년 세대는 가족관계에 원가족과 현 가족의 영향을 모두 받고 있기 때문에 원가족의 영향만 받고 있는 세대와는 다른 점을 보인다. 원가족과의 어려움과 갈등이 해결되지 않은 채 결혼을 하여 가정을 이루었을 때, 원가족과의 미해결과제는 현 가족에 그대로 내사되어 나타났다. 원가족으로부터 벗어나기 위해 도피적 결혼을 한 B와 F는 사랑하는 자녀와 배우자에게 폭력과 폭언을 하는 자신을 보면서 부모에 대한 원망과 자신에 대한 미움으로 이중고를 안고 있었다. 이러한 이중고를 상담적 자원으로 활용할 때, 즉 자녀들과의 관계 속에서 자신의 부모를 발견함으로 부모에 대한 이해를 돕고, 자녀의 모습에서 어린 시절의 자신을 발견하고 자녀에게 자신이 경험하는 동일한 고통의 대물림에 대한 경각심을 갖게 하므로 중년기 가족관계를 재구성하는 데 도움이 될 것으로 본다.

중년기 교인들의 전인적 안녕을 위한 두 번째 발달과제인 자아존중감은 자신에 대해 내리는 평가로, 자신을 가치 있고, 의미 있고, 능력 있는 존재로 믿는 정도다(Coopersmith, 1981). 이 연구에서는 참여자들의 자신에 대한 평가가 부정적인 것에서 긍정적인 것으로의 변화를 보이고 있었다. 앞에서도 살펴본 바와 같이 낮은 자아존중감의 원인은 원가족으로부터 기인된 것으로 나타났다. 충분히 좋은 부모와 안아 주는 환경이 제공되지 않았을 뿐 아니라 신체적 정서적 학대 경험은 연구 참여자들의 자아존중감에 부정적인 영향을 미치고 있었다.

자아존중감에 있어서 두드러진 현상은 몸 이미지와의 관련성이다. C, F, J에게 있어서 질병이나 사고, 그 외 체질적 현상으로 남아 있는 흔적들은 지속적으로 자기평가에 있어서 부정적인 영향을 미치고 있었으며, 더 나아가 대인관계에 있어서도 소극적인 자세를 취하도록 하였다. 또한 A와 I는 중년에 접어들면서 나타나는 체형의 변화나 신체기능저하로 인한 신체적 변화에도 민감한 반응을 보였으며, "더 늙을 것 같아 두렵다."라는 남편의 말은 중년기 여성들에게 우울하고 무가치함을 느끼게 하였다. 이는 자아존중감과 몸 존중감(body-esteem)과의 관계를 연구한 Mendelson과 White(1985)의 연구 결과와 유사하다. 이들에 의하면 몸 존중감은 몸에 대한 개인의 태도, 느낌, 평가를 의미하는 것으로 낮은 자아존중감을 가진 사람은 낮은 몸 존중감을 가지고 있다고 보고하였다.

낮은 자아존중감은 자기효능감에도 영향을 미치고 있다. 타인으로부터 칭찬을 받거나 일을 함에 있어서 권유를 받게 될 때에도 어색해하고 무엇인가 다른 숨은 의도가 있을 것으로 오해를 하곤 하였다. 자신의 능력이나 준비도를 점검하여 도전하기보다는 '할 수 없다'는 생각으로 먼저 방어막을 형성함으로 회피하는 현상을 보였다. 과정을 통한 기쁨을 생각하기보다 먼저 부정적인 결과를 생각함으로 자신의 능력에 비해 쉽고 안이한 것을 선택하기도 하였다.

연구 참여자들에 의하면 부정적이고 왜곡된 자신에 대한 평가가 긍정적인 변화를 초래하게 된 동기는 자신을 인정해 주고 믿어 준 주요한 사람의 등장과 신앙이라고 보고하였다. 자신을 인정해 주고 믿어 준 주요한 사람은 어머니, 남편, 스승 등이었다.

권수영(2006)은 한국인들에게 '나'는 '주체'인 동시에 '객체'라고 한다. 이는 자신에 대한 주체적인 생각과 느낌 못지않게 타인이 자신을 객체로 어떻게 생각하느냐를 중요시한다는 의미다. 이 연구에서의 자아존중감도 이러한 맥락에서 이해된다. 자신에 대한 존중감도 중요하지만 이는 부모가, 배우자가, 자녀가, 타인이 자신을 어떻게 인식하고 있느냐에 따라 자신에 대한 존중감에 영향을 미치고 있다. "현재의 모습이 변하여 더 늙을 것 같아 두렵다."라는 I 남편의 말이 자신의 몸 이미지에 영향을 미쳐 긍정에서 부정으로 변하는 것을 볼 때 이를 짐작할 수 있다. 특히 중년들에게 있어서의 자아존중감은 배우자와 자녀들이 자신을 어떻게 인정하느냐에 많은 영향을 받는 것으로 보인다. 자아존중감은 원가족의 영향으로 형성되었기에 현 가족과의 관계 속에서도 영향을 받고 있으며, 배우자와 자녀들로부터 인정받고 수용될 때, 자신에 대한 이미지를 새롭게 재해석하려는 시도를 하는 것으로 나타났다. 또한 중년기 교인들에게 있어서의 자아존중감은 하나님과의 관계 속에서 해석되어야 한다. 하나님으로부터의 존중과 자신의 모습 그대로의 수용되는 경험은 자신에 대한 이미지를 바꿔 놓기에 충분했다. 자신의 신분이나 형편과는 상관없이 온전히 위로부터 내려오는 존중이기에 자신에 대한 자아상을 긍정적으로 변화하도록 하였다.

중년기 교인들의 전인적 안녕을 위한 세 번째 발달과제인 자기효능감은 생성적인 능력(generative capability)으로 자신이 할 수 있다고 믿는 것과 관련이 있다(Bandura, 1977). 원가족과 낮은 자아존중감, 경제적 어려움, 완벽주의와 결과 중심적 신념 등에 의해 부정적 자기효능감을 보였던 지난 시절과 달리 중년에 접어들면서 변화와 성장, 타인에 대한 관심 등으로 자기효능감에 있어서도 변화를 초래하게 되었다. 이는 McAdams(1993)가 중년을 성숙의 시기로 간주했던 것과 유사한 현상으로 보인다.

이 연구의 참여자들은 후회가 남지 않도록 주도적인 삶을 살면서 포기했던 일들을 시도해 보고 싶다는 의지를 표현하였으며, 성공만을 위한 시도가 아니라 실패에 대한 경험도 해 보길 원했다. F는 불안정한 원가족과는 다른 삶을 살기 위해 자신의 미래만을 생각하며 공부에 몰두했던 지난 삶들과는 달리, 자신의 직업과 연계하여 전문적인 봉사활동을 소망하고 계획하고 있었다. 중년이 되면서 타인을 돌보는 상담이나 교육에 대한 관심 증가를 그대로 포기하지 않고 그 분야에 대해 공부하면서 나누어 주는 삶을 소망하는 참여자들도 있다. 이러한 자기효능감에서의 변화는 타인과의 만남을 기피하고 제한적인 만남을 했던 것에서 다양한 사람과의 만남을 갈망하게 되었고 더 나아가 그들을 도울 수 있는 적극적인 자리로까지 나아가도록 하였다. 이는 Seligman(2006)이 언급한 행복이 단순한 즐거움 이상의 것으로 자신의 주된 활동영역에서 자신의 강점을 활용함으로 몰입하여, 자신뿐 아니라 타인을 돌보고 베풀면서 자신보다 더 큰 존재를 삶의 목표로 삼는 의미 있는 삶과 유사하다.

이처럼 중년들에게 있어서의 자기효능감은 자신의 성공과 성취를 위한 것이 아니라 타인에 대한 섬김과 돌봄을 위한 형태로 나타나고 있다. 돈과 명예와 성공을 위해 자신의 능력을 활용하기보다는 가정과 교회와 지역공동체를 위해 자신이 쓰임 받을 수 있음이 감사하고 일을 하는 의미를 갖게 하는 것으로 보인다. 이러한 섬김과 돌봄을 통해 자신의 삶이 풍요롭고 가치 있음을 느끼게 됨으로 경제적으로 여유롭지 않아도 안녕감을 누리며 성숙성으로 나아가게 하는 것으로 여겨진다.

중년기 교인들의 전인적 안녕을 위한 네 번째 발달과제인 대인관계는 부모님의 일방적인 의사소통과 자기표현의 억압, 가치판단과 당위적 신념 등의 인지적 요인, 그리고 율법주의에 근거한 신앙적 요인의 영향으로 대인관계가 제한적이고 진솔한 만남을 하지 못하고 있는 것으로 나타났다. 특히 소극적이고 왜곡된 의사표현으로 인한 어려움을 호소하였고, 이에 대한 훈련의 필요성을 강조하였다. C와 G는 자신이 만들어 놓은 기준으로 사람을 만나고 그 기준에 근거하여 판단함으로 인해 발생하는 대인관계의 어려움을 호소하였다. 일을 함에 있어서도 '하려면 똑바로 하고, 대충하려면 차라리 하지 마라'는 생각으로 타인을 바라보고 있었다.

교회 안에서의 만남은 자신들을 힘들게 만들기도 하지만 하나님의 변함없는 사랑에 대한 체험은 타인에 대한 수용적이고 공감적인 자세로 변화를 가져오게 하였고, 이로 인한 관계회복의 계기가 되기도 하였다. 무가치한 자신을 위해 죽으셨을 뿐 아니라 끝까지 참아 주시고 기다려 주신 하나님의 사랑을 경험하고 난 후, 타인을 바라보는 그들의 관점에 변화가 나타났으며, 그동안의 어려웠던 순간들을 대인관계를 원만하게 하기 위한 하나님의 훈련으로 해석하였다. 이러한 경험은 자신들의 대인관계의 폭을 확장시켰으며, 가족중심적인 관점에서 세상을 향해 눈을 돌려, 돌보며 사랑을 베푸는 삶으로의 전환을 시도하고 있었다. 이타적인 삶으로 본을 보여 준 멘토가 있을 경우에는 그러한 대인관계의 확장과 실천적인 삶으로의 전환은 더 가속화되었다.

대인관계의 확장과 이타적인 삶으로의 전환은 자기효능감과 마찬가지로 중년기 주요 발달과제인 성숙성과도 관련성이 있는 것으로 사료된다. 자기중심적인 편협한 관계에서 벗어나 타인에 대한 관심 증가와 그들을 돌보는 삶으로의 전환은 자기 이야기와 타인의 이야기, 나아가 세상의 이야기로의 확장을 의미하기 때문이다.

지금까지 이 연구의 참여자들의 이야기 속에는 아픔과 갈등을 겪으며 험난한 삶의 이야기가 있었지만 중년기를 경험하고 있는 이들의 관심 주제는 이타적인 삶을 통한 성숙성이었다. 이는 외적 자극을 통한 긍정적인 정서는 제한적이기에 자신의 강점을 활용하여 미덕을 발휘하여 몰입할 수 있는 의미 있는 삶을 통해 행복으로 나아갈 수 있다는 Seligman(2006)의 연구 결과와 유사하다.

Lewis(2000)는 성숙성 척도에서 낮은 점수를 받은 중년을 대상으로 삶의 이야기를 분석한 결과 공통적인 특징으로, 첫째, 어린 시절 또는 청년기에 상실이나 상처, 둘째, 초기 이야기 속에 성숙성 역할을 할 수 있는 모델의 부재, 셋째, 목적이나 안정된 목표의 부재, 넷째, 초기 상처와 관련되어 반복되어 나타나는 이야기들, 다섯째, 낮은 자존감, 자기효능감, 자기가치에 대한 신념 부족, 관계의 어려움을 성숙성에 대한 관심을 방해하는 요인으로 보고하였다. 이러한 연구 결과는 이 연구에서도 유사하게 나타났다. 그러나 이 연구 결과와 뚜렷한 차이를 보이는 것은 신앙적인 요인이 가족, 자아존중감, 자기효능감, 대인관계 등과 같이 성숙성을 방해하는 요인들을 약화시켰고, 각 요인들의 변화는 상호적인 발달요인으로 작용하여 상승효과를 보였으며, 성인이 된 후 남편이나 스승 등 자신을 믿어 주고 지지해 주는 주요대상이 존재함으로 인해 성숙성에 대한 관심을 가지게 된 것으로 보인다. 즉, 각 주제들이 복합적인 차원에서 상호작용하고 있으며, 전인적 차원에서의 역동적 상호작용으로 인해 성숙성으로의 발달을 초래하는 것으로 사료된다.

지금까지 전인적 안녕에 대한 심리학적 관점에서 분석해 보았는데 그렇다면 전인적 안녕에 대한 신학적 해석은 무엇인가? 저자는 '완전(온전)성' '총체성'의 의미를 가지고 있는 샬롬에서 찾고자 한다. Ellison(1997)은 샬롬의 근거를 완전과 완성에서 오는 평화로 예수를 통해 회복된 하나님과의 화목한 관계에 둔다(롬 5:9-11; 골 1:19-22). 더 나아가 정서적인 성숙, 건강한 인간관계, 신체적인 건강, 영적인 안녕 등이 이루어진 상태를 샬롬이라 한다. 신약에서의 샬롬은 거룩하게 하시는 평강의 하나님(살전 5:23), 가정적 평화(고전 7:8-17), 하나님과의 관계뿐 아니라 인간과의 관계회복(고후 5:19; 골 1:20-22; 롬 5:10), 소망이 넘치는 평화(롬 15:13)의 개념으로 나누어 볼 수 있다. 이에 대해 좀 더 자세히 논하면 다음과 같다.

첫째, 평강의 하나님이 인간을 온전히 거룩하게 하고 흠 없게 보전되기를 원하신다(살전 5:23). 하나님으로 인해 우리의 신분이 온전히 거룩하게 되었기에 그 온전성이 계속해서 보전되기를 원하신다. 거룩은 온전성에 있어서 주요한 요인인 것이다. 둘째, 관계회복으로서의 온전성이다(고전 7:8-17; 고후 5:19; 골 1:20-22; 롬 5:10). 하나님과의 관계회복을 위해 화평 가운데서 인간을 부르신 것처럼 가정과 인간관계 회복으로서의 온전성이다. 예수의 죽음으로 화목케 하사 인간을 거룩하게 함으로서 온전성을 이루고자 한다. Browning(1975)은 성숙한 성인이 다음 세대를 양육하고 가르치고 이끌지만, 성숙성을 성취하지 못한 경우도 있음을 언급하면서 그 이유로 초기 어린 시절의 인상들, 부모와의 잘못된 동일시, 과도한 자기사랑 등을 다양한 원인으로 제시하고 있다. 그러나 원인보다 더 중요한 것은 그것으로 인한 고통이 자신에게뿐 아니라 세대를 이어 계승된다는 사실이다. 이를 통해서 볼 때, 온전성을 위한 관계회복은 중요하다. 셋째, 소망의 하나님에 의한 넘치는 소망으로서의 온전성이다(롬 15:13). 소망의 하나님이 기쁨과 평강을 충만케 함으로써 인간도 소망이 되기를 원한다. Clinebell(1995)도 전인적 성장을 돌봄뿐 아니라 소망의 의미로 해석하고 있다. Clinebell에게 있어서의 소망은 미래에 대한 기대로 자신의 목표를 향해 나아가고자 하는 성장 잠재력과 변화 능력이다. 이러한 소망은 자신에 대한 존중감을 높여 줌으로 성장과 성숙의 원동력을 제공하는 요인으로 작용하고 있다. 그러나 이 연구에서의 소망은 미래의 목표가 자신의 성장을 위함이라기보다 하나님이 자신에게 주신 잠재능력을 타인을 위해 활용되기를 희망하는 소망이기에 Clinebell의 소망의 의미와 차이가 있다. 이 연구에서는 타인을 섬기고 돌봄을 통해 자신의 소중함과 거룩성을 발견하게 되고 소망을 갖게 되는 것으로 나타났다.

이러한 개념에서 볼 때, 거룩, 관계회복으로서의 용서, 소망은 이 연구에서 다루고 있는 전인적 안녕을 위한 주제들과 관련성이 높다. 즉, 자아존중감은 거룩의 개념으로, 가정과 대인관계는 관계회복의 개념으로, 자기효능감은 소망으로 해석될 수 있다. 이 연구의 참여자들도 자신들의 앞으로의 삶들이 온전히 성숙하기를 소망하였는데, 그들이 바라는 성숙한 삶은 하나님과의 온전한 관계 속에서 자신에 대해, 자신의 삶에 대해 만족하고, 왜곡된 관계들이 회복되며, 하나님이 주신 비전들을 발휘하면서 온전히 쓰임 받는 것이다. 이러한 삶을 위해 자신들이 해결해야 할 과제들로 제시된 것들이 자아존중감 회복, 가족과 대인관계에서의 회복, 타인을 위하여 자신에게 주어진 능력을 온전히 발휘하는 것이다.

이상에서 살펴본 바와 같이, 전인적 안녕에 대한 심리학적, 신학적 분석에 의하면 전인적 안녕 요인들은 각각 구별이 가능하나 요인들 간에 상호영향을 미치고 있는 것으로 나타났다. 이는 전인적 안녕을 구성하는 각 요인들이 상호 연관성이 있지만 고유의 특성을 가지고 있다고 보는 Dooyeweerd(1957)의 상호비환치성 이론에 근거한다. 그는 인간이 물리-화학적 구조, 생물학적 구조, 심리적 구조, 규범적 구조와 같은 4가지 기능적 구조로 이루어져 있다고 본다. 이러한 구조가 기능에 따라 구별될 수는 있어도 서로 분리될 수는 없기 때문에 인간은 다양한 기능의 복합적이고 역동적인 구성을 특징으로 하는 전인적 존재다. 이 연구도 이와 유사한 결과를 보이며, 연구 결과를 도표화하면 [그림 11-1]과 같다.

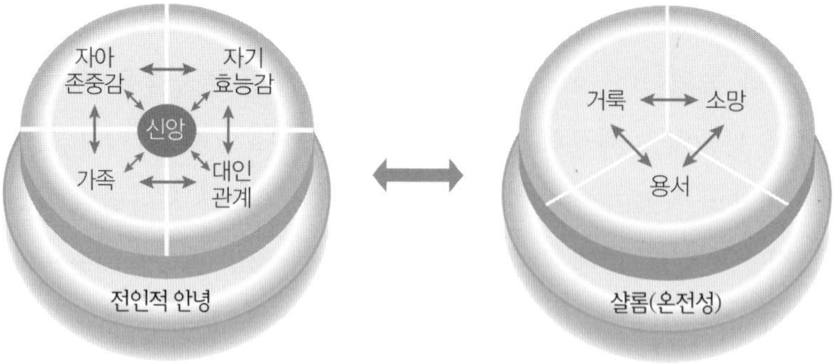

[그림 11-1] 전인적 안녕 모형

2) 프로그램 목적

이 프로그램은 교인들이 인생의 후반기인 중년기를 경험하면서 더 성장 · 발달할 수 있도록 전인적 안녕 증진을 목적으로 한다. 중년은 복합적이고 다차원적인 경험으로 인해 체계적이고 전인적인 관점에서의 목회상담이 필요하다(LaRocco & Polit, 1980). 이러한 목적을 달성하기 위해 문헌연구와 질적 연구를 통해 전인적 안녕의 구성요인을 분석한 결과, 가족, 자아존중감, 자기효능감, 대인관계, 그리고 신앙으로 나타났다. 이 요인들은 거룩, 소망, 용서의 의미로 재해석된다([그림 11-1] 참고). 이러한 요인들을 중심으로 이 프로그램의 하위목표를 결정하였다.

첫째, 가족에 대한 재조명을 통한 자기이해다. 이는 현재 적응 상태와 심리적 · 사회적 자원과의 관련성에 있어서는 사회적 자원 중 가족의 지지가 적응상태와 가장 큰 관련성을 가지는 것으로 나타나 가족관계가 중요한 요인으로 부각되었기 때문이다(김정희, 1992). 대부분의 사람은 자신의 원가족 간의 미해결된 과제로 인해 현재의 삶에 부정적인 영향을 받고 있으면서도 그것을 직면하고 해결하는 데 있어서 두려워하고 있다. 이는 문제가 드러남으로 인해 감당할 수 있을지에 대한 두려움과 함께 상황이 더 악화되지 않을까 하는 막연한 불안으로부터 기인하고 있다. 따라서 이 프로그램을 통해 원가족과의 관계를 재조명함으로써 이러한 두려움에서 벗어나 자기이해로 나아가도록 돕는다. 특히 자기표현의 절제와 감정의 억압으로 인해 현재 의사소통에도 영향을 미치고 있음을 볼 때, 역할극으로 그 당시 재현을 통한 자기표현 연습은 중요하다고 본다. 이는 집단원들로 하여금 자기 목소리를 내게 함으로써 자기표현이 건전하고 자신을 건강하게 만든다는 것을 경험하게 하고, 더 나아가 다른 가족원에 대한 개방성과 존중감을 가지고 서로에 대한 이해와 용서로 나아가기 위한 준비과정을 돕는다. 중년들은 원가족과 현 가족 사이에 있기에 현 가족 속에 있는 자녀와 자신의 모습을 통해 어릴 적 자신과 자신의 부모를 발견하고 이해하게 됨으로 가족 재구성을 위한 용서의 자원으로 활용할 수 있다고 본다. Enright(2004)는 용서의 과정을 중요시하였는데, 이 프로그램에서도 용서를 강요하기보다 용서로 나아가기 위한 준비과정으로 활용하고자 한다.

둘째, 잊고 있었던 이야기들을 회상함으로써 하나님의 거룩한 백성으로서의 자신의 이미지를 새롭게 구성하고, 자아존중감 증진을 돕는다. 대부분의 사람은 9가지 칭찬을 들어도 1가지 부정적인 말을 들었을 때 이 1가지에 집착하게 되어 자신의 힘의 근원이 되는 9가지를 무시하는 경향이 있다. 자신에게만 초점이 맞추어져 있을 때는 타인과의 비교를 통해 자신의 이미지가 부정적일 수밖에 없지만, 이 프로그램에서의 자아존중감은 하나님과의 관계선상에서 살펴보고자 한다. 따라서 이 프로그램은 부정적인 사고를 멈추고 하나님께 선택된 거룩한 백성으로서의 긍정적인 사고로의 전환을 도와 자신의 능력들을 개발하고 발전시키도록 한다. 사고의 전환은 삶에 있어서도 변화를 가져와 거룩하게 쓰임 받는 구별된 삶을 살게 할 것으로 기대한다.

셋째, 자신의 대인관계 유형과 의사소통 유형을 이해하고, 정확한 의사표현, 적극적 경청, 그리고 의사확인과 같은 효과적인 의사소통 교육을 통해 인간관계 기술을 학습한다. Buber(1965)는 진정한 의미의 인간관계는 두 사람 상호 간의 대화, 즉 그들이 함께 주고받는 상호복합작용 자체에서만 찾아볼 수 있다고 한다. 따라서 타인과 의사소통하고 관계를 맺을 수 있는 능력은 타인의 행동을 정확하게 지각할 수 있는 능력과 직결된다. 그릇된 지각은 인간관계에 있어서 갈등을 일으키는 원인이 되거나 사람과 사람 사이에 장벽을 조성한다.

넷째, 자신의 능력과 가능성에 대한 기대와, 삶의 이야기를 새롭게 선택하고 구성하고자 하는 의지를 확인함으로써 자기효능감 증진을 통해 하나님께서 주신 소망을 이룰 수 있도록 돕는다. Bandura(1977, 1982)의 자기효능개념은 인간행동 변화의 주요 결정인자로, 인간행동 변화는 외적 자극에 의해 수동적으로 일어나는 것이 아니라 행동을 능히 해낼 수 있다는 기대 때문에 일어나는 것으로 보았다. 특히 자기효능감은 성취 경험, 대리 경험, 언어적 설득, 정서적/신체적 각성 등의 영향을 받는다. 중년기에 있어서 자기효능감은 개인적 삶의 과정을 재구성하고 조직하는 데 중요한 요인으로, 자신에게 적합한 도전 목표를 선택함으로써 자기유능성을 확장시키도록 한다(Bandura, 1999). 이러한 자기효능감은 미래에 대한 기대와 가능성으로 소망을 갖게 하므로 성장과 발달의 주요한 요인으로 작용할 것으로 기대된다. 단, 이 프로그램에서의 자신의 능력과 가능성에 대한 기대는 자기성취를 위한 것이기보다 하나님께서 자신에게 주신 잠재된 능력을 찾아 타인을 위해 어떻게 쓰임 받을 수 있는가를 더 중시하고 있기에 이에 대한 구체적인 계획과 준비를 돕고자 한다.

다섯째, 신앙은 중년기 교인들의 전인적 안녕에 있어서 핵심적인 요인으로, 자신의 삶에 개입하신 하나님의 인도하심을 확인하고, 하나님에 대한 인식이 자신의 삶 속에 온전히 제 기능을 하고 있는지를 통찰함으로써 삶의 의미를 재구성하도록 돕는다. Banks와 Rebecca(1980)는 영적 영역을 다음과 같이 설명하고 있다. ① 신체적, 정신적, 사회적 영역을 통합하는 통일된 힘, ② 인간으로 하여금 생의 의미와 목적을 찾아 인간의 삶이 성취되게 하는 내적인 힘, ③ 개인을 초월하여 개인과 신의 관계에서 궁극적인 관심 또는 우주적인 힘과의 유대감 형성, ④ 인간의 행동을 결정하는 개인의 의지와 신앙형성이다. Chapman(김미향, 1998에서 재인용)은 영적 건강을 인간이 신과의 바른 관계를 가짐으로 평안해지며, 삶의 목적을 설정하고, 최대한의 잠재성을 성취하도록 하는 능력을 갖는 것이라 하였다. Ellison(1983)은 영적 안녕을 설명함에 있어서 하나님과의 관계를 나타내는 '종교적 안녕'과 인간의 목적의식과 만족을 의미하는 '실존적 안녕'으로 구분하고, 이들이 조화와 균형을 이루어 제 기능을 하는 것을 영적 안녕으로 보았다. 이 프로그램에서도 하나님에 대한 인식이 삶 속에서 왜곡되지 않고, 삶과 일치되어 제 기능을 하는지에 대한 통찰과 이에 대한 돌봄을 목표로 한다.

이상에서 제시한 목표들은 중년들의 전인적 안녕을 돕기 위한 것으로 이 프로그램 내용 구성에 영향을 미친다.

3) 프로그램 구성 및 내용

이 프로그램의 내용은 프로그램의 목표에 따라, 가족, 자아존중감, 대인관계, 자기효능감, 신앙의 5가지 영역으로 구성되어 있으며, 이들은 다시 자아존중감은 거룩, 가족/대인관계는 용서, 자기효능감은 소망과의 연관선상에서 고려된다. 신앙은 신념, 가치관, 세계관 등의 형태로 사상적 뼈대로 자리매김하여 가족, 자아존중감, 대인관계, 자기효능감에 영향을 미치고 있기에 독립된 영역으로 구분하지 않았다. 네 영역에서 매 회기마다 자신의 신앙이 삶 속에서 어떠한 모습으로 나타나고 있고, 어떠한 하나님을 경험하고 있는지, 하나님에 대한 인식이 삶과 일치되어 나타나고 있는지를 통찰함으로써 자신의 삶의 이야기 속에서 하나님의 개입하심을 인식하는 시간을 갖도록 구성하였다. 이를 위해 매 회기마다 하나님에 대해 어떻게 인식하고 있는지에 대한 질문과 함께, 자신이 인식한 하나님이 자신의 삶 속에서 어떻게 나타나고 있는지에 대한 질문기법을 사용하여 일치성에 대해 분석하고자 하였다.

가족영역, 특히 원가족과의 관계에 관한 연구에서 역기능적인 가족관계가 성인이 된 이후에도 정서적인 측면과 행동적인 측면에 부정적인 영향을 미칠 뿐만 아니라 가족의 병리현상이 세대 간에 전달된다는 연구 결과들이 많이 보고되고 있다(김순기, 유영주, 2001; 김현정, 김명자, 1999; 이종원, 2002; Forrest, 1991; Gohm,

Oishi, Darlington, & Diener, 1998; Olson & Hawley, 1992).

최현미와 곽민정(1998)은 대학생들을 대상으로 원가족 인식을 조사한 결과 원가족 인식의 변화에 초점을 둘 때, 이들이 자신의 원가족 문제를 파악하고 극복함으로써 자신의 삶에 도움을 받을 수 있는 가능성을 제안했다. 이러한 연구를 볼 때 원가족 간의 관계 재조명을 통해 현재의 전인적 안녕 증진을 위한 방안 모색은 필요하다. 특히 원가족과의 부정적인 관계가 현 가족과의 관계 속에서 그대로 재현되는 것을 경험하고 있는 중년들에게 있어서 원가족 간의 관계 재조명은 용서로 나아가기 위해 필요한 과정이라 사료된다. 이는 원가족과 현 가족의 경험을 모두 하고 있는 중년들만의 특성으로 이러한 경험을 상담적 자원으로 활용할 때 그 기대효과는 크다고 본다. 원가족과 현 가족이 거울역할을 하게 됨으로써 서로에 대한 이해와 용서의 과정으로 나아갈 수 있기 때문이다. 이를 위해 Bowen의 가족치료기법 중의 하나인 가계도를 작성하여 가계에 흐르고 있는 언행 패턴을 분석하도록 구성하였다. 가계도 분석을 통해 자기이해와 가족원에 대한 이해를 돕고, 더 나아가 원가족원 내지 현 가족원과의 만남으로 자신의 감정을 표현을 할 수 있도록 역할극을 포함시켰다.

조병진(1992)은 연극적 행동이 3가지 측면에서 교육적 활용이 가능하다고 하였다. 첫째, 극적행위는 인간과 사회를 변화하게 하고, 인간 잠재력을 발휘하도록 기능한다. 둘째, 연극은 자연스럽고 재미있는 학습수단이다. 셋째, 연극은 지금-여기에서의 현재성으로 인해 입체적 생동감을 얻는다.

김웅조(2004)는 연극이 성인교육에 효과적임을 강조하였는데, 그 이유는, 첫째, 연극을 만들어 가는 과정에서 정서적, 지적인 면, 즉 전 인간(whole person)을 다루고 극적 체험을 통해 심리적 안정감을 주기 때문이다. 둘째, 성인의 풍부한 삶의 경험을 상호 공유하므로 창의성, 문제해결 능력, 사회성 고취에 도움이 된다. 셋째, 역할에 따른 다양한 발달과제에 대한 준비가 가능하다. 넷째, 연극은 흥미를 유발시키기에 학습 집중에 도움이 된다. 다섯째, 지금-여기에서 살아 있는 교육효과를 얻을 수 있다. 여섯째, 참여자 간의 상호교류를 통해 감정 정화와 갈등 해결에 효과적이다.

자아존중감에 관한 영역은 Burns(1999)의 『자신감에 이르는 10단계』의 내용을 참고하여 재구성하였다. 프로그램 내용은 생각의 전환표를 작성하고, 잊고 있었던 과거를 회상함으로써 자기이미지와 신념을 표현하고 객관화시켜 재해석과 재구성하도록 하였다. 자아존중감은 거룩의 개념과 관련성이 있는데, 이러한 개념들은 타인과의 비교를 통해 상대적으로 존중되고 구별되는 것이 아니라 자신이 가지고 있는 하나님에 대한 이미지를 통해 자신의 이미지를 재발견하고 재해석함으로써 자신의 진정한 의미를 찾도록 프로그램을 구성하였다.

대인관계 영역에서 이형득(1998, 2003)은 인간관계를 존재하게 하고 발달하게 하는 것이 의사소통을 통해서 가능하다고 할 만큼 의사소통을 중요시하였다. 특히 정확한 표현과 적극적 경청, 그리고 의사확인은 의사소통을 원활하게 하는 주요요인이라 할 수 있다. 프로그램 내용에서는 이형득의 『인간관계훈련의 실제』와 『본성실현』에서 의사소통 기술과 관점 바꾸기 내용을 참고하여 재구성하였다.

소망의 개념으로 재해석한 자기효능감은 성공경험, 대리경험, 언어적 설득, 정서적/신체적 각성 등으로부터 형성된다. 성공경험은 효능감에 가장 영향력이 큰 것으로, 탄력성 있는 효능감을 지니기 위해서는 지속적인 노력을 통해 장애를 극복한 경험이 있어야 한다. 대리 경험은 유능감의 전이 및 타인의 성취 비교를 통해 효능감을 형성한다. 언어적 설득은 타인에 의해 자신의 능력에 대한 신념을 강화받는 것이다. 이러한 요인을 중심으로 자신의 삶의 방해요인들을 형상화하여 그것에서 벗어나는 성공경험과 이러한 과정에서 집단원들로부터의 언어적 설득, 그리고 타인의 활동을 통한 대리경험으로 자기효능감을 강화시키도록 프로그램을 구성하였다. 이러한 프로그램들은 자신뿐 아니라 타인에 대한 기대와 소망을 갖게 할 것으로 기대된다. 특히 중년들에게 있어서의 자기효능감은 자신의 성취를 위한 것이기보다 자신이 가지고 있는 능력들이 타인을 위해 쓰이는 것에 의미를 두고 있기에 집단에서의 나눔은 돌봄에 대한 공감대를 형성하게 되어 정보공유와 함께 지지그룹으로서의 역할을 할 것으로 기대된다.

이 프로그램은 총 10회기로 회기당 소요시간은 2시간이다. 프로그램 내용은 목표, 활동, 말씀 묵상, 나누기 그리고 기도로 구성되며, 사이코드라마를 활용한 활동과 역할극을 통해 몸으로 경험하는 시간을 가진다. 이 프로그램은 시작 회기와 마무리 회기를 제외하고, 크게 자아존중감, 대인관계, 가족, 자기효능감, 신앙 등 5단계로 구성되고, 자아존중감은 거룩, 대인관계와 가족은 용서, 자기효능감은 소망의 개념으로 재해석된다. 신앙은 각 단계에 있어서 핵심적인 요인으로 매 회기활동과 관련된 말씀을 묵상하면서, 자신의 삶 속에 개입하신 하나님을 어떻게 인식하고 있고, 자신의 신념이 삶 속에서 어떻게 표현되고 있는지에 대해 경험하도록 하였다. 하나님에 대한 인식과 삶에서 나타나는 모습의 불일치되는 부분들이 어떤 것인지를 확인하고 경험함으로써 재구성할 수 있는 기회로 삼는다. 말씀 묵상을 활동 뒤에 배치한 것은 집단활동을 통해 자신이 경험한 것을 말씀에 비추어서 재조명하여 삶에 적용하고 정리하기 위함이다.

각 단계는 2회기로 구성하고, 시작 회기와 마무리 회기를 포함하면 총 10회기 프로그램이다. 단계에 따른 프로그램을 배치함에 있어서 단계별 유기적 상호관련성을 볼 때, 가족과 관련된 프로그램이 먼저 배치되어야 하지만, 집단발달 단계를 고려하여 작업단계에 배치하였다. 가족, 특히 원가족과의 관련된 이야기를 신뢰감이 형성되지 않은 개입단계에 배치하는 것은 집단원들에게 부담을 줄 수 있기 때문이다. 따라서 자기이해에서부터 시작하기 위해 자아존중감 단계를 처음에 배치하였고, 중년기의 더 풍성한 만남에 대한 요구를 반영하여 대인관계 기술을 학습하도록 대인관계 단계를 두 번째 배치하였다. 자신의 원가족으로 받은 영향과 그것이 현재 가족원에게 어떤 식으로 영향을 미치고 있는지에 대한 이해를 위해 가족단계를 세 번째 배치하였으며, 현재의 연장선상에서 미래를 바라볼 수 있도록 자기효능감 관련 프로그램을 마지막에 두었다. 자기 자신에 대한 재해석을 통해 하나님에 의해 거룩성을 회복함으로써 가족을 포함하여 타인에 대한 인식의 변화와 용서에 대한 준비과정을 체험해 보고, 온전한 그리스도인으로 성장할 수 있는 기대와 소망을 갖도록 구성되었다. 이 프로그램의 회기별 목표 및 내용은 다음과 같다.

1회기는 시작단계로 프로그램의 성격 및 목적을 설명하고, 소개 시간을 통해 서로에 대한 이해를 돕고 신뢰감 형성을 목표로 한다. 2회기와 3회기는 자아존중감 단계로 자신의 거룩성을 인식하고 회복에 대한 의지를 확인한다. 2회기는 문장완성기법을 통해 자기이해를 돕고, 어릴 적 이야기를 나눔으로 잊고 있었던 자신의 이미지를 발견하고 새롭게 구성한다. 3회기는 자기 삶의 이야기 속에 자리 잡고 있는 생각과 신념들을 이중자아기법을 통해 객관화시켜 경험해 본다.

대인관계 단계는 4회기와 5회기로 용서의 의미를 묵상할 수 있도록 구성한다. 4회기는 집단원들을 이용하여 자신이 구상한 조각품을 서로 보지 않고 언어로 설명하여 완성해 봄으로써 정확한 의사표현과 적극적 경청을 연습한다. 자신이 구상한 작품이 되지 않았을 때는 서로 의사확인을 허용하여, 처음 경험과의 차이를 비교하도록 한다. 5회기는 자신의 인간관계 유형을 파악하고 타인과 어떤 유형으로 만남을 하고 있는지 분석한 후, 관점 바꾸기를 통해 타인에 대한 이해를 돕는다.

6~7회기는 가족단계로 대인관계와 관련하여 용서의 의미를 생각할 수 있는 단계다. 6회기는 언행가계도를 작성하여 가계에 흐르고 있는 언행 패턴을 분석한다. 7회기는 역할교대를 통해 가족원과의 만남을 시도하고, 집단원 중 주인공을 초대하여 사이코드라마를 실시한다.

자기효능감 단계는 8~9회기로 구성되며, 하나님이 주신 비전을 생각하고 소망을 갖도록 한다. 8회기는 자신의 현재와 미래에 대한 계획에 있어서 방해가 되는 요인들을 찾아내어 그것을 몸으로 제거하는 경험을 한다. 집단원들의 도움과 집단상담사의 창조성이 발휘되어야 하는 회기로, 주인공들이 방해요인에 대해 느끼는 감정들을 몸으로 느낄 수 있도록 형상화하여 제거해 본다. 예를 들어, 자신의 방해요인을 생각하면 답답하고 둘러싸인 느낌이라고 하면, 집단원들로 하여금 원을 만들어 팔짱을 끼고 그 안에 주인공이 들어가서 자신을 둘러싸고 있는 방해요인들로부터 벗어나는 경험을 해 본다. 이러한 경험을 통해 자신의 내재된 능력과 의지를 발견하도록 돕는다. 9회기는 그동안의 작업들을 바탕으로 자신의 삶의 이야기를 새롭게 구성하되, 구체적으로 계획하도록 하여 집단원들과 함께 나누는 시간을 갖는다.

마지막 10회기는 마무리 회기로, 집단상담을 통해 자신에 대해 새롭게 이해하고 깨달은 것들에 대해 나누고, 새로운 시작을 자신과 집단원 앞에 선포한다. 앞으로도 우리의 삶에 있을 고비들을 집단원들이 서서 무릎을 잡고 구부려서 형상화하여 주인공은 이를 뜀틀을 넘듯이 넘어가는 의식을 갖는다. 다 넘고 나면 자신이 듣고 싶어 하는 축복의 말을 들려주고 박수로 격려한다. 이러한 의식이 끝나면, 집단원들에게 유의사항을 알려 주고 기도한 후, 마무리 인사를 한다.

4) 프로그램 실제

(1) 1회기: 첫 느낌

a. 목표

– 프로그램의 성격 및 목적을 이해한다.

– 자신을 소개하여 서로에 대한 이해를 돕고 신뢰감을 형성한다.

b. 활동

이 프로그램이 중년으로서의 성장, 발달을 돕기 위한 프로그램임을 소개하고, 지금 이 순간의 중요함에 대한 이해를 돕기 위해 짧은 글을 읽어 준다.

> 세상에서 가장 중요한 때는 바로 지금, 이 순간이고, 가장 중요한 사람은 지금 함께 있는 사람이고, 가장 중요한 일은 지금 내 곁에 있는 사람을 위해 좋은 일을 하는 것.
>
> —Lev Tolstoy의 『세 가지 질문』 중에서

집단 활성화를 돕기 위한 기본 규칙(비밀유지, 시간 엄수, 적극적 참여 등)을 알려 주고 그 외 필요한 규칙을 집단원들과 함께 정한다.

그다음, 두 명씩 짝을 지어 자신에 대해 소개하는 시간을 갖는다. 먼저 파트너를 정하는 방법은 파트너가 되고 싶은 느낌이 드는 사람을 초대하는 형식으로 집단상담사가 제시하되, 그 방법에 대해 집단원들의 반응을 살피면서 집단원들이 파트너를 정하는 방법을 선택할 수 있도록 한다. 파트너가 정해진 후, 집단에 참석한 이유와 목적, 그리고 자서전을 적는다면 자신의 자서전 제목을 어떻게 정할 것인지에 대해 서로 이야기를 나누도록 한다. 또한 자서전 제목을 자신의 몸으로 표현할 수 있도록 하고, 자서전 제목을 축약하거나 중요한 단어를 선택하여 집단에서 별칭으로 사용할 수 있도록 한다. 상대방은 파트너가 소개한 내용을 기억해서 서로 소개하는 시간을 갖는다. 소개하는 방법은 한 명은 조각품이 되고, 파트너는 작품을 설명하듯이 그 사람을 소개하는 시간을 갖는다. 이때 집단상담사가 자신을 소개하여 어떻게 하는지에 대해 직접 보여 준다. 일종의 역할연습으로 처음부터 지나치게 진지한 분위기가 되지 않도록 주의한다. 활동이 끝난 후, 짝을 정하는 것에 있어서 자신의 행동패턴이나 감정을 나누고, 자신을 소개하는 것을 듣는 입장과 파트너를 소개할 때 어떤 식으로 했는지에 대해 서로 나누고 자신의 파트너에게 느낌과 생각을 확인하는 시간을 가진다.

c. 말씀묵상

에베소서 4:13–15(온전한 사람과 성장) “우리가 다 하나님의 아들을 믿는 것과 아는 일에 하나가 되어 온전한 사람을 이루어 그리스도의 장성한 분량이 충만한 데까지 이르리니 이는 우리가 이제부터 어린아이가 되지 아니하여 사람의 궤술과 간사한 유혹에 빠져 모든 교훈의 풍조에 밀려 요동치 않게 하려 함이라 오직 사랑 안에서 참된 것을 하여 범사에 그에게까지 자랄지라. 그는 머리니 곧 그리스도라.”

나는 어떠한 사람입니까? 지금–여기에서 내가 경험한 하나님은 어떤 분입니까? 본 회기에서 발견한 자신을 성경에 비추어 볼 때 적용할 점은 무엇입니까?

d. 마무리

자신에 대해서 새롭게 학습한 것을 정리하고 기도로 마무리한다.

(2) 2회기: 잊고 있던 나!

a. 목표

– 자기이미지를 개방하여 자신을 이해하고 수용한다.

– 잊고 있었던 이야기들을 회상하고 자신의 이미지를 새롭게 구성한다.

b. 활동

자신에 대한 이미지를 문장완성기법(○○○은 ______________ 한 사람입니다.)을 통해 기록해 보고 그중에 하나를 선택하여 집단원들 앞에 발표한다. 그런 다음 잠시 눈을 감게 한 후, 어린 시절로 가서 자신이 즐겨 했고, 행복했었던 일들이 무엇인지에 대해 회상하는 시간을 갖도록 한다. 즐거웠던 순간이 떠오른 사람은 눈을 뜨게 하여 집단원들의 준비를 확인한 후, 함께 나누는 시간을 갖도록 한다. 이때 어린 시절의 자신과 지금 현재 문장완성을 통해 기록해 둔 자신과의 차이를 발견하도록 하여 자신의 이미지를 재구성하는 시간을 갖도록 한다. 또한 어릴 적 꿈들을 통해 자신의 잠재된 재능을 재인식하는 시간을 가진다. 혹여 부정적이고 아픈 기억들로 자신의 이미지를 재구성하는 데 어려움을 호소하는 집단원들이 있다면, 다음과 같은 질문을 통해 주인공이 발견하지 못한 긍정적인 요소들, 잊고 있었던 이야기들을 발견하도록 돕는다. 질문의 예는 다음과 같다. 그것은 언제나 그런 사람이었습니까? 그렇지 않았을 때는 언제입니까? 즐겨 했던 것은 무엇입니까? 당신 편은 정말 아무도 없었습니까? 등이다.

c. 말씀묵상

갈라디아서 6:4(거룩–자신을 타인과 비교함이 없이) “각각 자기의 일을 살피라. 그리하면 자랑할 것이 자기에게만 있고 남에게는 있지 아니하리니 각각 자기의

짐을 질 것임이니라."

하나님께서 나에게 허락하신 자랑거리는 어떤 것들이 있습니까? 지금-여기에서 내가 경험한 하나님은 어떤 분입니까? 본 회기에서 발견한 자신을 성경에 비추어 볼 때 적용할 점은 무엇입니까?

d. 마무리

자신에 대해서 새롭게 학습한 것을 나누고 기도로 마무리한다.

(3) 3회기: 내 마음속의 두 가지

a. 목표

- 자기 삶의 이야기 속에 자리 잡고 있는 생각들을 정리해 봄으로써 자신을 이해하고 수용한다.

b. 활동

자기 삶의 이야기 속에 자리 잡고 있는 생각 · 신념들을 기록해 보고 그것이 어떤 의미(긍정 · 부정 · 양가)의 인지 분석한 다음, 수정된 생각들로 바꾸어 보는 시간을 갖는다. 〈표 11-1〉을 완성한 후, 한 명은 부정적인 생각역할을, 다른 한 명은 긍정적인 생각역할을 하게 한다(기록한 것 중에 하나를 선택해서 이중자아역할을 한다). 집단원들은 마음이 동하는 쪽으로 붙어서 함께 이중자아역할을 할 수도 있음을 알려 주고, 집단원들이 대부분 참여했을 경우, 각 팀에게 상대편의 기선을 제압할 수 있는 말을 준비할 수 있는 시간을 주어 주인공을 사이에 두고, 상대편을 향해 표현하도록 한다. 모든 표현이 끝난 후, 주인공은 자신의 두 마음을 향해 자신의 생각을 표현해 보게 한다. 집단원들이 돌아가면서 경험해 보고, 시간이 부족할 경우, 참여하지 못한 집단원들은 자신의 생각과 신념에 대해서 발표하는 시간을 주도록 한다. 활동이 끝난 후, 「내 안의 두 얼굴」이라는 짧은 글을 읽어 주고 묵상의 시간을 갖는다.

어느 인디언 노인은 내면의 싸움을 이렇게 표현했다. "내 안에는 개 두 마리가 있소. 한 마리는 고약하고 못된 놈이고, 다른 한 마리는 착한 놈이오. 못된 놈은 착한 놈에게 늘 싸움을 걸지요." 어떤 개가 이기냐고 묻자 노인은 잠시 생각하더니 대답했다. "내가 먹이를 더 많이 준 놈이오."

—Kimberly Kirberger의 『당당한 내가 좋다』 중에서

〈표 11-1〉 생각의 전환 표

No.	내 삶에 자리 잡고 있는 생각/신념	긍정/부정/양가	수정된 생각/신념
1			
2			
3			
4			
5			

c. 말씀묵상

갈라디아서 5:17(거룩-내면의 갈등) "육체의 소욕은 성령을 거스리고 성령의 소욕은 육체를 거스리나니 이 둘이 서로 대적함으로 너희의 원하는 것을 하지 못하게 하려 함이니라."

하나님께 선택된 거룩한 백성으로 성령에 거하지 못하도록 방해하는 육체의 소욕은 무엇입니까? 지금-여기에서 내가 경험한 하나님은 어떤 분입니까? 본 회기에서 발견한 자신을 성경에 비추어 볼 때 적용할 점은 무엇입니까?

d. 마무리

활동이 끝나면 자신에 대해서 새롭게 학습한 것을 나누고 기도로 마무리한다.

(4) 4회기: 내 생각엔……

a. 목표

– 정확한 의사표현과 적극적 경청을 학습한다.

– 의사확인을 학습한다.

b. 활동

사람을 이용해서 조각품을 어떻게 만들지 구상하는 시간을 갖는다. 이때 구상한 작품이 너무 단순하지 않도록 주의를 준다. 준비가 되면 주인공은 등을 돌린 채 말하고, 조각품에 필요한 집단원들은 그것을 듣고 그대로 행동화한다. 화자는 청자가 움직이는 것을 보아서는 안 되고, 청자는 질문을 해서는 안 된다. 작품을 완성한 뒤 자신이 생각한 대로 행동화되었는지 확인해 보고, 부족할 경우 다시 설명을 하되 이번에는 서로 의사확인을 할 수 있도록 한다. 주인공이 자신이 원하는 대로 작품이 완성될 때까지 반복해서 진행하고 경험을 모두 마친 후, 경험의 차이를 함께 나누는 시간을 갖는다. 자신의 평소 의사표현의 패턴(구체적인지, 추상적인지, 내가 생각했던 것과 타인이 의미하는 것과의 차이가 어디에서 기인된 것인지 등)에 대해 나누는 시간을 가진다.

c. 말씀묵상

마가복음 10:46–52(의사확인하시는 하나님) "저희가 여리고에 이르렀더니 예수께서 제자들과 허다한 무리와 함께 여리고에서 나가실 때에 디매오의 아들인 소경 거지 바디매오가 길가에 앉았다가 나사렛 예수시란 말을 듣고 소리 질러 가로되 다윗의 자손 예수여 나를 불쌍히 여기소서 하거늘 많은 사람이 꾸짖어 잠잠하라 하되 그가 더욱 심히 소리 질러 가로되 다윗의 자손이여 나를 불쌍히 여기소서 하는지라 예수께서 머물러 서서 저를 부르라 하시니 저희가 그 소경을 부르며 이르되 안심하고 일어나라 너를 부르신다 하매 소경이 겉옷을 내어 버리고 뛰어 일어나 예수께 나아오거늘 예수께서 일러 가라사대 네게 무엇을 하여 주기를 원하느냐 소경이 가로되 선생님이여 보기를 원하나이다. 예수께서 이르시되 가라 네 믿음이 너를 구원하였느니라 하시니 저가 곧 보게 되어 예수를 길에서 좇으니라."

본문에 나타난 예수님의 의사소통 방식은 무엇입니까? 지금-여기에서 내가 경험한 하나님은 어떤 분입니까? 본 회기에서 발견한 자신을 성경에 비추어 볼 때 적용할 점은 무엇입니까?

d. 마무리

자신에 대해서 새롭게 학습한 것을 나누고 기도로 마무리한다.

(5) 5회기: 헤아림

a. 목표

- 대인관계 유형 3가지를 학습한다.
- 자신의 대인관계 유형을 이해하고, 자신이 경험하는 다양한 만남 중 어떤 관계에서 그러한 유형들이 나타나는지를 학습한다.
- 관점 바꾸기로 타인을 이해하고 수용한다.

b. 활동

대인관계는 크게 3가지 유형으로 설명되는데, 경쟁관계를 유지하려는 대칭적 대인관계, 상대방을 통제하거나 지배하여 불평등한 관계를 유지하려는 상보적 대인관계, 그리고 두 유형이 종합되어 상호 양보하는 대등적 대인관계다. 3가지 유형에 대해 설명한 후, 집단원들에게 3가지 유형의 예를 들어 보게 함으로써 3가지 유형에 대한 이해가 되었는지를 확인한다. 그런 다음, 자신들의 유형은 어느 것이며, 어떤 상황과 어떤 유형의 사람들과의 관계 속에서 이러한 대인관계 유형이 나타나는지를 기록하여 발표한다. 모든 발표 후, 집단상담사는 관점 바꾸기에 대해 예를 통해 설명하고, 집단원들에게 현재 경험하는 대인관계 중에서 힘든 사람을 선택하여 관점 바꾸기를 시도해 보게 한다. 혹 집단원들 중에 관점 바꾸기를 찾지 못해 힘들어하는 경우, 집단원들의 도움으로 볼 수 있도록 한다. 단, 관점 바꾸기를 강요하지 않고 타인들의 이야기를 통해 간접 경험이 될 수 있도록 수용적인 분위기를 유지하도록 한다.

c. 말씀묵상

마태복음 7:1-2(비판과 헤아림) "비판을 받지 아니하려거든 비판하지 말라 너희의 비판하는 그 비판으로 너희가 비판을 받을 것이요 너희의 헤아리는 그 헤아림으로 너희가 헤아림을 받을 것이니라."

내가 헤아려야 할 대상은 누구입니까? 지금-여기에서 내가 경험한 하나님은 어떤 분입니까? 본 회기에서 발견한 자신을 성경에 비추어 볼 때 적용할 점은 무엇입니까?

d. 마무리

자신에 대해서 새롭게 학습한 것을 나누고 기도로 마무리한다.

(6) 6회기: 언행가계도

a. 목표

- 가계도 분석을 통해 원가족으로부터 학습된 언어와 행동 패턴을 자각한다.
- 원가족으로부터 학습된 언행패턴이 자녀들에게 대물림될 수 있음을 인식하고 이로부터 벗어나고자 하는 자신의 의지 정도를 파악한다.

b. 활동

자신을 중심으로 자신의 부모님과 자녀들까지 3대에 걸친 가계도를 작성하되, 언행가계도를 작성한다. 즉, 자신이 부모, 형제들로부터 들었던 말과 행동들을 기록하고, 자신이 자녀들에게 자주 사용하고 있는 말과 행동들을 기록한다. 작성한 언행가계도를 통해 대를 이어 전수되고 있는 언행패턴을 파악한 후, 이를 끊고 벗어나려는 자신의 의지를 역할극을 통해 경험해 본다. 두 명씩 짝을 지어 한 명은 주인공의 허리를 감싸 안고서 주인공이 끊어 버리고자 하는 말과 행동을 계속 반복적으로 언어로 표현하게 한다. 이때 주인공은 자신의 의지로 이를 끊어 본다. 역할 교대로 모든 집단원들이 경험한 후, 느낌 나누기를 한다.

c. 말씀묵상

열왕기상 16:30-33(용서-악행의 대물림) "오므리의 아들 아합이 그 전의 모든 사람보다 여호와 보시기에 악을 더욱 행하여 느밧의 아들 여로보암의 죄를 따라 행하는 것을 오히려 가볍게 여기며 시돈 사람의 왕 엣바알의 딸 이세벨로 아내를 삼고 가서 바알을 섬겨 숭배하고 사마리아에 건축한 바알의 사당 속에 바알을 위하여 단을 쌓으며 또 아세라 목상을 만들었으니 저는 그 전의 모든 이스라엘 왕보다 심히 이스라엘 하나님 여호와의 노를 격발하였더라."

대를 잇고 있는 악이 있다면 무엇입니까? 이를 끊기 위해 내가 할 수 있는 것은 무엇입니까? 지금-여기에서 내가 경험한 하나님은 어떤 분입니까? 본 회기에서 발견한 자신을 성경에 비추어 볼 때 적용할 점은 무엇입니까?

d. 마무리

자신에 대해서 새롭게 학습한 것을 나누고 기도로 마무리한다.

(7) 7회기: 만남

a. 목표

- 억압된 감정을 표현한다.
- 다른 가족원에 대한 개방성과 존중감을 가지고 서로에 대해 이해한다.

b. 활동

두 사람씩 짝을 지은 후 누가 먼저 주인공을 할지를 결정한다. 주인공으로 선정된 사람은 집단상담사의 지시에 따라 눈을 감고 가족구성원들 중에서 지금 이 순간 가장 만나고 싶은 사람을 떠올리고 그 사람에게 하고 싶은 말을 생각한다. 눈을 뜨면 그 사람이 앞에 앉아 있다고 생각을 하고 그 사람의 호칭(엄마, 아빠, 할머니 등 파트너의 자신이 누구의 역할을 해야 하는지에 대해 알 수 있도록)을 부르면서 평소에 하지 못했던 말을 진솔하게 표현한다. 이때 파트너는 그 사람이 되어서 듣기만 한다. 집단상담사는 주인공들에게 마지막으로 질문을 1가지 하게 하고 파트너는 그것을 기억하도록 한다. 이것이 끝나면 역할을 바꾸어서 파트너가 그 주인공이 되어서 주인공이 질문했던 내용을 그대로 질문하게 한다. 이때 주인공은 자신이 질문했던 그 대상이 되어서 그 질문에 대답한다. 파트너는 이것을 잘 기억한다. 그런 다음 다시 역할을 바꾸어서 주인공은 다시 질문을 하고 파트너는 들었던 말을 그대로 다시 전해 준다. 마친 후 파트너와 역할을 바꾸어서 해 본다. 이 활동이 끝나면 사이코드라마의 주인공이 될 사람을 정중하게 초청하고 한 장면 사이코드라마를 실시한다.

c. 말씀묵상

히브리서 12:14-17(용서-모든 사람으로 화평하라) "모든 사람으로 더불어 화평함과 거룩함을 좇으라 이것이 없이는 아무도 주를 보지 못하리라 너희는 돌아보아 하나님 은혜에 이르지 못하는 자가 있는가 두려워하고 또 쓴 뿌리가 나서 괴롭게 하고 많은 사람이 이로 말미암아 더러움을 입을까 두려워하고 음행하는 자와 혹 한 그릇 식물을 위하여 장자의 명분을 판 에서와 같이 망령된 자가 있을까 두려워하라 너희의 아는 바와 같이 저가 그 후에 축복을 기업으로 받으려고 눈물을 흘리며 구하되 버린 바가 되어 회개할 기회를 얻지 못하였느니라."

지금-여기에서 내가 경험한 하나님은 어떤 분입니까? 본 회기에서 발견한 자신을 성경에 비추어 볼 때 적용할 점은 무엇입니까?

d. 마무리

사이코드라마가 끝나면 비슷한 경험 나누기와 자신의 느낌 나누기를 한다. 이때 충고나 조언을 하지 않도록 주의한다. 드라마에 대한 느낌 나누기가 끝나면 자신에 대해서 새롭게 학습한 것을 나누고 기도로 마무리한다.

(8) 8회기: 나의 힘!

a. 목표

– 행동을 수행함에 있어서 방해요인들을 인식한다.

– 자신의 능력과 가능성에 대해 확인한다.

b. 활동

현재 삶 속에서 행동을 시작하고 수행함에 있어서 방해되는 요인들이 무엇인지 기록하게 한 후, 집단원들의 도움으로 제거하는 경험을 한다. 방해요인들에 대한 느낌을 '막고 있다' '누르고 있다' '둘러싸여 있다' 등 자신의 느낌을 찾고, 자신의 방해요인들을 설명한 후, 그 느낌을 형상화하여 제거하는 경험을 해 본다. 예를 들어, '막고 있다'는 느낌은 집단원들로 하여금 두 명씩 짝을 이루어 벽으로 형상화하고, '누르고 있다'는 느낌은 주인공을 눕힌 다음 그 위에 집단원들이 누워서 누르는 느낌을 형상화한다. 마지막으로 '둘러싸여 있다'는 느낌은 집단원들이 원을 만들어 팔짱을 끼고 그 안에 주인공이 들어가서 방해요인들을 제거해 보는 경험을 한다. 느낌을 형상화함에 있어서는 집단상담사의 창의성이 필요한 것으로 이에 대한 준비가 경험이나 학습을 통해 미리 되어 있어야 한다. 활동이 끝난 후, 「다윗과 골리앗」이라는 짧은 글을 읽어 준다.

> 골리앗이 이스라엘 군 앞에 나타났을 때, 병사들은 한결같이 생각했다. "저렇게 거대한 자를 어떻게 죽일 수 있을까?" 다윗도 골리앗을 보았으나 그는 이렇게 생각했다. "저렇게 크니 절대 빗맞을 일은 없겠군."
>
> –권대웅의 『천국에서의 하루』 중에서

c. 말씀묵상

빌립보서 4:11–13(소망–그리스도 안에서 자족하는 삶) "내가 궁핍하므로 말하는 것이 아니라 어떠한 형편에든지 내가 자족하기를 배웠노니 내가 비천에 처할 줄도 알고 풍부에 처할 줄도 알아 모든 일에 배부르며 배고픔과 풍부와 궁핍에도 일체의 비결을 배웠노라 내게 능력 주시는 자 안에서 내가 모든 것을 할 수 있느니라."

현재 내 삶에 대해 나는 어떻게 느끼고 있습니까? 자족하지 못하도록 방해하는 요인들을 제거하기 위해 내가 할 수 있는 것은 무엇입니까? 지금–여기에서 내가 경험한 하나님은 어떤 분입니까? 본 회기에서 발견한 자신을 성경에 비추어 볼 때 적용할 점은 무엇입니까?

d. 마무리

자신에 대해서 새롭게 학습한 것을 나누고 기도로 마무리한다.

(9) 9회기: 새로운 이야기들

a. 목표

– 인생이야기의 주인공은 바로 자신임을 인식한다.
– 새로운 인생이야기를 선택하고 구성한다.

b. 활동

지금부터 자신을 위해 무엇을 선택하고 인생이야기를 어떻게 써 나갈지를 계획해 보고, 그것을 위해 준비해야 할 것들과 구체적 실천사항들을 기록한 후, 집단원들과 함께 나누는 시간을 갖는다.

c. 말씀묵상

잠언 21:31(소망–나의 준비와 주권자 하나님) "싸울 날을 위하여 마병을 예비하거니와 이김은 여호와께 있느니라."

하나님께 쓰임받는 자로서 앞으로 내가 준비해야 할 것은 무엇입니까? 지금-여기에서 내가 경험한 하나님은 어떤 분입니까? 본 회기에서 발견한 자신을 성경에 비추어 볼 때 적용할 점은 무엇입니까?

d. 마무리

자신에 대해서 새롭게 학습한 것을 나누고 기도로 마무리한다.

(10) 10회기: 마무리(의식)

a. 목표

- 새로운 시작을 자신과 집단원 앞에서 선포한다.
- 전체 프로그램을 마무리하고 이별의식을 한다.

b. 활동

집단에 참여하면서 새롭게 발견한 자신의 모습과 자신의 잠재된 가능성들을 이야기하고 새로운 출발을 모두 앞에서 선포한다. 삶이 끝난 후, 누구로부터 어떤 말을 듣고 싶은지를 생각하는 시간을 주고 결정하게 한 후, 새로운 출발 앞에는 자신들이 해결해야 할 과제들이 있음을 설명하고 이를 몸으로 경험하는 시간을 갖는다. 집단원들이 일렬로 서서 무릎을 잡고 구부려서 고비고비를 형상화하고 주인공은 이를 뜀틀을 넘듯이 넘어간다. 다 넘고 난 후 자신이 듣고 싶어 하는 사람으로부터 말을 듣게 하고, 집단원들이 박수로 축복해 준다. 모든 활동이 끝이 나면 집단상담 후의 주의점과 집단상담은 실험장이었고 우리 앞에 놓여 있는 현실은 다를 수 있음을 설명하고 계속해서 실험하고 연습할 것에 대한 준비를 시키고, 한 달 후 만남을 통해 서로에 대한 경험을 나누고 재확인의 시간이 있음을 알린다.

c. 말씀묵상

예레미야애가 3:19–23, 32–33(소망–성실하신 하나님) "내 고초와 재난 곧 쑥과 담즙을 기억하소서 내 심령이 그것을 기억하고 낙심이 되오나 중심에 회상한즉 오히려 소망이 있사옴은 여호와의 자비와 긍휼이 무궁하시므로 우리가 진멸되지 아니함이니이다 이것이 아침마다 새로우니 주의 성실이 크도소이다. 저가 비록 근심케 하시나 그 풍부한 자비대로 긍휼히 여기실 것임이라 주께서 인생으로 고생하며 근심하게 하심이 본심이 아니시로다."

내가 가진 소망은 어떤 것입니까? 지금–여기에서 내가 경험한 하나님은 어떤 분입니까? 본 회기에서 발견한 자신을 성경에 비추어 볼 때 적용할 점은 무엇입니까?

d. 마무리

서로 손을 잡고, 집단원들과 함께 찬양을 부른 후, 기도하고 돌아가면서 인사하고 마친다(단, 찬양 선정은 집단원들에게 선택하도록 하고 없을 시 찬송가 465장을 부른다).

2. 다문화 집단교육 프로그램: 외국인 신입생의 대학생활 준비를 위한 예비대학 집단교육

1) 중국·일본 유학생의 한국 대학생활 적응을 위한 요구분석[2)]

중국 · 일본 유학생의 한국 대학생활 적응을 위한 요구분석을 위해 한국에서 대학생활을 하고 있는 한국 체류기간이 6개월~2년인 1학년 중국 · 일본 유학생 각 6명 씩 총 12명을 대상으로 심층면담을 통한 자료를 근거로 외국인 유학생들의 대학생활 적응을 위한 요구분석 결과, 7범주, 14하위영역, 29개념을 도출하였

2) 김영경(2009). 「중국 · 일본 유학생의 한국대학생활 적응을 위한 요구분석」 재구성.

다. 연구 분석결과는 〈표 11-2〉에 제시하고, 각각의 구체적 범주를 중심으로 이들의 요구를 살펴보면 다음과 같다.

〈표 11-2〉 외국인 유학생의 요구분석

개 념	중국사례/ 일본사례	하위 영역	범 주
대화부족	4/6 : 3/6	대인관계에서의 언어 장벽	언어장벽 해결의 요구
언어장벽으로 인한 무시	3/6 : 3/6		
전문용어 학습 부족	2/6 : 3/6	학업에서의 언어장벽	
언어장벽으로 인한 학습 의욕 저하	3/6 : 4/6		
진정한 만남의 부족	4/6 : 3/6	진정한 만남 갈망	친구 사귀기의 요구
대화상대 부재	4/6 : 3/6		
만남의 기회 부족	5/6 : 3/6	친구 사귀기의 어려움	
낯선 놀이 문화	2/6 : 2/6		
튜터링 제도의 허	3/6 : 1/6	튜터링 제도의 허와 실	적극적 학습활동에 대한 요구
튜터링 제도의 실	1/6 : 2/6	튜터링 제도의 허와 실	
학업 방식의 차이	3/6 : 2/6	학업에 대한 부담	
도움 부재	2/6 : 2/6		
동일한 평가방식 적용에 대한 부담	5/6 : 3/6		
복잡한 입학절차와 안내 부족	3/6 : 3/6	입학 초기 지도에 대한 요구	맞춤식 학사지도에 대한 요구
수강신청에 관한 정보 부족	3/6 : 3/6		
외국인을 위한 진로지도 부재	6/6 : 2/6	외국인 유학생을 위한 전담기관의 필요성	
도움 요청의 창구 필요	4/6 : 3/6		
자체 학생회	3/6 : 1/6		
기숙사 부족	1/6 : 1/6	생활고	경제적 요구
물가 차이	3/6 : 0/6		
부직 구하기 어려움	2/6 : 2/6		
비싼 등록금	6/6 : 5/6	장학금의 필요성	
생존을 위한 선택	5/6 : 3/6	문화분리와 문화동화	문화이해의 요구
자국 문화에 대한 지식 부족	1/6 : 3/6	자국 문화에 대한 공부	

부정적 사고 차단	4/6 : 1/6	적극적인 해결방안	대처능력에 대한 요구
능동적인 자세	5/6 : 5/6		
거절에 의한 상처	1/6 : 1/6	소극적 해결방안	
부탁으로 인한 미안함	2/6 : 3/6		
참기	2/6 : 1/6		

첫 번째 요구인 언어장벽 해결의 요구에서 하위요인으로는 대인관계에서의 언어장벽, 학업에서의 언어장벽 2가지 요인이 나타났다. 언어도 문화도 다른 낯선 나라에서 혼자 생활하며, 공부를 해야 하는 유학생들에게 있어서 넘어야 할 첫 번째 장벽은 언어다. 유학 온 목적을 달성하기 위해 학업을 하는 데 있어서도, 문화를 접하고 친구를 사귐에 있어서도 언어는 필수다. 그러나 이들에게 있어서 한국어는 만만하지 않다. 이해하지 못한 부분이 있다 하더라도, 이야기 중간에 흐름을 끊으면서까지 질문하기는 거의 불가능한 현실이다. 이는 무례한 행동이고, 타인을 배려하지 않는 이기적인 행동이라 생각하기 때문이다. 중간에 이해하지 못한 부분이 있으면 그 이후로는 대화의 맥을 잡기가 어려워서 무리 속에서 소외된 채 홀로 남겨질 수밖에 없다. 이러한 일이 반복되다 보면 언어장벽은 더 높게만 느껴지게 된다. 더욱이 그들의 어설픈 표현을 인내하며 들어 줄 대상도 찾기가 어려운 게 현실이다. 한 중국 학생은 저자와 인터뷰한 2시간 동안 지난 한 학기보다 더 많은 한국말을 할 수 있었다며 고마움을 표현하기도 했다. 그녀의 이야기를 통해 대화 상대를 구하기가 어렵다는 안타까운 현실을 절감할 수 있었다.

언어의 어려움은 학업을 함에 있어서도 높은 장벽이었다. 동아리와 같은 다른 활동을 하지 않으면서까지 학업에 투자를 하지만 언어장벽은 높기만 하다. 특히 어학당에서 배운 언어는 생활 회화이다 보니 학업에 필요한 전문용어에 대한 학습 부족으로 어려움을 겪고 있었다. 게다가 언어장벽으로 인한 낮은 학업 성취도는 능력 없음으로 평가받게 되어 학습 의욕 저하뿐 아니라 마음의 상처가 되기도 한다. 그러나 자신들의 꿈과 희망을 흔들어 놓을 만큼 높게만 여겨졌던 언어장벽이 끊임없는 노력으로 무너질 때의 기쁨은 그들이 학업을 계속하게끔 하는 원동력이 되기도 한다. 언어장벽을 극복함으로써 얻게 되는 성취감은 이들을 더 성장케 하는 듯하다.

두 번째 요구는 친구 사귀기다. 외국인 유학생들이 한국에서 적응하기 위해서는 한국인 친구 사귐이 필수적이다. 그러나 그보다 더 절실한 이유는 마음과 마음을 나눌 수 있는 진정한 만남을 위해서다. 이들에게 있어서 친구 사귀기는 수단이 아니라 동등한 위치에서 동시대에 살고 있는 젊은이 간의 교류이다. 하지만 이러한 만남은 쉽지 않다. 편견을 가지고 만남을 하려고 하거나, 학점 취득의 수단으로서의 만남이 이루어지기에 생각의 교류나 자신들의 진솔한 이야기를 나눌 사람을 만나기는 어려운 현실이다. 이러한 어려움을 표현하기라도 하는 듯, 한 중국학생은 연구자와의 인터뷰가 한국에 온 이후로 처음으로 편안하면서도 진솔한 이야기를 나누었던 시간이라고 했다.

외국인 유학생들이 그렇게 원하는 친구 사귀기가 어려운 이유는 무엇일까? 첫 번째는 만남의 기회 부족이다. 한 반에서 대부분의 수업이 진행되어서 늘 함께 생활하여 만남이 자연스러웠던 어학당 생활과는 달리 대학에서는 만남의 기회를 찾기가 어렵다. 게다가 유학생들은 학기 중에 힘들게 사귄 친구들이 방학을 보내고 오면 어색하고 낯설다고 한다. 이들은 방학이 되면 귀국하기에 방학 동안 농활이다 여행이다 하면서 함께 시간을 보낸 친구들과 비교해 볼 때 스스로 친밀감이 떨어짐을 느끼게 된다고 한다. 두 번째 이유는 낯선 놀이문화다. 한국 대학생들은 친밀감 형성을 위해 게임을 즐기는데 유학생들이 배우기에는 너무 어렵다. 설명을 계속해 주지만, 한국학생들과 함께 즐기기 위해 익숙해지기에는 넘어야 할 난관이 많다. 이해되지 않는 놀이를 이해하기 위해 계속해서 질문을 하는 것이 분위기를 깨는 것임을 알기에 이를 계속할 만큼 용기를 내기가 쉽지 않다. 모두가 즐기는 시간에 마냥 쳐다보기만 해야 하는 이들이 선택하는 것은 모임 불참석이다. 유학생들은 가족과 같은 심적 지지자도 없는 상황에서 경험하게 되는 대인관계의 어려움은 만남을 회피하게 만들어 심적 외로움을 가중시킨다. 이는 유학생활 자체를 더 힘들게 만드는 요인으로 작용하고 있다.

세 번째 요구는 적극적 학습활동에 대한 요구다. 언어와 문화의 장벽, 게다가 외로움과 싸워야 함에도 불구하고 유학을 선택한 이유는 학업을 위함이다. 자신의 목적을 달성하기 위해 적극적으로 학습활동에 참여하고자 하지만 외국어로 진행되는 강의를 따라가기에는 한계가 있다. 이를 해결하기 위해 교수나 친구에게 직접 도움을 요청하는 적극성과 학업 성취를 위해 자국민과의 만남의 시간을 줄이는 것을 볼 때 이들의 학업에 대한 요구를 짐작할 수 있다.

그러나 이들의 학습활동을 돕기 위해 마련된 학교의 튜터링 제도는 본 인터뷰를 통해 그 허와 실이 드러났다. 성실한 튜터로부터 실질적인 도움을 받는 경우도 있지만, 실상은 낙관적이지 않았다. 그들의 기대와 달리 형식적이고 무성의하게 진행되는 튜터링 제도는 도움이 절실하게 필요한 튜티를 위함이 아니라 학점 취득을 목적으로 두고 있는 튜터를 위한 제도로 보고하였다. 이러하다 보니 도움을 받지 못했음에도 불구하고 튜터에 대한 평가를 나쁘게 할 수가 없고, 정확한 평가가 되지 못하기에 제도의 허점이 수정되지 않은 채 진행되어 기대했던 효과를 얻지 못하고 있다. 또한 외국인 유학생들은 도움을 받기만 하는 입장이 오히려 마음이 불편하다고 한다. 동등한 입장에서 서로의 필요를 채워 주면서 당당하게 도와주고, 도움을 받으면서 함께 성장할 수 있는 기회를 희망하고 있다. 학점을 받기 위해 의무적으로 도와주는 제도가 아니라, 자원하는 마음으로 만나 서로 win-win할 수 있을 때 서로에 대한 이해도 깊어질 수 있다고 생각하였다.

적극적 학습활동에 대한 요구에도 불구하고, 이들이 학업에 부담을 갖게 되는 것은 학습 능력과 학업 방식의 차이, 도움 부재 그리고 동일한 평가 방식 적용에 대한 부담 때문이었다. 유학생들은 한국학생들에 비해 쉽게 대학에 입학했고, 이로 인해 학습 능력에 차이가 있다고 생각하고 있다. 또한 자국의 학업 방식에 익숙해 있던 유학생들이 한국 대학에서 요구하는 방식을 모르기에 성적 취득에 있어서 심적 부담이 큰 것으로 나타났다. 학업 방식의 차이를 극복하기 위해 친구들의 노트를 빌려 보려고 하지만, 그것조차 쉽지 않다. 강의 노트를 빌려 주지 않는 이유를 자신이 학업의 부담으로 모임에 적극적으로 참여하지 못해서라며 자신의 탓으로 돌리지만, 마음은 씁쓸한 것 같다.

유학생들이 실감하고 있는 학습 능력의 차이에도 불구하고 성적 평가 방식은 동일하게 주어지고 있기에 학업에 대한 심적 부담은 클 수밖에 없다. 자신은 처음 듣기에 너무나도 어려운 수업이 옆에 있는 친구에게는 복습하는 것으로 쉽게 여겨짐을 볼 때, 이들은 좌절감을 느낀다고 한다. 더욱이 그 어떤 활동도 못한 채 학업에 모든 시간을 다 쏟아부으면서까지 더 노력했음에도 불구하고 상대평가로 저조한 성적을 받았을 때의 실망감은 이루 말할 수 없다. 이들은 자신들이 노력한 만큼의 성과를 학점으로 받을 수 있기를 바라는 마음을 조심스럽게 표현하기도 했다.

이러한 어려움이 있음에도 불구하고 이것을 극복할 수 있는 것은 한국인의 지지와 도움이 있기 때문이라고 한다. 학교 홈페이지에 모국어로 된 사이트가 있는 것을 보고 감동을 받고, 교수의 지지와 격려를 통해 힘을 얻으며, 자신들의 어려움을 알고 그들이 필요로 하는 것을 먼저 챙겨 주는 배려의 손이 있기에 이들은 조금씩 한국 학업 방식에 적응을 하게 된다고 한다. 또한 자신들의 노력을 인정해 줄 때, 힘을 얻게 되며 자신들의 선택과 노력이 헛되지 않았다는 확신을 얻게 된다고 한다. 이러한 지지와 격려가 자신들을 한국에서 생존하게 하는 힘이라고 한다.

네 번째 요구는 맞춤식 학사지도에 대한 요구다. 한국으로의 유학을 결정하고, 서류신청에서부터 입학초기까지 이들이 해결해야 할 과제는 한두 가지가 아니다. 복잡한 입학전형 절차를 겨우 밟고, 입학시험을 치르기 위해 한국에 왔지만, 입학 전부터 숙식을 스스로 해결해야 하는 어려움을 경험하게 된다. 게다가 한국어가 익숙하지 않은 이들에게 복잡한 입학전형의 이해를 도울 수 있는 외국인 유학생의 학사지도 전담 기관의 부재로 자신이 원하지 않는 계열에 입학하여 난감해하는 학생도 있었다.

힘든 난관을 극복하고 입학을 하지만, 합격증을 받는 것부터 시작하여 수시합격생을 위해 마련된 계절학기 수강신청 등 아직 능숙하지 않은 언어로 이 모든 것을 해결하기에는 역부족이다. 신입생을 위해 마련된 오리엔테이션 또한 유학생들에게는 낯설기만 하기에 참석을 하지 않았다가 오리엔테이션에서 얻어야 할 정보를 놓치게 됨으로 낭패를 보기도 한다.

대부분의 신입생이 첫 학기에 제일 힘들어하는 것이 수강신청인데 유학생들은 이들보다 몇 배의 부담을 가지고 있는 듯하다. 유학생을 위해 기본적인 것만 제공되는 수강지도만으로는 이들의 심적 부담을 해결하기에는 한계가 있다고 한다. 특히 거리상 떨어져 있다 보니 의문이 생길 경우에는 국제전화를 해야 하고, 전화로 지도를 받기에는 불편함이 있기에 입학 초기에는 모국어로 된 수강지도 안내서를 절실하게 희망하고 있다.

그들은 이러한 난관을 해결하기 위한 대안으로 외국인 유학생을 위한 전담기관의 필요성을 강조하였다. 힘겹게 입학하여 현재 어렵게 생활하면서도 먼 미래의 진로에 대한 불안은 유학생들도 동일하게 경험하고 있다. 현재의 고생이 미래를 보장해 주는 것은 아닐 뿐 아니라 유학생활의 장점을 진로와 어떻게 연결해야 할지에 대해 막연한 상태이기에 이들은 자신들만을 위한 진로지도를 희망하고 있다. 특히 유학생들은 하나같이 입을 모아, 자신들의 어려움을 부담 없이 이야기하고, 도움을 요청할 수 있는 전담기관의 필요성을 강조하였다. 실현가능성을 높이기 위함인지, 전문가가 아니라 학생이라도 상주하면서 그들의 힘듦을 듣고 해결해 줄 수 있는 누군가가 있기를 간절히 원한다. 물론 자신들의 어려움을 스스로 해결하기 위해 유학생 자치동아리를 만들기도 했다. 난관들을 함께 힘을 모아 해결하기 위함이고, 자신들이 경험한 것을 후배들에게는 물려주지 않기 위함이다. 그러나 이러한 모임도 아직은 미흡한 점들이 있다 보니 활성화에는 한계가 있다.

다섯 번째 요구는 경제적 요구다. 유학생들이다 보니, 경제적 부담이 클 수밖에 없다. 학비뿐 아니라 거주지와 생활비 마련에 대한 부담은 유학생들 대부분이 느끼고 있다. 학교 기숙사에 계속 머물기 위해서는 기본적인 성적을 유지해야 하는 부담이 있고, 중국처럼 물가 차이가 있거나 유학비를 본인이 부담해야 하는 경우에 이들이 겪는 생활고는 심각한 수준이다. 이럴 때마다 유학 온 것을 후회하기도 한다고 한다. 학비와 생활비에 대한 경제적 부담을 덜기 위해 부직을 구하려고 하지만, 한국에 친분 있는 사람이 없기에 부직을 구하기도 어렵다. 한국학생들은 학교에서도 소개를 하는 경우가 있지만, 외국인들을 위해 마련된 것은 없기에 난감하다고 한다. 자신들의 강점을 살려서 부직을 구하고 싶지만, 자신을 알리거나 자신이 원하는 부직을 구할 방법이 없다고 한다. 특히 등록금이 비싼 사립대학교인 경우에는 이들의 경제적 부담은 배가 된다. 외국인을 위한 장학금이 별도로 없는 학교에 다니는 학생은 학업에 전념해야 하는 시간 외에 나머지는 경제적 부담을 덜기 위해 부직에 투자하기에 그 어떤 활동도 할 수가 없는 상황이다. 유학의 원래 의미를 살려서 많은 것을 배우고, 경험하고 싶지만, 경제적인 부담이 이러한 활동을 막고 있다.

여섯 번째 요구는 문화이해의 요구다. 한국문화가 좋아서, 한국의 문화를 더 직접적으로 체험하고 싶어 선택한 한국 유학의 길이기에 한국문화 이해에 대한 요구는 강하다. 그러나 이에 못지않게 이들이 넘어야 할 문화의 장벽도 높기만 하다. 한국문화 적응의 어려움으로 분리되는 사람도 있지만, 자국의 고유한 색깔을 벗어 버리면서까지 문화에 동화하려는 부류도 있다. 자국의 문화보다 새 문화 수용에 더 치중하는 문화동화 현상은 중국 유학생에게 더 현저하게 나타났다. 이는 한국에서 생존하기 위한 이들의 어쩔 수 없는 선택으로 보인다.

외국인 유학생의 문화적응을 위해 문화분리나 문화동화를 선택하도록 하는 원인으로 한국인의 배타성도 한몫하고 있다. 국제화로 인해 교류가 빈번하게 일어나고 있지만, 외국인 유학생들이 느끼는 한국인들의 배타성은 여전하다고 한다. 의도 없는 단순한 표현이라고 하기에는 너무나 큰 아픔이라고 한다.

한국인의 배타성을 극복하고 한국문화에 적응하기 위해서는 자신의 문화를 포기한 채 한국문화에 동화되기보다는 자국 문화와의 통합의 필요성을 강조하였다. 친구를 사귐에 있어서도 자국문화에 대한 지식이 도움이 되고, 학업에서도 관련성이 있기에 자국문화에 대한 공부는 유학의 필수조건이라고 한다.

일곱 번째 요구는 대처능력에 대한 요구다. 문화적응의 어려움, 학업과 경제적인 부담 등 현실적으로 극복해야 할 과제들이 있지만, 이를 극복하기 위해 이들이 선택한 방법은 긍정적인 사고와 능동적인 자세다. 외부조건이 바뀌기만을 기다리기에는 시간이 부족하여 자신의 유학 목적을 달성할 수 없기에 부정적인 사고를 긍정적인 사고로 전환하거나, 적극적으로 질문을 하는 등 능동적인 해결방안을 모색하고 있다. 물론 외국인 유학생들이 선택한 적극적인 해결방법도 쉽지 않다. 도움을 구하는 것이 타인의 귀한 시간을 빼앗는다는 생각과 학업 능력의 차이로 자신의 질문이 친구의 공부를 방해한다는 생각이 적극적인 도움 요청을 주저하게 만든다. 게다가 용기를 내어서 어렵게 도움을 요청해 보지만, 바쁘다는 이유와 함께 돌아오는 것은 거절이다. 이러한 거절이 반복될 경우에는 이들의 적극성도 힘을 잃게 된다.

한국에서 대학생활을 하고 있는 중국과 일본 유학생의 요구분석 결과, 대체적으로 유사한 것으로 나타났다. 다만, 이들의 대학적응을 위한 요구에 영향을 미치는 요인에 차이를 보였다. 한국인의 배타성이라는 동일한 이름을 가지고 있지만, 그 근원은 다르게 나타났다. 즉, 한국인의 배타성은 외국인에게 동일한 듯하나, 일본 유학생과 중국 유학생이 느끼는 한국인의 배타성에는 차이가 보인다고 한다. 같은 유학생이라도 한국인들이 그들을 대하는 태도는 다르다. 즉, 일본 유학생에게는 친밀감을 표현하지만, 중국 유학생에게는 무시하는 말과 행동으로 당혹스럽게 만든다고 한다. 이러한 반응의 차이는 일본 유학생이 느끼기에도 확연하다고 한다.

중국 유학생을 향한 한국인의 배타성의 근원은 국가의 경제적인 차이에서 기인한 것으로 생각하고 있다. 국가의 경제력으로 자신들이 판단되고, 평가된다는 사실은 이들을 힘들게 하는 요인으로 작용하고 있다.

한편, 한국인이 중국인에 대해 더 배타적이라고 하지만, 일본 유학생들도 한국에서 당혹스러운 경험을 종종 겪는다고 한다. 그러나 이들이 느끼는 배타성의 근원은 국가 간의 역사적 문제다. 한일 역사문제는 유학생들이 감당해야 하는 새로운 몫이고, 친구 관계를 불편하게 만드는 요인으로 작용하고 있다. 역사문제, 외교문제가 대두될 때마다 자신들의 의사와 무관하게 국가 대표가 되어 그 화제의 중심에 서 있어야 하기에 당혹스럽다고 한다. 평소에 생각해 본 주제도 아니었기에 과잉 반응이 올 때는 어떻게 행동해야 할지 몰라 당황할 때가 많다고 한다.

이상에서 살펴본 요구들을 중심으로 외국인 신입생들이 한국 대학생활 적응력 향상을 위해 필요한 요인으로 언어능력, 대인관계 적응력, 문화이해, 학습방법 이해로 구분하여 프로그램을 개발하였다.

2) 프로그램 목적

이 프로그램은 외국인 신입생의 대학생활 준비를 위한 예비대학 교육프로그램 개발로 이들의 대학생활 적응력을 향상시키기 위함이다. 이러한 목적을 달성하기 위해 문헌연구를 실시한 결과, 외국인 신입생의 대학생활 적응력 향상을 위해 필요한 요인으로 언어능력 향상, 대인관계 적응력 향상, 문화이해, 학습방법 이해 등으로 나타났다. 이 4가지 요인을 이 프로그램의 하위목표로 정하였다.

첫째, 언어능력 향상이다. Andrade(2006)는 대학생활 적응에 있어서 동일한 1학년이라도 내국인보다 유학생이 더 큰 어려움을 느끼는데 그 원인을 언어로 보았다. 대부분의 유학생이 한국어학당에서 한국어를 학습하지만, 생활회화 수준에 머물고 있기에 언어에 대해 어느 정도의 자신감을 가지고 있다가 입학 후, 대학 강의 시간에 익숙하지 않은 전문용어로 인해 좌절감을 경험하게 된다. 이 프로그램에서는 언어능력 향상을 위한 방법 제시보다 모의 강의 시간을 통해 자신의 실질적인 언어능력 수준을 체감함으로 인해 적극적인 언어학습에 대한 동기 부여와 자신감 확보를 목적으로 한다.

둘째, 대인관계 적응력을 돕는다. 외국인 신입생들은 한국인과의 진정한 만남을 갈망하면서도 적극적으로 다가가기에는 쉽지 않다고 한다. 한국인의 폐쇄성과 배타성도 한몫하고 있지만, 한국 대학생들을 자주 접해 보지 않음으로 인한 두려움과 그들의 반응에 대한 예측 불허 때문이다. 이 프로그램에서는 한국 대학생을 참여시켜 타인에 대한 이해와 다양성 경험을 통해 대인관계 향상을 위한 기초를 삼고자 한다.

셋째, 문화이해를 돕는다. 한류로 인해 한국문화에 대한 관심 증가로 유학까지 선택했지만, 외국인 신입생이 한국에서 접하는 한국문화는 이들의 생각과는 다르다고 한다. 이러한 차이가 자국의 문화만 유지하는 '분리', 새 문화도 수용하지 못하는 '주변화' 또는 생존을 위해 새 문화만 수용하는 '동화'의 유형으로 나아가게 한다(Berry et al., 1987에서 재인용). 이들을 '통합'의 단계로 나아가게 하기 위해서는 자국문화와 한국문화 이해가 필요하고, 특히 한국문화에 대한 이해는 한국인과의 만남을 통해 이루어지고 있기에 문화이해를 위해서는 대인관계의 역할이 중요하다. 이 프로그램에서는 선배들과의 만남을 통해 대학문화를 경험함으로 인해 대학생활 적응을 위한 문화이해를 돕고자 한다.

넷째, 학습방법에 대한 이해를 돕는다. 외국 신입생은 대학입학 후, 학습방법 차이로 인해 당혹해하며 모든 활동 시간을 줄이고 학업에만 투자해도 새로운 학습방법에 익숙해지기까지는 시간이 필요하다고 한다. 이 프로그램에서는 신입생들이 대학공부를 미리 학습해 봄으로 학습에 대해 대비할 수 있도록 돕는다.

3) 프로그램 구성 및 내용

이 프로그램은 총 8회기로 회기당 소요시간은 2시간이며, 프로그램 내용은 3단계로 구성된다. 즉, 문화이해 단계, 학습방법 이해 단계, 미래 준비 단계다. 문헌연구에 의하면 외국인 신입생의 대학생활 적응력 향상을 위해서는 언어능력 향상, 대인관계 적응력 향상, 문화이해, 학습방법 이해 등이 요구되는데, 이 프로그램에서는 3단계로 구성하였다. 언어능력을 한 단계로 구분하지 않은 것은 언어능력 향상을 위한 방법 학습이 주목적이 아니기 때문이다. 또한 이 프로그램의 모든 회기는 강의, 발표, 토론 등으로 진행되기에 생활회화가 아닌 대학 강의에서 필요한 자신의 언어능력을 확인할 수 있도록 편성하였기 때문에 언어능력은 모든 회기와 관련되어 있다. 대인관계 적응력 단계는 문화이해 단계에 포함시켜서 프로그램을 구성하였다. 문화이해 단계에서 국가별 대학놀이문화 체험과 문화 차이에 대한 토론을 통해 대인관계에 필요한 친밀감 형성뿐 아니라 자기이해와 타인이해로 나아갈 수 있기에 두 단계를 연계하여 프로그램을 구성하였다. 문화이해 단계를 학습방법 이해 단계보다 선행한 것은, 단계별 유기적 상호관련성을 볼 때 문화이해를 통한 친밀감과 서로에 대한 이해와 수용이 선행되어야 학습방법에 대한 이해가 진행될 수 있기 때문이다. 이 프로그램의 회기별 목표 및 내용은 다음과 같다.

1~3회기는 문화이해의 단계다. 먼저, 1회기는 프로그램 소개 및 참여자 소개를 통해 서로에 대한 이해를 돕는다. 2회기는 친밀감 형성과 대학문화 이해를 목표로 국가별 문화, 특히 대학의 놀이문화를 소개하고 경험해 본다. 3회기는 5명 정도의 소그룹으로 나누어서 대학선배인 helper를 중심으로 문화와 관련된 토론의 시간을 갖는다. 토론 전에 Berry의 문화적응 유형에 대한 강의를 통해 자신들이 나아가야 할 방향성과 함께 문화적응의 주체자로서 토론에 적극적으로 참여할 수 있는 동기를 부여한다. 토론 주제는 '한국과 외국문화의 차이점과 유사점' '외국인 신입생이 생각하는 한국에 대한 허와 실' 등이다. 한국문화에 대해서만 이야기하는 것이 아니기에 외국인 신입생들도 자신의 국가에 대해 마음껏 발표하도록 하고, 이를 통해 한국 대학생들도 외국문화에 대한 이해에 도움을 받음으로 서로에게 win-win할 수 있는 회기다. 또한 조별로 정리하여 발표하게 함으로써 발표경험과 함께 더 많은 정보를 공유할 수 있도록 한다. 이렇게 정리한 정보는 6회기 보고서 작성법 실습 시 자료로 활용한다.

4~6회기는 학습방법 이해 단계다. 4회기는 외국인 선배가 경험한 한국 대학

생활을 통해 자신의 대학생활을 준비하도록 한다. 특히 학습방법의 차이를 간접경험함으로써 낯섦에서 오는 불안을 조금이나마 제거하게 한다. 5회기는 튜터링 제도, 도서관 활용법 등 학업에 유익한 정보를 제공해 주고, 자신에게 필요한 사항은 사전에 신청하는 등 정보 습득에 익숙해지도록 돕는다. 6회기에서는 보고서 작성법 학습과 함께 실제로 보고서를 작성해 보고, 지도교수와 선배들의 첨삭을 받으면서 보완할 부분을 학습하도록 돕는다.

〈표 11-3〉 프로그램 목표 및 내용

단계		회기	주제	목표	내용
언어능력향상	문화이해(대인관계증진)단계	1	프로그램 소개	자기이해와 타인이해 친밀감 형성	프로그램 및 선후배 소개의 시간
		2	문화이해 1	친밀감 형성 대학문화 이해 다양성 수용	대학문화(축제 등), 국가별 문화 소개 및 놀이문화 체험
		3	문화이해 2	자기이해와 타인이해	문화적응이론 강의 토론학습(주제: 한국과 외국 문화의 차이점과 유사점 외국인 유학생이 생각하는 한국에 대한 허와 실)
	학습방법이해단계	4	학습방법 1	학습방법에 대한 차이이해	선배들이 경험한 한국과 외국의 학습 방식의 차이에 대한 설명
		5	학습방법 2	자료 활용법 학습	도서관 활용법, ppt 작성법 실습, 튜터링 제도 소개 등
		6	학습방법 3	구체적인 학습방법 실습	리포트 작성법 설명(실제 사례를 중심으로)
	미래준비	7	대학생활 계획 세우기	1학기 계획 세우기 대처능력 학습	우선과제와 부과제 나누어서 계획 세우고 나누기(선배들의 경험 나누기)
		8	마치며	학습한 내용 정리	소감 나누기와 새로운 출발을 위한 의식

7~8회기는 미래 준비 단계다. 7회기는 대학생활 계획 세우기로 선배의 1학년 대학생활 성공담과 실패 경험담을 듣고 질의응답 시간을 갖는다. 이를 근거로 자신의 1학년 1학기 계획을 세우고 서로 나누기를 한다. 8회기는 새로운 출발을 알리는 의식으로 그동안의 활동을 통해 학습한 내용과 서로에 대한 고마움 등을 나눈다. 앞으로 경험하게 될 장애물을 참여자들을 활용하여 뜀틀처럼 만들어 뛰어넘는 의식을 통해 자신들의 의지를 확인하는 시간을 갖는다. 전 회기에 대한 프로그램 목표와 내용을 정리하면 〈표 11-3〉과 같다.

4) 프로그램 실제

프로그램의 참여 집단원 구성으로는, 한국어능력 4급 이상 신입생 12명, 외국인 신입생들의 교육을 돕기 위해 신입생들과 동일한 전공의 재학생 선배 4명(외국인 1명, 한국인 3명)을 한 집단으로 편성한다. 재학생 선배 4명은 helper라는 이름으로 함께 이 프로그램에 참여하면서 '주제별 발표 및 조별 토론 진행 보조, 교내 이동 시 신입생 인도, 비상시 연락, 외국어 의사소통 지원 등'의 역할을 담당한다. 또한 '정보수집 및 정보 활용법' '학습방법 중 리포트 작성법' '1학년 계획세우기' '선배의 유학생활 경험담' 등 4개 주제를 하나씩 선택해서 외국인 신입생들 눈높이에 맞추어 주제발표를 한다. 이들은 주제발표 외에 토론 시 조장 역할을 했고, 외국인 신입생들이 토론한 내용을 중심으로 신입생들이 처음 작성한 보고서의 첨삭 지도를 도왔다. 이 프로그램 중에는 한국어 사용을 기본 전제로 하였으나, 필요시 통역을 병행한다.

(1) 1회기: 프로그램 소개

a. 목표

- 자기이해와 타인이해다.
- 친밀감을 형성한다.

b. 활동

프로그램 및 서로 간의 소개의 시간을 갖는다. 이 프로그램의 목적이 외국인 신입생의 대학생활 적응력 향상임을 설명하고, 이를 달성하기 위한 필요한 요인인 언어능력, 대인관계 적응력, 문화이해, 학습방법 이해 등을 중심으로 프로그램이 구성되었음을 안내한다.

이 프로그램은 외국인 신입생뿐 아니라 참여자들의 전공 또는 단과대별로 대학생활을 잘 적응하고 있는 선배들이 helper로 참여하기 때문에 서로 간의 소개의 시간을 갖는다. 소개 내용은 이 프로그램에 참여할 동안 사용할 별칭, 한국과 대학에 대한 첫 느낌과 기대를 중심으로 나누기를 한다. 특히 별칭은 대학 1년 생활이 어떤 시간이 되길 바라는지를 형용사로 표현하게 해서(예, '행복한 1학년'으로 묘사했으면 별칭은 '행복') 그 형용사를 집단교육 내내 별칭으로 사용함으로써 유학생활에 대한 자신의 기대를 기억하도록 강화한다.

c. 마무리

자신에 대해서 새롭게 학습한 것을 나누고 마무리한다.

(2) 2회기: 문화이해 1

a. 목표

– 친밀감을 형성한다.
– 대학문화를 학습한다.
– 다양성을 이해하고 수용한다.

b. 활동

대학문화 이해와 수용을 돕기 위해 helper를 중심으로 대학 축제 등에 대한 소개와 함께 대학 신입생 환영회 등에서 진행되고 있는 주요 놀이문화를 소개하고 함께 배워 보는 시간을 갖는다. 이때 한국의 놀이문화만을 소개하는 것이 아니라 외국유학생들의 자국 놀이문화도 소개하고 배워 보는 시간을 갖게 함으로써 집단교육에 능동적 참여가 될 수 있도록 한다. 이러한 경험이 문화 동화, 문화 분리 및 문화 주변화가 아닌 문화통합으로 나아가기 위한 준비단계로 활용될 것으로 기대한다.

c. 마무리

자신에 대해서 새롭게 학습한 것을 나누고 마무리한다.

(3) 3회기: 문화이해 2

a. 목표

– 문화를 중심으로 한 자기이해와 타인이해를 한다.

b. 활동

4명 정도의 소그룹으로 나누어서 대학선배인 helper를 중심으로 문화와 관련된 토론의 시간을 갖는다. 토론 전에 Berry의 문화적응 유형에 대한 강의를 통해 자신들이 나아가야 할 방향성과 함께 문화적응의 주체자로서 토론에 적극적으로 참여할 수 있는 동기를 부여한다. 토론 주제는 '한국과 외국문화의 차이점과 유사점' '외국인 신입생이 생각하는 한국에 대한 허와 실' 등이다. 한국문화에 대해서만 이야기하는 것이 아니기에 외국인 신입생들도 자신의 국가에 대해 마음껏 발표하도록 하고, 이를 통해 한국 대학생들도 외국문화에 대한 이해에 도움을 받음으로 서로에게 win-win할 수 있는 회기다. 또한 조별로 서기를 지정하고 토론내용을 정리하여 발표하게 함으로써 발표경험과 함께 더 많은 정보를 공유할 수 있도록 한다. 이렇게 정리한 정보를 중심으로 개요작성을 하고 helper와 담당교수가 확인하여 피드백한 후 6회기 보고서 작성법 실습을 위해 보고서 작성 과제를 부여한다.

c. 마무리

자신에 대해서 새롭게 학습한 것을 나누고 마무리한다.

(4) 4회기: 학습방법 1

a. 목표

– 학습방법에 대해 학습한다.

b. 활동

외국인 선배가 들려주는 한국과 외국의 학업 방식의 차이에 대한 강의를 시작으로 외국인 선배가 경험한 한국 대학생활을 통해 자신의 대학생활을 준비하도록 한다. 특히 학습방법의 차이를 간접 경험함으로써 낯섦에서 오는 불안을 조금이나마 제거하게 한다. 대학생활에 대한 궁금한 점들을 질문을 통해 해소함으로서 대학생활에 대한 초기불안을 최소화하도록 한다.

c. 마무리

자신에 대해서 새롭게 학습한 것을 나누고 마무리한다.

(5) 5회기: 학습방법 2

a. 목표

– 정보수집방법과 자료 활용법을 학습한다.

b. 활동

대학생활에 필요한 도서관 활용법, 교내 주요기관과 대학생활에 유익한 제도 소개, ppt 작성법 등을 helper의 강의로 배우는 시간을 갖고 실제로 체험하는 시간을 갖는다. 이러한 과정을 통해 필요한 정보가 무엇이고 어떻게 활용하는지 등을 경험해 봄으로써 정보 습득에 익숙해지도록 한다. 특히 도서관은 helper들과 조를 편성해 직접 방문하여 사용함으로써 주요시설을 익히도록 한다.

c. 마무리

자신에 대해서 새롭게 학습한 것을 나누고 마무리한다.

(6) 6회기: 학습방법 3

a. 목표

– 구체적인 학습방법을 학습한다.

b. 활동

외국인 신입생들이 제일 힘들어하는 것 중에 하나가 대학에서의 리포트 작성이다. helper가 자신의 경험을 중심으로 리포트 작성법을 설명해 주고, 이를 실제로 작성해 봄으로써 사전에 무엇을 어떻게 보완하고 준비해야 하는지에 대해 실질적인 경험을 하도록 한다. 특히 실제로 작성한 보고서는 지도교수와 helper가 첨삭 지도를 통해 자신의 보완점을 알 수 있는 직접적인 학습의 장이 되도록 한다.

c. 마무리

자신에 대해서 새롭게 학습한 것을 나누고 마무리한다.

(7) 7회기: 대학생활 계획 세우기

a. 목표

– 1학기 계획 세우기를 학습한다.

– 대처능력을 학습한다.

b. 활동

대학생활 계획 세우기는 helper의 1학년 대학생활 성공담과 실패 경험담을 강의 형태로 듣고 그 경험담에 기초한 질의응답 시간을 갖는다. 이를 근거로 우선과제와 차선과제를 나누어서 자신의 1학년 1학기 계획을 세우고 서로 나누기를 한다. 자신의 계획뿐 아니라 다른 신입생들의 계획을 통해서 자신이 몰랐던 정보를 얻고 자신의 계획을 수정 · 보완하는 기회가 되도록 한다. 나누기 후, 지금 세운 계획이 하나씩 실천될 수 있도록 지지와 환호의 박수를 보내고, 이루지 못했을 때에 어떻게 대처할 것인지에 대한 안전장치도 함께 나누는 시간을 갖는다.

c. 마무리

자신에 대해서 새롭게 학습한 것을 나누고 마무리한다.

(8) 8회기: 마치며

a. 목표

– 학습한 내용을 정리하고 새로운 출발에 대해 다짐과 격려한다.

b. 활동

8회기는 새로운 출발을 알리는 의식으로 그동안의 활동을 통해 학습한 내용과 서로에 대한 고마움 등을 나눈다. 앞으로 경험하게 될 장애물을 참여자들을 활용하여 뜀틀처럼 만들어 뛰어넘는 의식을 통해 자신들의 의지를 확인하는 시간을 갖는다. 또한 자신이 대학생활에서 이루고 싶은 것들을 이룬 후, 듣고 싶은 말이 무엇인지 나누고, 장애물로 이미지화한 뜀틀을 뛰어넘은 후, 그 말을 듣게 함으로써 새로운 출발을 위한 동기부여를 강화시킨다.

c. 마무리

자신에 대해서 새롭게 학습한 것을 나누고 마무리한다. 모든 교육을 마치고, helper들에게는 봉사인증서를 수여하고, 참여한 외국인 신입생들에게는 프로그램 수료증을 수여하여, 대학생활하면서 여러 난관에 부딪힐 경우, 이 수료증을 보면서 자신의 다짐을 재확인하고 새롭게 시작할 수 있는 마음을 갖도록 한다.

참고문헌

강진령(2013). 집단상담과 치료. 서울: 학지사.

고현종(2013). 군집단상담 프로그램의 효과 분석-병사들의 대인관계 능력 향상을 중심으로. 아주대학교 대학원 석사학위논문.

구승신(2004). 신세대 병사의 군 생활 적응에 관한 연구. 이화여자대학교 대학원 박사학위논문.

권수영(2006). 자기, 문화 그리고 하나님 경험. 서울: 크리스천헤럴드.

김경연(1993). 어머니 관련 변인 및 어머니의 양육행동과 아동의 자아존중감: 종단적 자료의 인과적 분석. 한국심리학회지: 발달, 6(1), 37-50.

김무영(2009). 군 상담학 개론. 경기: 교육과학사.

김문영(2003). 인지-행동적 집단상담과 지지적 집단상담이 노인의 정신건강에 미치는 효과. 계명대학교 대학원 박사학위논문.

김미향(1998). 중년여성의 갱년기 증상과 영적 안녕에 관한 연구. 여성건강간호학회지 4(1), 38-51.

김순기, 유영주(2001). 기혼자녀가 지각하는 원가족의 정서적 건강성과 자아정체감이 결혼 후 심리적 안녕에 미치는 영향. 한국가족관계학회지, 6(1), 43-64.

김영경(2007). 중년기 교인들의 목회상담을 위한 전인적 안녕 모형. 연세대학교 대학원 박사학위논문.

김영경(2008). 한국 내 조선족 청년들의 사회문화 적응력 향상을 위한 요구 분석. 한국기독교상담학회지, 15. 169-197.

김영경(2009). 중국・일본 유학생의 한국대학생활적응을 위한 요구분석. 상담학 연구, 10(1). 535-559.

김옥란, 김완일(2014). 군 병사의 군 생활 적응 척도 개발 및 타당화. 상담학연구, 15(4), 1627-1646.

김완일(2016). 군상담의 이론과 실제. 서울: 학지사.

김유덕(2016). 군병사의 관계적 공격성 감소를 위한 게슈탈트 집단상담 프로그램 개발 및 효과. 홍익대학교 대학원 박사학위논문.

김웅조(2004). 성인교육에 있어서 교육연극의 활용에 관한 연구. 고려대학교 대학원 석사학위논문.

김정희(1992). 중년여성의 적응과 일상적 스트레스 및 정서적 경험의 관계: 심리적 자원과 사회적 자원의 영향. 한국심리학회지: 상담과 심리치료 4(1), 54-63.

김종운, 박성실, 박춘자, 정보현, 김효은, 강정임 외(2012). 행복한 학교 즐거운 교실을 위한 학교 집단상담의 이론과 실제. 서울: 동문사.

김현정, 김명자(1999). 근원가족 건강도, 자아존중감, 결혼적응의 관계. 한국가족관계학회지, 4(2), 39-60.

나은영(1996). 만성 정신질환자의 능력고취를 위한 자조집단의 형성과정에 관한 연구. 석사학위논문 서울대학교.

동아출판(2016). 동아새국어사전(5판, 이기문 감수). 서울: 동아출판.

민문홍(1996). 한국인의 사고방식. 일상문화연구회 편, 한국인의 일상문화(pp.103-134). 서울: 한울.

박선영, 도현심(1998). 가족기능 및 자아존중감과 청소년의 외로움간의 관계. 아동학회지, 19(1), 229-244.

배강대(2006). 회상을 활용한 지지적 집단상담이 노인의 자아통합감, 무력감, 죽음불안, 우울 및 자아존중감에 미치는 효과. 영남대학교 대학원 박사학위논문.

서혜석(2006). 신세대 병사의 대인관계 향상을 위한 집단상담 프로그램 효과성 연구. 교정복지연구, 11, 97-116.

손화희, 윤종희(1990). 어머니의 자아존중감 및 양육태도와 학동기 자녀의 자아존중감과의 관계. 한국아동학회지, 11(1), 58-71.

양원영(2014). 군 관심사병의 정신건강 증진을 위한 집단미술치료 프로그램 개발 및 효과. 서울불교대학원대학교 박사학위논문.

유성윤(2012). 공군 입대 신병 군 생활 적응 척도 개발. 경북대학교 대학원 석사학위논문.

이윤주(2015). 집단상담의 치료적 요인에 관한 연구 동향: 1994-2013년 국내 · 국제 학술지 논문 비교. 상담학연구, 16(10), 51-71.

이인영, 이회자(1998). 어머니의 자아존중감, 촉진적 의사소통과 아동의 자아존중감과의 관계. 아동학회지, 16(2), 113-124.

이장호, 김정희(1992). 집단상담의 원리와 실제. 서울: 법문사.

이종원(2002). 부부갈등과 관련된 원가족 변인연구. 석사학위논문, 연세대학교.

이형득(1998). 인간관계훈련의 실제. 서울: 중앙적성출판사.

이형득, 김성희, 설기문, 김창대, 김정희(2007). 집단상담. 서울: 중앙적성출판사.

이형득(2003). 본성실현. 서울: 학지사.

전춘애(1994). 부부의 자아분화수준과 출생가족에 대한 정서적 건강 지각이 결혼안정성에 미치는 영향. 이화여자대학교 대학원 박사학위논문.

정민화(1998). 신세대 현역병사들의 군생활 적응력 향상요인에 관한 연구. 충남대학교 대학원 석사학위논문.

정성란, 고기홍, 김정희, 권경인, 이윤주, 이지연 외(2015). 집단상담. 서울: 학지사.

조병진(1992). 학교교육에 있어서의 연극의 역할과 방향. 청예논총, 6. 121-138.

조은정(2004). 아동기의 정서적 학대 경험이 대인관계 문제해결능력에 미치는 영향-자기효능감과 통제소재를 매개변인으로-. 연세대학교 대학원 석사학위논문.

최상진, 유승엽(1994). 속담 분석을 통해 본 한국인의 심리 표상. 새국어생활, 4(2), 63-82.

최헌진(2010). 사이코드라마 이론과 실제. 서울: 학지사.

최현미, 곽민정(1998). 대학생의 원가족 인식에 관한 연구. 평택대학교논문집, 11(1), 87-100.

최혜란(2011). 집단상담 프로그램이 부적응 병사의 인간관계 증진에 미치는 영향. 교육종합연구, 9(1), 103-120.

최혜란, 박숙희(2009). 군 생활 적응에 영향을 주는 위험요인과 보호요인 연구. 상담학연구, 10(3), 1743-1756.

홍경심(2017). 독서치료 집단상담 프로그램이 일반병사의 정서조절과 군 생활 적응에 미치는 효과. 광운대학교 대학원 석사학위논문.

Andrade, M. S. (2006). International students in English-speaking universities. *Journal of Research in International Education, 5*(2), 131-154.

Arredonodo, P., Toporek, R., Brown, S., Jones, J., Locke, D., Sanchez, J. et al. (1996). Operationalization of multicultural counseling competencies. *Journal of Multicultural Counseling and Development, 24*(1), 42-78.

Association for Specialists in Group Work. (2007). Best practice guidelines. Available online: http://www.asgw.org/best.htm

Bandura, A. (1973). *Aggression: A social learning analysis*. Englewood Cliffs NJ: Prentice Hall.

Bandura, A. A. (1977). Self-efficacy toward a unifying of behavioral change. *Psychological Review, 84*, 191-215.

Bandura, A. A. (1982). Self-efficacy mechanism in human agency. *American Psychologist, 37*, 122-147.

Bandura, A. A. (1999). 자기효능감과 인간행동. (김의철, 박영신, 양계민 공역). 서울: 교육과학사. (원저는 1997년에 출판).

Banks, R. & Rebecca, A. (1980). Health and spiritual dimension: Relationships and implication for professional preparation program. *The Journal of School Health, 50*, 195–202.

Barlow, S. H. (2008). Group psychotherapy specialty practice. *Professional Psychology: Research and Practice, 39*(2), 240–244

Berry, J. W., Kim, U., Minde, T., & Mok, D. (1987). Comparative studies of acculturative stress. *International Migration Review, 21*(3), 491–511.

Blatner, A. (1996). *Acting-in: Practical Applications of Psychodramatic Methods* (3rd ed.). New York: Springer.

Bloch, S., & Crouch, E. (1985). *Therapeutic Factors in Group Psychotherapy*. Oxford, UK: Oxford University Press.

Bowen, M. (1985). *Family Therapy in clinical Practice*. New York: Jason Aronson, Inc.

Bowlby, J. (1980). *Attachment and loss, v3. Loss: Sadness and depression*. New York: Basic Books.

Browning, D. (1975). *Generative man: Psychoanalytic perspectives*. New York: Delta.

Buber, M. (1965). *Between Man and Man*. New York: Macmillan.

Burns, D. D. (1999). 자신감에 이르는 10단계. (김기정 역). 서울: 학지사. (원저는 1993년에 출판).

Clinebell, H. (1995). 전인건강. (이종헌, 오성춘 공역). 서울: 한국장로교출판사. (원저는 1992년에 출판).

Comaz–Diaz, L. (2011). Multicultural theories of psychotherapy. In R. Corsini & D. Wedding(Eds.), *Current psychotherapies* (9th ed., pp. 536–567). Belmont, CA: Brooks/Cole, Cengage Learning.

Coopersmith, S. (1981). *The antecedents of self-esteem* (2nd ed.). Palo Alto, California: Consulting Psychologists Press.

Corey, G. (2015). *The theory and practice of group counseling* (9th ed.). Boston, MA: Brooks/Cole, Cengage Learning.

Corey, M. S., Corey, G., & Corey, C. (2014). *Groups: Process and practice* (9th ed.). Belmont, CA: Brooks/Cole, Cengage Learning.

Dayton, T. (2008). 심리극과 경험치료를 활용한 집단상담. (김광운, 박희석, 이숙자 공역). 서울: 학지사. (원저는 1994년에 출판).

Dayton, T. (2015). 상담 및 집단 치료에 활용하는 사이코드라마 매뉴얼. (김세준 역). 서울: 시그마프레스. (원저는 2005년에 출판).

DeLucia-Waack, J. L., & Donigian, K. H. (2004). Measures of group process, dynamics, climate, leadership behaviors, and therapeutic factors: A review. In J. L. DeLucia-Waack, D. Gerrity, C. R. Kalodner, & M, Riva (Eds.), *Handbook of group counseling and psychotherapy* (pp. 120-135). Thousand Oaks, CA: Sage.

Dinkmyer, D. C., & Muro, J. J. (1979). *Group counseling: Theory & practice* (2nd ed.). IL: F. E. Peacock.

Donigian, J., & Malnati, R. (1997). *Systemic group therapy: A triadic model.* Pacific Grove, CA: Brooks/Cole.

Dooyeweerd, H. (1957). *A new critique of theoretical thought, Vol 3, The structures of individuality of temporal reality*. (D. H. Freeman & H. D. Jongste, Trans.). Philadelphia: Presbyterian and Reformed Pub. Co.

Earley, J. (2005). 상호작용중심의 집단상담. (김창대 외 9인 공역). 서울: 시그마프레스. (원저는 2000년에 출판).

Ellison, C. W. (1983). Spiritual well-being: Conceptualization and measurement. *Journal of Psychology and Theology, 11,* 330-340.

Ellison, C. W. (1997). 스트레스와 안정. (김만풍 역). 서울: 두란노. (원저는 1992년에 출판).

Enright, R. D. (2004). 용서치유-용서는 선택이다. (채규만 역). 서울: 학지사. (원저는 2001년에 출판).

Fallon, A. (2006). Informed consent in the practice of group psychotherapy. *International Journal of Group Psychotherapy, 56*(4), 431-453.

Fawzy, F., Fawzy, N., & Wheeler, J. (1996). A post-hoc comparison of the efficiency of a psychoeducational intervention for melanoma patients delivered in group versus individual formats: An analysis of data from two studies. *Psycho-Oncology, 5,* 81-89.

Forrest, M. (1991). *Family-of-origin emotional health experiences as predictors of marital satisfaction*. Unpublished doctoral dissertation, University of Arkansas.

Fuhriman, A., & Burlingame, G. M. (1990). Measuring small group process: A methodological application of chaos theory. *Small Group Research, 25*(4), 502-519.

Gazda, G. M., Ginter, E. J., & Horne, A. M. (2001). *Group counseling and group psychotherapy: Theory and application*. Pacific Grove. CA: Brooks/Cole.

Gladding, S. T. (1996). *Counseling: A comprehensive profession.* New York: Merrill.

Gladding, S. T. (2003). *Group work: A counseling specialty* (4th ed.). New York, NY: Merrill.

Goffman, E. (1961). Encounters. Indianapolis: Bobbs–Merill.

Gohm, C. L., Oishi, S., Darlington, J., & Diener, Ed. (1998). Culture, parental conflict, parental marital status, and the subjective well–being of young adults. *Journal of Marriage and the Family, 60*, 319–334.

Hansen, J. C., Warner, R. W., & Smith, E. M. (1976). *Group counseling: theory and process.* Chicago: Rand McNally College Publishing Company.

Hill, C. E. (1990). Is individual therapy process really different from group therapy process? The jury is still out. *Counseling Psychologist, 18*(1), 126–130.

Holmes, S. E., & Kivlighan, D. M. (2000). Comparison of therapeutic factors in group and individual treatment processes. *Journal of Counseling Psychology, 47*(4), 478–484.

Ivey, A. E., Pedersen, P. B., & Ivey, M. B. (2008). *Group microskills: Culture-centered group process and strategies.* Han over, MA: Microtraining Associates.

Jacobs, Ed. E., Masson, R. L., & Harvill, R. L. (2006). 집단상담 전략과 기술. (김춘경 역). 서울: 시그마프레스. (원저는 2002년에 출판).

Kitchner, K. S. (1986). Teaching applied ethics in counselor education: An integration of psychological processes and philosophical analysis. *Journal of Counseling and Development, 64*, 306–310.

Kivlighan, Jr., D. M., Multon, K. D., & Brossart, D. F. (1996). Helpful impacts in group counseling: Development of a multidimensional rating system. *Journal of Counseling Psychology, 43*, 347–355.

Knapp, S., & VandeCreek, L. (2007). When values of different cultures conflict: Ethical decision making in a multicultural context. *Professional Psychology: Research and Practice, 38*(6), 660–666.

Knowles, M. S., & Knowles, H. F. (1959). *Introduction to group dynamics.* New York: Association Press.

Kottler, J. A. (2001). *Learning group leadership: An experiential approach.* Boston, MA: Allyn and Bacon.

LaRocco, S. A., & Polit, D. F. (1980). Woman's knowledge about the menopause. *Nursing Research, 29*(1), 10–12.

Lasky, G. B., & Riva, M. T. (2006). Confidentiality and privileged communication in group psychotherapy. *International Journal of Group Psychotherapy, 56*(4), 455–476.

Lewis, M. S. (2000). *The life stories of less generative adults: Identifying narrative and psychological features*. Doctoral dissertation. Northwestern University. (University Microfilms No. 9974317)

Lippitt, R. (1958). The auxiliary chair technique. *Group Psychotherapy, 11*, 8–23.

Mahler, C. A. (1971). Group counseling. *Personnel and Guidance Journal, April, 49*, 8.

Mendelson, B. K., & White, D. R. (1985). Development of self–esteem in overweight youngsters. *Developmental Psychology, 21*(1), 90–96.

Moreno, J. L. (1977). *Psychodrama: Vol. 1* (4th ed.). Beacon, NY: Beacon House.

Moreno, Z. T. (1987). Psychodrama, role theory and the concept of the social atom. In J. K. Zeig (Ed.), *The evolution of psychotherap* (pp. 341–366). New York: Brunner/Mazel.

Moreno, Z. T., Blomkvist, L. D., & Ruetzel, T. (2000). *Psychodrama, surplus reality and the art of healing,* Philadelphia: Routledge(Taylor & Francis).

Neufeldt, S. A. (2010). 상담 심리치료 실습과 수련감독 전략. (강진령 역). 서울: 학지사. (원저는 2007년에 출판).

Ohlsen, M. M., Horne, A. M., & Lawe, C. F. (1987). *Group counseling*. Harcourt School

Olson, D. H., & Hawley, D. R. (1992). *Self-training counselor's manual: Prepare, Prepare–MC, Enrich*. Prepare/Enrich inc.

Ormont, L. (2001). Meeting maturational needs in the group setting. *International Journal of Group Psychotherapy, 51*, 343–359.

Pedersen, P. (1997). *Culture-centered counseling interventions: Striving for accuracy*. Thousand Oaks, CA: Sage.

Polster, E., & Polster, M. (1973). Gestalt therapy integrated. New York: Brunner/Mazel.

Rogers, C. R. (1970). Encounter groups. New York: Harper & Row.

Rosner, R., Beutler, L., & Daldrup, R. (2000). Vicarious emotional experience and emotional expression in group psychotherapy. *Journal of Counseling Psychology, 56*, 1–10.

Rutan, J. S., & Stone, W. N. (1993). *Psychodynamic group psychotherapy*. New York: Guilford Press.

Schutz, W. (1966). *The interpersonal underworld*. Palo Alto, CA: Science and Behavior Books.

Seligman, M. E. (2006). 긍정심리학. (김인자 역). 서울: 물푸레. (원저는 2004년에 출판).

Soltys, F. G., & Coats, L. (1994). The SolCos model: Facilitating Reminiscence Therapy. *Journal of Gerontological Nursing, 20*(11), 11–16.

Surtherland, D., & Murphy, E. (1995) Social support among elderly in two community programs. *Journal of Gerontological Nursing, 21*(2), 31–38.

Tschuschke, V., NacKenzie, K., Haaser, B., & Janke, G. (1996). Self–disclosure, feedback and outcome in long–term inpatient psychotherapy groups. *Journal of Psychotherapy Practice and Research, 5*, 35–44.

Veach, L. J., & Gladding, S. T. (2007). Using creative group techniques in high schools. *Journal for Specialists in Group Work, 32*(1), 71–81.

White, M. (2010). 이야기치료의 지도. (이선혜, 정슬기, 허남순 공역). 서울: 학지사. (원저는 2007년에 출판)

Yalom, I. D. (1985). *The theory and practice of group psychotherapy* (3rd ed.). New York: Basic Books.

Yalom, I. D. (2008). 집단정신치료의 이론과 실제. (최해림, 장성숙 공역). 서울: 하나의학사. (원저는 2005년에 출판)

국민일보(2015. 2. 17.). 보호 · 관심병사 → 도움 · 배려병사로… 軍, 10년 만에 명칭 폐기. http://news.kmib.co.kr/article/view.asp?arcid=0922964618&code=11122100&cp=nv. 2015. 2. 17. 인출.

국방부(2015. 2. 16.). '보호 관심병사 제도'명칭을 '장병 병영생활 도움제도'로 변경. http://www.mnd.go.kr/user/newsInUserRecord.action?newsId=I_669&newsSeq=I_8367&command=view&siteId=mnd&id=mnd_020400000000. 2015. 2. 16. 인출.

부록: 미국집단상담전문가학회 규정

집단상담전문가학회(ASGW): 모범 실천 지침 2007년 개정

R. Valorie Thomas, Rollins College
Debra A. Pender, Northern Illinois University

집단상담전문가학회(Association for Specialists in Group Work: ASGW)는 집단상담 계획, 수행, 과정에 필요한 지침 원칙을 발표함으로써 윤리적이고 효과적인 집단상담 실행을 지지한다. 집단상담 규정은 1998년 처음 준비, 인증, 발표했으며(ASGW; Rapin & Keel, 1998), 현재 개정판은 미국상담학회(American Counseling Association: ACA) 윤리강령(Code of Ethics)을 수정하여 다루고 있다. 이는 2007년 5월 23일 집단상담전문가학회 이사회로부터 검토 및 승인을 받았다.

집단상담전문가학회는 미국상담학회의 분과 가운데 하나며 집단상담에 전문적이고 관심이 있는 회원들로 구성되어 있다. 집단상담사는 다양한 구성원과 집단상담을 할 때 집단형태를 활용하는 정신건강 전문가다. 집단상담사는 다양한 관점을 인식하면서 지역공동체 형성에 가치를 두며 회원, 내담자, 전문가를 향한 서비스 제공과 사회적, 문화적 맥락에서 개인과 집단의 성장과 발전을 촉진시키는 과정으로서의 리더십을 중요하게 여긴다.

서문

집단상담전문가학회는 회원들이 본회인 미국상담학회 윤리강령(2005년 개정)에 대한 책무를 인정하고 이 문서의 어떠한 내용도 해당 강령을 대신할 수 없음을 이해해야 한다고 밝힌다. 지금부터 살펴볼 모범 실천 지침은 집단상담 분야에 미국상담학회 윤리강령의 적용을 명확하게 하기 위한 것이다. 이는 효과적이고 적절한 전문적 윤리와 공동체 기준에 부합하고 통용되며 일관적인 활동, 전략, 개입을 포함한 집단상담사의 책임 및 수행 범위를 정의함으로써 가능하다. 집단상담전문가학회는 윤리적 과정이 집단상담에 필수적이라고 보며 집단상담사를 윤리적 대리인으로 간주한다. 집단상담사는 책임감과 집단구성원에 대한 반응에 있어 본질적으로 윤리적 취약성에 대한 잠재적 가능성을 받아들여야 한다. 집단상담을 통해 인간행동에 영향을 미치기 위한 집단상담사의 시도는 항상 윤리적 영향을 지니기 때문에 집단상담사는 의무적으로 자기 행동의 의도 및 맥락에 많은 주의를 기울여야 한다. 모범 실천 지침은 집단상담사가 집단의 계획, 수행, 과정에서 의무적으로 어떻게 해야 하는지를 다룬다.

1. 섹션 A: 계획에서의 모범 실천

1) 전문적 맥락과 규제 요건

집단상담사는 미국상담학회 윤리강령(2005), 집단상담사의 훈련을 위한 집단상담전문가학회 전문가 표준(ASGW Professional Standards for the Training of Group Workers), 집단상담전문가학회 모범 실천 지침, 집단상담전문가학회 다양성 역량, 다문화상담 및 개발협회(Association for Multicultural Counseling and Development: AMCD) 다문화 상담 역량 및 표준, 관련 있는 주법(state law), 인증 요건, 관련 있는 공인 상담사 코드 및 표준 관련 국가위원회(National Board for Certified Counselors Codes and Standards), 각 조직의 표준, 집단상담 실천에 영향을 미치는 보험 요건을 적극적으로 파악하고, 이해하여 적용해야 한다.

2) 실천 가능 범위와 개념적 틀

집단상담사는 집단상담전문가학회 훈련 기준에 규정된 핵심 및 전문가 역량과 관련된 실천 가능 범위를 분명히 정의한다. 집단상담사는 집단을 이끌어 갈 때 자기 자신의 강점과 약점을 인식하고 있어야 한다. 집단상담사는 실천 가능 안내와 사용되는 기술 활용에 대한 이론적 근거를 위해 일반적인 개념적 틀을 개발하고 명료하게 설명할 수 있어야 한다. 집단상담사는 집단상담전문가학회 훈련 기준에 의해 수립된 훈련 기준을 충족하는 영역에 한해서 자신의 집단상담 실습을 해야 한다.

3) 평가

(1) 개인평가

집단상담사는 개설된 특정 집단과 관련하여 자기 자신의 지식 및 기술을 적극적으로 평가해야 한다. 또한 자기 자신의 가치, 신념, 이론적 지향성을 평가하고 이러한 부분들이 집단에 어떠한 영향을 미치는지 평가해야 한다. 특히 이러한 평가는 다양하고 다문화적인 집단과 집단상담을 진행할 때 필요하다.

(2) 생태학적 평가

집단상담사는 공동체의 필요, 기관 또는 조직의 자원, 조직 임무에 대한 후원, 스태프의 역량, 집단을 향한 태도, 집단상담에 대한 잠재적 집단지도자의 전문훈련 수준, 집단에 대한 내담자의 태도, 다문화 및 다양성에 대한 고려를 평가해야 한다. 집단상담사는 이런 정보를 자신의 집단상담 또는 감독, 평가, 관리 책임을 가진 집단 시행과 관련된 결정을 내리는 데 기초로 사용해야 한다.

4) 프로그램 개발 및 평가

① 집단상담사는 개설될 집단 유형과 이들이 공동체의 필요와 어떠한 관련이 있는지 확인해야 한다.
② 집단상담사는 집단의 목적과 목표를 간결하게 서면으로 기술해야 한다. 또한 집단상담사는 집단 목표를 결정하거나 이에 영향을 주는 집단구성원의 역할을 식별해야 한다.
③ 집단상담사는 예비 집단구성원의 재정 상태 및 지역을 고려하여 조직의 회비 명세서와 일치하는 요금을 정해야 한다.
④ 집단상담사는 개설될 집단 유형에 적합한 기술과 리더십 스타일을 선택해야 한다.

⑤ 집단상담사는 규정, 조직 및 보험 요건에 부합한 평가 계획을 가지고 있어야 한다.

⑥ 집단상담사는 인터넷 통신을 포함하지만 이에 국한되지 않는 기술을 사용할 때 현대 전문가의 지침을 고려해야 한다.

5) 자원

집단상담사는 집단 유형과 활동에 관련 있는 자원을 제공하기 위해 적절한 자금, 훈련된 공동 지도자의 적합성과 가용성, 개설될 집단 유형을 위한 공간 및 개인 정보보호 사항, 마케팅 및 모집, 다른 공동체 기관 및 조직과의 적절한 협력을 조정해야 한다.

6) 전문적인 공개 진술서

집단상담사는 기밀성과 사생활의 문화적 의미에 대한 인식과 민감성을 유지해야 한다. 집단상담사는 정보 공개에 대한 견해 차이를 존중해야 한다. 집단상담사는 비밀보장과 비밀보장 예외 사항 정보, 이론적 방향성, 집단의 본질, 목적, 목표에 대한 정보, 제공할 수 있는 집단 서비스, 집단구성원과 지도자의 역할과 책임, 특정 집단을 수행할 수 있는 집단상담사 자격, 특정 자격증, 직업 관련 소속 증명서, 허가/자격 부여 기관의 주소를 포함한 전문적 공개 진술서를 가지고 있어야 한다.

7) 집단과 구성원 준비

① 집단상담사는 예비 집단구성원들이 개설될 집단 유형에 적합한지 확인해야 한다. 집단구성원 선발이 적절하면 집단상담사는 집단의 필요 및 목표

와 화합할 수 있는 집단구성원을 파악해야 한다.

② 집단상담사는 사전 동의를 촉진해야 한다. 집단상담사는 발달적으로나 문화적으로 적절한 방식으로 정보를 전달해야 한다. 집단상담사는 집단 유형이 적합할 경우 예비 구성원에게 구두 및 서면 형태로 전문적 공개 진술서, 집단의 목적과 목표, 자발적 및 비자발적 구성원을 포함한 집단 참여자의 기대, 구성원과 지도자의 역할 기대, 집단 출입과 관련된 방침, 약물사용을 통제하는 방침, 위임된 집단을 관리하는 방침과 절차(해당되는 경우), 서류 필요 요건, 정보공개, 구성원 간 집단 밖에서의 접촉 또는 개입의 영향, 집단지도자와 구성원 사이의 컨설테이션 절차, 비용 및 시간 변수, 집단참여의 잠재적 영향을 제공해야 한다.

③ 집단상담사는 미성년자 및 기타 부양가족과 집단상담을 할 때 적절한 동의서/승인서를 받아야 한다.

④ 집단상담사는 비밀보장과 이에 대한 한계를 분명히 밝혀야 한다. 예를 들어, 법적 및 윤리적 예외 상황과 기대, 치료 계획에 내포된 권리 포기, 문서 및 보험사용에 대해 설명해야 한다. 집단상담사는 모든 집단참여자들에게 비밀보장의 필요성, 비밀보장 위반의 잠재적 결과와 주state 규정에 의해 제공되지 않는 한 법률과 관련된 특권이 집단 토론에 적용되지 않는다는 점을 알려 줄 의무가 있다.

8) 전문적 개발

집단상담사는 상담사로서 활동하는 동안 자기 자신의 전문적 성장이 지속적이고 진행 중인 개발과정임을 인식해야 한다.

① 집단상담사는 지속적인 교육, 전문적인 슈퍼비전, 개인 및 전문적 개발 활동 참여 등을 포함한 활동을 통해 최근 강화된 지식과 기술 역량을 강

화해야 한다.

② 집단상담사는 집단지도자로서 효과적인 기능을 방해하는 윤리적 우려에 관해 컨설테이션 및/또는 슈퍼비전을 받아야 한다. 슈퍼바이저는 컨설테이션, 집단 이론, 과정, 윤리적 지침을 충실히 지킬 의무가 있다.

③ 집단상담사는 전문적 판단이나 업무수행 능력을 저해할 수 있는 개인적 문제나 갈등에 대해 적절한 전문적 도움을 구해야 한다.

④ 집단상담사는 모든 지식 및 기술 역량에 도달하지 못한 집단과 집단상담을 진행할 때마다 적절한 실습을 보장하기 위해 컨설테이션 및 슈퍼비전을 받아야 한다.

⑤ 집단상담사는 집단 연구 및 개발에 뒤떨어지지 않도록 유의해야 한다.

9) 동향 및 기술 변화

집단상담사는 기술 변화가 사회와 직업에 영향을 준다는 것을 인지하고 관심을 보여야 한다. 여기에는 정신건강 전달 시스템, 입법 및 보험 산업 개혁, 인구 통계와 내담자의 필요 변화, 인터넷, 기타 통신 장치, 전달 시스템에서의 기술 발전 변화가 포함되지만 이에 국한되지는 않는다. 집단상담사는 발전한 기술 사용과 관련된 윤리적 지침을 지켜야 한다.

2. 섹션 B: 수행에서의 모범 실천

1) 자기이해

집단상담사는 자기 자신의 강점 및 약점과 이런 부분들이 집단구성원들에게 줄 수 있는 영향을 인지하고 모니터링해야 한다. 집단상담사는 자기 자신의 문화적 정체성과 이것이 집단상담에 대한 자신의 가치 및 신념에 어떤 영향을 미치는지 살펴보아야 한다.

2) 집단 역량

집단상담사는 집단상담사 훈련을 위한 집단상담전문가학회 전문가 기준(ASGW, 2000)에 설명된 대로 집단 및 집단 역동의 원칙에 대한 기본 지식을 가지고 있어야 하며 핵심적인 집단 역량을 수행할 수 있어야 한다. 집단상담사는 다양한 내담자와 집단상담을 하기 위해 적절한 지식, 자기인식, 민감성, 기술을 습득해야 한다. 또한 집단상담사는 집단상담 실습에 선발된 전문분야 집단에 대해 충분한 이해와 기술을 갖추고 있어야 한다(집단상담전문가학회 훈련 기준에 설명된 바와 같이 심리치료, 상담, 과업, 심리교육이 이에 포함된다).

3) 집단 계획 조정

① 집단상담사는 집단 유형, 단계, 민족적, 문화적으로 다양한 집단의 고유한 필요에 대해 적합한 지식, 기술, 기법을 적용하고 조정해야 한다.
② 집단상담사는 집단 목표 및 계획을 향한 집단의 진행 상황을 모니터링해야 한다.
③ 집단상담사는 조직 내에서의 역할과 개설된 집단 유형에 따른 집단구성원들의 윤리적, 전문적, 사회적 관계의 경계를 명확하게 규정하고 유지해야 한다.

4) 치료 상황과 역동

집단상담사는 집단 발전, 과정 관찰, 치료 상황에 적절한 모델을 이해하고 적용할 수 있어야 한다. 집단상담사는 신체적, 정서적, 심리적 외상으로부터 집단 구성원을 보호하기 위해 신원보호와 정보노출의 속도를 다룸으로써 의사소통의 흐름을 관리해야 한다.

5) 의미

집단상담사는 구성원들이 집단 경험으로부터 의미를 만들어 내도록 도와야 한다.

6) 협동

집단상담사는 구성원들이 집단 경험에서 개인의 목표를 개발하고 동등한 파트너로서 서로를 존중하도록 도와야 한다.

7) 평가

집단상담사는 집단 회기 사이와 종결 회기에 공식 및 비공식적 평가를 포함해야 한다.

8) 다양성

집단상담사는 민족적, 성별적, 종교적, 성적, 심리적 성숙함, 경제적 수준, 가족력, 신체적 특성 또는 한계, 지리적 위치 등 내담자의 다름에 폭넓은 민감성을 가지고 집단상담을 실시해야 한다. 집단상담사는 참여자와의 상호작용과 외부 자원 사용을 통해 집단상담을 함께하는 다양한 사람들의 문화적 사안과 관련된 정보를 지속적으로 모색해야 한다.

9) 윤리적 감찰

집단상담사는 자기 자신과 집단구성원을 위해 행위 및 태도의 방향 결정과 윤리적 난제 및 사안에 대응하기에 적절한 윤리적 의사 결정 모델을 채택해야 한다. 또한 집단상담사는 미국상담학회, 집단상담전문가학회, 기타 적합한 전문적 조직에서 공표한 적용 가능한 기준을 채택해야 한다.

3. 섹션 C: 과정에서의 모범 실천

1) 과정 일정

집단상담사는 집단 자체, 집단구성원, 슈퍼바이저, 동료와 적절하게 집단상담을 진행해야 한다. 이는 집단과 구성원의 목표, 지도자의 태도와 기술, 집단 역동 및 개입, 이해력 발달 및 의미 수용에 대한 과정 평가를 포함할 수 있다. 과정 평가는 회기 내에서, 각 회기 전후, 종결 회기, 후속 회기에서 적절하게 진행할 수 있다.

2) 성찰적 실천

집단상담사는 이론과 실천을 종합적으로 다루고 학습 결과를 진행 중인 집단에 통합시킬 수 있도록 주의를 기울여야 한다. 집단상담사는 구성원들의 회기 역동 및 상호작용과 회기 역동, 지도자 가치, 인지, 영향 사이의 관계에도 주의를 기울여야 한다.

3) 평가 및 후속 조치

① 집단상담사는 과정과 결과를 평가해야 한다. 결과는 진행 중인 프로그램 기획, 현재 집단의 개선 및 수정, 전문적 연구 문헌에 기여하는 데 사용된다. 집단상담사는 연구와 보고서를 위해 집단 자료를 사용할 때 적용 가능한 모든 정책 및 기준을 따라야 한다.

② 집단상담사는 결과를 평가하거나 집단구성원이 요청할 경우 적절하게 집단구성원들과 후속 접촉을 한다.

4) 타 기관과의 컨설테이션 및 훈련

집단상담사는 필요시 내외부 조직에 컨설테이션과 훈련을 제공해야 한다. 집단상담사는 필요에 따라 집단상담에 능숙한 전문가에게 컨설테이션을 구해야 한다.

참고문헌

American Counseling Association. (2005). *ACA code of ethics*. Alexandria, VA: Author.

Association for Specialists in Group Work. (1998). ASGW best practice guidelines. *Journal for Specialists in Group Work, 23*, 237–244.

Association for Specialists in Group Work. (2000). ASGW professional standards for the training of group workers. *Journal for Specialists in Group Work, 25*, 327–342.

찾아보기

인명

ㄱ

강진령 9, 10

권수영 198

김무영 181

ㅂ

박숙희 182

ㅇ

이윤주 49

이장호 10

이형득 9, 34, 92, 128, 209

ㅈ

정성란 12, 23

ㅊ

최상진 47

최헌진 142

최혜란 184

A

Andrade, M. A. 234

Arredonodo, P. 179

B

Bandura, A. 197, 206

Banks, R. 206

Berry, J. W. 187

Blatner, A. 145, 150

Bloch, S. 41

Bowen, M. 196

Bowlby, J. 196

Brossart, D. F. 41

Browning, D. 202

Buber, M. 205

Burns, D. D. 209

C

Clinebell, H. 202

Coats, L. 173

Comaz-Diaz, L. 179

Coopersmith, S. 197

Corey, G. 11, 36, 41, 57, 61, 77, 109

Corey, M. S. 41, 57, 61, 109

D

David 184
Dayton, T. 142
DeLucia-Waack, J. L. 178
Dinkmyer, D. C. 33
Donigian, J. 33, 177
Dooyeweerd, H. 203

E

Earley, J. 33, 38
Ellison, C. W. 202
Enright, R. D. 205

F

Fallon, A. 57
Fawzy, F. 41
Fawzy, N. 41
Fuhriman, A. 48

G

Gazda, G. M. 34
Gladding, S. T. 9, 21, 169
Goffman, E. 9
Ginter, E. J. 34

H

Hansen, J. C. 104
Harvill, R. L. 11, 33, 64, 81, 113, 167
Hawley, D. R. 196
Hill, C. E. 48
Holmes, S. E. 48
Horne, A. M. 34

I

Ivey, A. E. 177

J

Jacobs, Ed. E. 11, 33, 66, 81, 113, 167

K

Kitchner, K. S. 63
Kivlighan, Jr., D. M. 41
Knapp, S. 60
Knowles, M. S. 9
Knowles, H. F. 9
Kottler, J. A. 16, 41

L

LaRocco, S. A. 204
Lasky, G. B. 59
Lewis, M. S. 201
Lloyd 185

M

Malnati, R. 33
Masson, R. L. 11, 33, 64, 81, 113, 167
McAdams 199
Moreno, J. L. 84, 141
Moreno, Z. T. 144
Murphy, E. 172
Multon, K. D. 41

N

Neufeldt, S. A. 40

O

Olson, D. H. 196

Ormont, L. 84

P

Pedersen, P. 177

Polit, D. F. 204

Polster, E. 103

Polster, M. 103

R

Rebecca, A. 206

Rogers, C. R. 96

Rosner, R. 82

S

Schutz, W. 103

Seligman, M. E. 199

Soltys, F. G. 173

Surtherland, D. 172

V

VandeCreek, L. 60

Veach, L. J. 169

W

White, M. 155

Y

Yalom, I. D. 25, 78, 130

내용

P

pass권 64, 99

ㄱ

가족영역 207

가치 53

가치 갈등 60

가치관 15

가치충돌 174

갈등 34, 102

개방집단 12, 13

개인상담 18, 40, 65

개인적 역전이 39

거룩 203

거울기법 154

경험보고서 135

공감력 17

과도기단계 35, 92, 102

과정 33

과제집단 11

과제촉진 집단 11
관찰자 170
관찰학습 14
교육집단 11
구원자 85
구조화 집단 12
군인 집단 180
규준 9
규칙 166

ㄴ

나누기 155
내담자 복지 179
노인 집단 172

ㄷ

다문화 71
다문화 역량 178
다문화적 역량 강화 179
다문화적 의도성 177
다문화 집단 177
다양성 60, 177
다중관계 70
대리학습 14
대인 간 역동 33
대인관계 200
대인관계 영역 209
대인관계 입력 46
대인관계 학습 42
도입단계 92
독점 83
동질집단 12, 86, 173
동화 187
디렉터 145

ㅁ

마무리단계 38, 92, 127
마무리 회기 139
모방행동 42, 45
목표 128
문제없음 84
문화적응 이론 187
미해결과제 131, 136
민감성 18, 32

ㅂ

발달과정 147
변화행동 114, 129, 131
보조자 144, 150
보편성 14, 34, 42
보편주의 60
보호요인 182
분리 187
분산집단 12
분석력 18, 32
불안 102
불평 85
비구조화 집단 12, 87
비밀유지 59, 181
비자발적 집단 12
비자발적 참여자 67
빈 의자 기법 152

ㅅ

사이코드라마 145, 159
사회의 축소판 45
사회화 기술 발달 42, 44
상담과정 10
상담적 개입 64
상징화 153
상처 싸매기 24
상호비환치성 이론 203
상호작용 9, 38, 40
생각 자극하기 115
샬롬 202
성숙성 201
성장경험 집단 11
성장집단 12, 13
소망 203, 209
소우주 46
소진 175
수련 171
수용력 17
수용적인 분위기 96
수직적 양상 25
수평적 양상 25
신뢰 16
신뢰형성 102
신앙 206
실존적 요인 42, 47
실험 110, 114
심리내적인 역동 33

ㅇ

아동 및 청소년 165
양적 평가 134
역동 10, 18, 54
역동적인 대인관계 과정 10
역량 강화 54
역전이 39, 55, 167
역할 23, 24
역할극 117
역할론 141
역할 바꾸기 149, 152
연결시키기 116
연결짓기 23, 104
예기불안 93
예술 172
예술매체 169
완전성 202
용기 19, 32, 56
용서 203
우리의식 46
워밍업 157
원가족 195
원가족의 교정적 재현 42, 44
위기의식 181
위험요인 182
유머 21, 155
유발된 역전이 39
윤리적 의사결정 63
응집력 13, 46, 51, 110, 182

응집성 37, 102
의식 132
의인화 153
의존 89, 90
의존성 102
침묵하는 집단원 81
이별 127, 130
이별 대처법 38
이중자 150, 151
이질집단 12, 13, 86
이타주의 42, 43
익명성 185
인간적 특성 15, 22
인내심 167, 168, 176

ㅈ

자기개방 25, 41, 110, 123
자기이해 46, 204
자기점검 15, 179
자기지도 9
자기통찰 178
자기효능감 197, 206
자발성 141, 185
자발적 집단 12
자아존중감 197, 205, 209
자조집단 11, 184
작업단계 37, 92, 109
장애물 극복 154
저항 102
저항과 갈등 103
전이 20, 39, 167
전인적 안녕 195
전체로서의 집단 역동 34
정 113
정보전달 42
정신병리 157
정의예식 155
정화 42, 113
주변화 187
주의사항 131
주인공 143, 162
주제 회피 37
즉시성 18
지금-여기 24, 101, 147, 163
지지집단 11, 12
직관력 18, 19
직면 59, 113, 170
직면하기 119
진정성 21, 171
질적 평가 134
집단 146
집단과정 91
집단교육 11, 225
집단 구성 24, 75
집단구조 35
집단규범 24, 99
집단규준 107
집단규칙 99
집단 도입단계 35

집단문화 24
집단분위기 35, 37
집단상담 9, 48, 145, 184
집단상담사 35, 145, 167, 169
집단상담사 역량 60
집단상담전문가학회 57
집단 역동 33, 55
집단원 35, 36
집단원 선발 77
집단 유형 10
집단 응집력 42
집단의 구조화 97
집단지도 12
집단치료 11
집중집단 12

ㅊ

창의성 20
창조성 141
치료적 요인 41
치료집단 11
친밀감 174
친밀성 79, 185
침묵 51, 82

ㅋ

카타르시스 148

ㅌ

토론집단 11
통합 187
특성 31

ㅍ

평가 128
폐쇄집단 12, 13
피드백 38, 111. 122, 130

ㅎ

하위집단 37, 80
합의적 타당화 34, 36
행위화 152
확대와 축소 151
회피 50
희망 42
희망의 고취 34
희생양 21, 39, 54, 71
희생양 만들기 59
힘의 남용 68

저자 소개

김영경(Kim Youngkyung)

연세대학교 상담학 박사

연세대학교 연합신학대학원 외래교수

연세대학교 학부대학 학사지도교수

평택대학교 교육/상담대학원 외래교수

백석대학교 교육/상담대학원 외래교수

라온심리상담센터 센터장

현 한국열린사이버대학교 상담심리학과 교수

〈주요 자격〉

전문상담사 1급(전문영역: 집단상담, 한국상담학회)

기독교상담 감독(한국목회상담협회)

상담심리사 1급(한국상담심리학회)

위기상담전문가(한국목회상담협회)

전문상담사 감독(한국기독교상담심리학회)

정신건강증진상담사 1급(한국상담진흥협회)

중독심리전문가(한국중독심리학회)

초심 상담사들이 궁금해하는

집단상담

Group Counseling for Novice Counselors

2018년 9월 10일 1판 1쇄 인쇄
2018년 9월 20일 1판 1쇄 발행

지은이 • 김영경
펴낸이 • 김진환
펴낸곳 • (주) 학지사
04031 서울특별시 마포구 양화로 15길 20 마인드월드빌딩
대표전화 • 02)330-5114 팩스 • 02)324-2345
등록번호 • 제313-2006-000265호

홈페이지 • http://www.hakjisa.co.kr
페이스북 • https://www.facebook.com/hakjisabook

ISBN 978-89-997-1652-2 93180

정가 15,000원

이 도서의 국립중앙도서관 출판시도서목록(CIP)은 서지정보유통지원시스템 홈페이지(http://seoji.nl.go.kr)와 국가자료공동목록시스템(http://www.nl.go.kr/kolisnet)에서 이용하실 수 있습니다.
(CIP 제어번호: CIP2018026989)